우리는 늘

어떤 노래와 함께였다

※ **일러두기**
   1. 노래와 시 제목은 진하게, 영화와 음반 제목은 「 」, 책과 신문명은 『 』로 표기하였다.
   2. 노래의 발매 연도 표기는 숫자로만 (O: (1935), X: (1935년)) 표기하였다.
   3. '년'은 괄호 밖 서술문에서만 사용하였다.
        예) "1935년, 조선 최초의 눈물가요로 평가받는…"
   4. 인용문은 현대어역으로 표기하였다.

노래하는
대중음악사학자
장유정의
음악 산문집

우리는 늘

어떤 노래와 함께였다

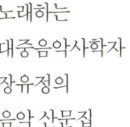

글 장유정

종이와 나무

이 책을 펼친 그대에게

생각해 보면, 우리는 늘 어떤 노래와 함께였습니다. 사랑할 때도, 이별할 때도, 일에 몰두할 때도, 잠시 쉬어갈 때도, 함께 웃는 순간에도, 홀로 눈물짓는 밤에도 어디선가 노래는 늘 흘러나왔습니다. 그렇게 노래는 우리의 삶이고 사랑이며, 과거이자 현재이고, 또 미래이기도 합니다.

이 책은 그런 노래들에 관한 이야기입니다. 지금 이곳에서 부르는 노래뿐 아니라 오래전 누군가 불렀지만 잊힌 노래들을 발굴하고 기록해서, 기억하고자 했습니다. 저는 노래를 듣고 부르고 연구해 온 사람입니다. 이 모든 정체성이 어우러져 이 책의 한쪽 한쪽을 채웠습니다.

'장유정의 음악 정류장'이라는 이름으로 신문에 연재했던 131편의 글을 다듬어 이 책에 실었습니다. 어떤 글은 바람처럼 가볍게 스칠 수도 있고, 또 어떤 글은 마음에 오래 머무를지도 모르겠습니다. 희귀 곡을 포함한 50곡의 재생 목록은 읽는 재미에 더해, 듣는 즐거움도 선사할 것입니다. 비록 오래된 음원 속 지지직거림이 거슬릴 수 있겠지만, 그 소리가 오히려 우리를 그 옛날의 어느 날로 데려가 줄지도 모릅니다.

저는 믿습니다. 사랑 없이 이루어진 작업은 공허하고, 그 사람을 넘어서는 글은 없다고. 그러므로 이 책에서 제가 전하고 싶은 것은 단지 노래에 대한 정보나 역사만은 아닙니다. 그 노래에 깃든 누군가의 마음, 그리고 저의 마음입니다.

글 한 편 완성할 때마다 참 많은 분을 괴롭혔습니다. 그분들께 깊은 감사의 마음을 전합니다. 이 책이 세상에 나오기까지 도움 주신 분과 기관의 이름을 적습니다. 한 분 한 분 이름을 적을 때마다 고마움도 함께 담았습니다.

권두영, 김규년, 김동욱, 김수진, 김재경, 김현옥, 나운영기념사업회, 남예지, 마리아 킴, 박성만, 서일범, 석지훈, 손장희, 신관웅, 아르코예술기록원, 안병인, 오영식, 유옥란, 유혜원, 이경호, 이원석, 이충경, 장사익, 장어수, 장원영, 장정희, 전영록, 주화준, 최백호, 최용진, 최현재, 한국대중가요연구소(최규성 소장), 한국대중음악박물관(이충희 관장), 한국아카이브연구소(배연형 소장), 한주연과 '종이와 나무' 식구들. 특히 많은 음원을 흔쾌히 제공해주신 이경호 선생님께 다시 한번 감사드립니다.

부디 이 책에 실린 노래가 그대에게 닿기를 바라며,

2025년 7월에

장유정 드림

목차

이 책을 펼친 그대에게 • 4

1

내일은 국민가수, 오늘은 '마싸' 가수 • 12 / 나혜석의 **노라**와 '엄마 아이돌' • 15 / BTS, 지금처럼 밝게만 빛나줘 • 18 / 오랜 세월 지나 다시 태어난 **난 너에게** • 20 / 비록 '얼굴 없는 가수'일지라도 • 22 / 빙판 위의 용기, 1934년 **스케팅 시대** • 24 / 겨울 이기고 돌아온 봄 • 26 / **세상은 요지경**이지만 **웃으며 살자** • 28 / '국제대중음악학회(IASPM)'의 대구 개최기 • 30 / 걸그룹의 시간여행, 김시스터즈에서 블랙핑크까지 • 32 / 청바지에 기타 하나, **청춘**을 노래하는 김창완 • 34 / 장미를 닮은 그대에게 • 36 / 노래로 버틴 임희숙의 삶 • 38 / 전설의 밴드를 추억하다 나를 만나다 • 40 / **희망의 속삭임**을 보내요 • 42 / 때로는 주문처럼, **케 세라 세라** • 44 / "우리나라 조선 나라 정다운 나라" • 46

2

낙엽처럼 떠난 목소리들: 요절 가수 별곡別曲 • 50 / 아코디언 명장, 심성락을 기리며 • 52 / 영원한 '딴따라', 송해를 추모하며 • 54 / 충청도에서 오하이오까지, 올리비아 뉴턴 존을 그리며 • 56 / **오늘 같은 밤이면**의 박정운을 보내며 • 58 / **또 다른 시작**을 기다리며 • 60 / 4월에 추모하는 이난영 • 62 / 돌아오지 못한 **귀국선**의 슬픔 • 64 / **방랑시인 김삿갓**처럼 떠나간 명국환 선생 • 66 / **낙엽 따라 가버린** 가객을 그리며 • 68 / 그대여, **내일 또 만납시다** • 70 / 밴조의 왕이 된 하와이 이민 2세, 최리차드 • 72

3

"수고했어, 오늘도": 너에게 건네는 위로의 노래 • 76 / 외로움이 외로움에게 • 78 / **삽살개 타령**에 담긴 기억과 위로 • 80 / **세기말의 노래**, 세기말에도 봄꽃은 피어나노니 • 82 / "김치 없인 못 살아", 김치 노래들 • 84 / 한 잔의 커피, 한 줌의 위로 • 86 / 트로트 팬덤, 나만의 스타에서 찾은 위로 • 88 / 이광조의 '작은 음악회'에서 만난 큰마음 • 90 / 찬란한 고독을 노래하다 • 92 / 노래에 '고향' 있으니 • 94 / 모든 인연은 슬픈 인연이다 • 96 / 우리는 모두 **모래 알갱이** • 98 / 현인의 **하샤바이**에서 만난 우리 아기 • 100 / **비처럼 음악처럼**, 낭만과 비극 사이 • 102 / 나훈아의 「새벽」에서 만난 여섯 곡의 얼굴들 • 104 / **음악의 신**을 그대에게 • 106 / 응원이 필요한 그대에게 「빅토리」 • 108

4

안개 속 「헤어질 결심」 • 112 / 가을에 슬프게 듣는 **짝사랑** • 114 / 가을에 부르는 편지 노래 • 116 / 시월의 마지막 날에 듣는 노래 • 118 / 이젠 안녕이어도, "졸업을 축하합니다" • 120 / 그리운 **강남 제비**는 어디에 • 122 / 바람 불고 안개 자욱해도 **사랑은 아름다워** • 124 / 그 많던 무궁화는 어디로 갔을까? • 126 / 견우직녀의 사랑 노래 • 128 / 한가위 보름달처럼 • 130 / 시가 노래고, 노래가 시였으니 • 132 / 첫눈 오는 날엔 • 134 / 가을 초입에는 9월의 노래 • 136

5

우리나라 최초의 캐럴, **파우스트 노엘** • 140 / **올드랭사인**, 애국가에서 송년가까지 • 142 / 까치설과 창작 동요 설날의 탄생 • 144 / 고복수의 타향 속 고향 • 146 / 도산 안창호의 **거국행**을 기억하며 • 148 / 젊은 날의 추억, **리라꽃은 피건만** • 150 / 광고 음악의 대가 김도향 • 152 / 미국으로 간 동요 가수 이순갑 • 154 / **이 풍진 세상**에서 동무를 추억하며 • 157 / "날아라 새들아 푸른 하늘을" • 160 / **노오란 샤쓰**의 추억 • 162 / 마라톤 영웅들의 노래 • 164 / 백마고지 전투에서 피어난 노래 • 166

6

풍각쟁이 오빠, 쿠바에 가다 • 170 / 서양인이 한국어로 취입한 첫 대중가요 • 172 / 대학 축제, 싸이 Psy가 싸이 한 날 • 174 / 해수욕장 풍경을 묘사한 이난영의 **바다의 꿈** • 176 / **조선물산장려가**에서 '다누리호'까지 • 178 / 정겨운 여름날의 풍경, 김정구의 **수박 행상** • 180 / **담배 먹고 맴맴**에서 **담배 가게 아가씨**까지 • 182 / 쿨함은 그대로 부담감은 **제로** • 184 / 식욕 폭발 주의, 맛있는 노래 열전 • 186 / 영화에서 다시 듣는 그때 그 노래 • 188 / 전통과 현대가 어우러진 '전주세계소리축제' • 190 / **모두가 천사라면** 얼마나 좋을까 • 192 / **빈대떡 신사**의 꿈 • 194 / 일확천금의 꿈을 그린 노래 • 196 / 새로운 트로트 여제의 탄생 • 198 / 그대에게 바라는 건 **밤양갱** • 200 / 여름의 열정이 노래를 만날 때 • 202

7

우리나라 최초의 아리아, 윤심덕의 **디아볼로** • 206 / '아리랑보이즈', 보이그룹의 원조를 찾아서 • 208 / 봄날의 청춘을 예찬한 노래, **청춘 리듬** • 210 / 잊힌 노래, 윤심덕의 음반 두 장이 돌아오다 • 212 / 우리나라 첫 영화 해설 음반, **저 언덕을 넘어서** • 214 / 종이로 만든 음반, '금조표 특허 레코드' • 216 / 조선에 온 **마이 블루 헤븐** My Blue Heaven 의 변주들 • 218 / 미국인이 주목한 **달아 달아** • 220 / '낭랑좌娘娘座'에서 '소녀시대'까지 • 222 / **문자보급가**, 노래로 문맹을 넘다 • 224 / 우리나라 첫 여성 싱어송라이터, 김정숙金貞淑 • 226 / 음반 속 우리나라 최초의 축구가, **홋도쏘루** • 228 / 축구, 상하이, 그리고 '코리안재즈밴드' • 230

8

캐럴은 사랑을 싣고 • 234 / 안중근을 노래하다 • 236 / 그때 그들은 그것을 재즈라 불렀다 • 238 / 상하이에서 울린 삼일절의 노래를 찾아서 • 240 / 잊힌 봄의 노래, **봄 아가씨** • 242 / 독립의 꿈을 던지다, 야구 노래의 기원 • 244 / 독일에서도 울려 퍼진 **처녀총각** • 246 / 대중음악사 첫머리에 스며든 **부모은덕가** • 248 / **경부철도 노래**에 담긴 서글픔과 의지 • 250 / 개천절에 부른 노래들 • 252 / 나의 사랑 **클레멘타인**에서 **심청이**까지 • 254 / 광복 이후 첫 어린이날 노래 • 256 / **웅대한 이상**을 찾아서 • 258 / K뷰티의 첫걸음, 'ABC 화장품'을 아시나요 • 260

9

글루미 선데이Gloomy Sunday에서 엿본 **어두운 세상** • 264 / **유쾌한 시골 영감**의 서울 구경 • 266 / 시간이 흐를수록 빛나는 이름, **아리랑** • 268 / 드라마 「더 글로리」에 소환된 **아가에게** • 270 / '큐피드'가 쏜 화살, 그 뒤에 남은 것 • 272 / 공주의 부활, **퀸카** • 274 / '롤링스톤'에 새겨진 K팝의 시간들 • 276 / '인형'에서 '인간'되기 • 278 / AI 기술이 낳은 '디지털 부활' • 280 / 겨울 넘어 봄으로 가려면 • 282 / 떡국 먹고 한 살 먹고 • 284 / 내일은 늦으리 • 286 / 어디에도 있고 어디에도 없는 인공지능 가수 • 288 / 부조리한 **뜬세상**에서 죽음을 기억하다 • 291 / 나훈아의 마지막 콘서트, '고마웠습니다' • 294

1

시간이 지나도 마음에 오래 남는 노래들이 있습니다.

청춘의 한 장면처럼,
그 노래들은 여전히 조용히 흐르며,

내일을 꿈꾸는 이들의 곁을 지켜줍니다.

내일은 국민가수, 오늘은 '마싸' 가수

'국민가수'란 무엇인가. 이름만 들어도 누구나 알 수 있는 가수, 온 국민이 사랑하는 가수일 것이다. 이미자·남진·나훈아·조용필·이선희·BTS 등이 그 이름에 어울리는 이들이다. 국민가수는 어떻게 탄생할까. 노래 잘하는 가수는 차고 넘친다. 그런데도 누구는 국민가수가 되고, 또 누구는 그러지 못한다. 그 차이는 어디서 올까. 결국 관건은 팬fan이 있는가다. 오랜 세월이 흘러도 누군가를 국민가수라 부르는 이유는 그를 지지하고 기억해 주는 '국민'이 있기 때문이다.

광복 이전에 활약한 국민가수로는 이난영1916~1965을 꼽을 수 있다. 요즘 젊은 세대에겐 다소 낯선 이름일 수 있지만, **목포의 눈물**1935이라는 노래는 한 번쯤 들어봤을 것이다. 이 곡은 목포의 노래이자 민족의 노래로 널리 회자되었다. 이난영은 1940년대 이미 조선 유행가 계의 '큰언니'로 불렸다. 당대 신문은 이렇게 전한다.

"이난영은 조선 유행가 계의 큰언니다. 조선의 유행가란 이난영으로부터 출발했고 이난영으로 하여금 존재한대도 과언이 아닐 만큼 열여섯 살부터 지금까지 부른 노래도 수없지만 걸작도 많다." 동아일보 1940년 3월 31일(현대어역은 인용자)

실제로 이난영은 200곡이 넘는 노래를 발표해, 광복 이전의 '국민가수'라는 수식어가 전혀 아깝지 않은 존재다. 광복 이전 활동한 여성 가수 가운데 가장 많은 작품을 남겼다는 사실은, 그녀가 단지 **목포의 눈물**의 주인공 그 이상임을 증명한다.

2021년 현재, TV조선의 「내일은 국민가수」가 화제다. 오디션 프로그램이 차고 넘치는 요즘 아직도 노래 잘하는 사람이 정말 남아 있을까 싶은데, 있다. 심지어 여전히 많다. 역류성 식도염의 고통을 이겨내고 '무명부'로 참가한 50세 박창근은 박장현, 권민제와 함께 이선희의 **알고 싶어요**를 불렀다. 내공과 구력에 더해 '진심'까지 담긴 그들의 무대를 보며, 문득 김지하의 시 **무화과**를 떠올렸다. 이 시에는 술에 취해 토한 뒤, 눈물 닦고 코 풀고 나서 친구가 이렇게 말한다.

"이봐, 내겐 꽃 시절이 없었어."

그러자 다른 친구가 말한다.

"이것 봐, 열매 속에서 속꽃 피는 게 무화과 아닌가."

그렇다. 꽃이 없는 것처럼 보이지만, 사실 무화과는 열매 속에서 꽃이 핀다. 저마다의 꽃은 각자의 때에 핀다. 때로는 겉으로 드러나지 않고 속으로만 피어나기도 한다. 국민가수란 어쩌면 하늘이 내는 것일지 모른다. 하지만 되지 못한다 해도 괜찮다. 저마다 꽃 피는 시기는 다르며, 진심으로 좋아하는 일을 계속하는 것만으로도 충분하기 때문이다. 누군가 알아주지 않더라도, 그 길을 걷는다면 그 자체로 의미 있다. 「내일은 국민가수」 예심에서 탈락했던 나에게도 하고 싶은 말이다. 오늘 여기서 '마싸My Sider·나만의 기준에 따라 사는 사람' 가수로 살아도 좋다. 진심이면 된다.

여전히 나는 마싸 가수다. 그게 뭐 어떤가. 노래할 때마다 살아있다는 걸 느끼고, 그 순간만큼은 진심으로 행복하니까. 적어도 내 노래가 나를 위로하니, 나는 계속 노래하리라. 그렇게 나의 노래는 **끝나지 않은 노래**가 되리라.

scan me!

끝나지 않은 노래
장유정 작사, 신관웅 작곡, 장유정 노래, 2025

나혜석의 노라와 '엄마 아이돌'

2021년에 방영한 예능 프로그램 「엄마는 아이돌」에는 가희, 박정아, 선예, 현쥬니, 별, 양은지가 출연했다. 무대를 떠나 있던 이들의 공백을 모두 합치면 무려 2만 1,089일에 달한다. 평균 10여 년 만에 다시 무대에 선 그들은 결혼·출산·육아로 무대를 떠났던 왕년의 스타들이다. '쥬얼리'의 박정아, '원더걸스'의 선예, '애프터스쿨'의 가희, 가수와 배우로 활동했던 현쥬니, 가수 '하하'의 아내로도 유명한 발라드 가수 별, '베이비복스 리브'의 양은지는 그동안 아내와 엄마로 살면서 육아와 살림에 전념했다.

무대가 어찌 그립지 않았겠는가! 엄마로서의 삶도 행복하지만, 잃어버린 자신을 찾기 위해서, 더 자랑스러운 엄마가 되고 싶어서 무대로 돌아왔다는 그들. 다시 춤추고 노래하면서 몸도 무겁고 골반도 빠질 것 같고 뼈도 우두둑거린다지만 10여 년의 공백이 무색할 정도로 그들의 춤과 노래는 뛰어났고, 여전히 그들은 빛났다.

그들을 보며 100여 년 전, 한국 최초의 여성 서양화가 나혜석이 쓴 **노라**의 노랫말이 떠올랐다. 노르웨이의 극작가 헨리크 입센 Henrik Ibsen 이 1879년에 발표한 희곡 「인형의 집」은 발표 당시부터 문제작이었다. 이 작품은 전 세계로 번역·소개되었고, 우리나라에서는 1921년 『매일신보』에 「인형의 가家」란 제목으로 연재되며 알려졌다. 또한 『매일신보』 1921년 4월

3일 자에는 우리나라 최초의 피아니스트로 알려진 김영환이 작곡하고 나혜석이 작사한 **노라**의 악보가 실려 있다. 그리고 양백화 번역 단행본으로 1922년에 출간된 「노라」에는 나혜석이 작사하고, 서양식 군악대원이자 클라리넷 연주자였던 백우용이 작곡한 노래 **노라**의 악보가 실려 있다.

  악보로만 존재하던 두 곡을 되살리는 일은 개인적으로 의미 있고 소중한 경험이었다. 아무리 확대해도 잘 보이지 않는 신문 속 악보를 재현하려고 오선보와 숫자 악보를 대조하며 음 하나하나를 찾아갔다. 그렇게 해서 재현한 **노라**를 2017년에 강연과 공연을 결합한 '렉처콘서트Lecture Concert'에서 초연했고, 2020년 「경성야행 京城夜行」 음반에도 수록했다. 모두 나혜석이 작사했으나, 김영환과 백우용이 각각 작곡한 **노라**는 가사에 차이가 있다.

  백우용 작곡의 **노라**에 다음과 같은 가사가 나온다.

> "나는 사람이라네. 남편의 아내 되기 전에,
> 자녀의 어미 되기 전에, 첫째로 사람이 되라네."

  누구의 무엇이기 전에 사람이 되고 싶은 것, 그것이 우리 모두의 소망이 아닐까?

  노래 마지막은 다음처럼 끝난다.

> "아아 소녀들이여, 깨어서 뒤를 따라오라. 일어나 힘을 발하여라.
> 새날의 광명이 비쳤네."

새날을 만드는 일은 여전히 지금 여기 우리들의 몫이다. 그러므로 다시 용기 있게 발걸음을 내딛는 엄마 아이돌들에게 진심 어린 응원을 보내며, 햇살 같은 축복이 함께하길 바랐다.

scan me!

노라
1. 나혜석 작사, 김영환 작곡,
장유정 노래, 2020 / 원곡은 1921

노라
2. 나혜석 작사, 백우용 작곡,
장유정 노래, 2020 / 원곡은 1922

BTS, 지금처럼 밝게만 빛나줘

2021년, 그룹 BTS방탄소년단가 '아메리칸 뮤직 어워즈'AMAs 3관왕에 올랐다. 이번 상이 지닌 의미는 크다. 대상에 해당하는 '아티스트 오브 더 이어'Artist Of The Year를 아시아인이 탄 것은 처음이기 때문이다. 2021년, BTS는 **버터**Butter와 **퍼미션 투 댄스**Permission To Dance로 빌보드 메인 싱글 차트 '핫 100'에서 1위에 올랐고, 영국의 세계적인 밴드 콜드플레이Coldplay와 함께한 **마이 유니버스**My Universe로도 '핫 100' 1위를 차지했다.

BTS가 처음부터 빛났던 건 아니다. 그들이 겪은 무명 시절은 여느 무명의 삶과 크게 다르지 않았다. 2013년 발매된 앨범 「2 kool 4 skool」에 수록된 노래 **길**에는 이런 가사가 나온다. "수많은 시간이 흐르고 2013년 연습생으로 있었지 3년을. … 데뷔가 코앞이면 걱정이 없어질 줄 알았어. 달라질 게 없는 현재에 난 눈을 감았어. 현실은 달랐고 주위에서 날 말려도 빛도 안 보이는 터널들을 나 홀로 걸었어." 3년 동안 연습생 시절을 거치며 그들이 느꼈던 불안함을 엿볼 수 있다.

BTS의 음반은 그 자체로 그들의 성장기다. 새로 음반을 낼 때마다 점차 안정을 찾고 강해지는 모습을 확인할 수 있다. BTS 음악에서 퍼포먼스의 비중은 작지 않다. 그들이 보여주는 놀라운 군무群舞는 오롯이 땀과 노력의 결과물이다. 보컬과 랩에서 음악적으로 발전한 모습을 느낄 수 있는 것이야 말할 것도 없다.

BTS의 선한 영향력은 전 세계 사람들에게 희망과 긍정의 메시지를 전하고 있다. "항상 방해하는 무언가가 있지. 하지만 두려워하지 않는다면 어떻게 이겨내는지 넌 알게 될 거야. … 춤추는 데 허락은 필요 없으니까"퍼미션 투 댄스. 이런 모습에 열성적인 팬클럽 '아미'가 애정과 충성심을 갖고 BTS를 지지하고 있다. BTS 또한 수상 소감에서 '아미'에게 감사와 애정을 표현했다. 그러니 '아미'는 제8의 BTS 멤버인 셈이다.

악당빌런이 넘쳐나는 세상에서 '선善'이 승리하는 것을 보는 것만큼 안심과 위안을 선사하는 일도 없다. 그것이 BTS를 응원할 수밖에 없는 이유이기도 하다. 그러니 부디, "지금처럼 밝게만 빛나줘"마이 유니버스.

오랜 세월 지나 다시 태어난 난 너에게

정수라가 부른 **난 너에게** 1986는 이현세 만화를 원작으로 한 영화 「공포의 외인구단」에 수록된 노래다. 당시 많은 이들의 마음에 순정의 불을 지폈던 그 노래는, 35년 지난 2021년 'TV조선' 오디션 프로그램 「내일은 국민가수」에서 김유하와 이솔로몬의 달콤한 듀엣곡으로 재탄생했다. 앞서 이 프로그램에서 일곱 살 김유하가 노래하던 **아 옛날이여**를 또렷이 기억한다. 자유롭고도 멋진 모습으로 이솔로몬이 부르던 **집시 여인**도 마찬가지로 눈에 선하다. 내가 좋아하는 두 사람이 준결승전에서 만나 경연을 펼치고, 그중 한 사람이 떨어져야 하는 상황이었으니 이 얼마나 잔인하고도 안타까운 상황인가.

유하는 단상 위에 올라가고 솔로몬은 의자에 앉았다. 눈높이를 맞춘 채 두 사람이 함께 부르는 **난 너에게**는 한마디로 아름다웠다. 승리는 솔로몬에게 돌아갔으나 유하는 끝내 당당함을 잃지 않고 박수를 보냈다. 의젓한 그 모습에 감탄하다 내 시선은 솔로몬을 향했다. 연습하는 내내 솔로몬은 "지친 유하에게 어떻게 해야 할지"라며 유하를 걱정했다. 함께 노래할 때도 계속 유하를 바라보고 염려하고 배려하고 '엄지척'으로 격려했다.

경연에서 승리한 뒤에도 이솔로몬은 유하에게 "삼촌이 미안해"라며 끝내 눈물을 보였다. 경연을 떠나 누군가를 배려하는 모습을 보는 것은 그 자체로 감동이었다. 심사위원 백지영은 솔로몬에게 말했다. "좋은 사람이 좋은 노래를 오래 할 수 있다"라고. 그 말이 가슴을 쳤다. 대중음악을 연구하는 직업이다 보니 종종 가수들을 만난다. 좋은 가수들이 훨씬 많으나 때로 카메라 앞과 뒤에서 완전히 다른 사람도 보게 된다. 그런 모습을 단순히 '프로의 면모'라 넘기기엔 아쉬움이 남는다.

물론 모든 가수가 좋은 사람이어야 하는 것은 아닐 테다. 하지만 어떤 가수의 노래를 듣고 감탄은 해도 감동을 못 받는 것은 노래가 가수의 영혼과 관련이 있기 때문이다. 마이클 잭슨의 프로듀서로도 유명한 음악가 퀸시 존스는 "당신이 만든 음악은 당신의 인간성을 드러내니, 좋은 사람부터 되려고 노력하세요"라고 했다. 나 또한 순진하게도 여전히 그 말을 믿는다. 그래서 나는 앞날이 창창한 유하를 응원한다. 그리고 솔로몬도. 좋은 사람이 오래 노래할 수 있는 세상이기를 바란다.

비록 '얼굴 없는 가수'일지라도

2007년에 개봉한 영화 「복면달호」는 록스타를 꿈꾸던 달호가 복면을 쓰고 트로트 가수로 성공하는 이야기를 담고 있다. '복면가수'라는 말은 1930년대도 있었다. 『매일신보』 1937년 4월 15일 자에는 「복면覆面의 여가수로 데뷔하여 인기 비등沸騰」이란 제목의 기사가 실려 있다. 본명을 밝히지 않고 데뷔한 '미스리갈'이 인기를 얻어 회사에서 "이만 필 이상의 땅을 받았다"라는 내용의 기사다.

미스리갈만이 아니다. 수십 년 전 이 시기 대중가요 관련 1차 자료를 들여다보다 재미있는 사진을 발견했다. 음반 가사지에 실린 가수들 얼굴 중 눈 부분을 하얗게 지운 사진이었다. "이게 뭐지?" 하며 호기심에 살펴보니, 그들 이름도 '미스코리아', '미스리갈', '미스터콜럼비아'로 특이했다. 음반 회사가 주도한 '얼굴 없는 가수'라는 신비주의 마케팅 전략이었다. 그러한 차원에서 당시 '미스'나 '미스터'를 이름에 붙인 가수들이 등장했다. 그 시작은 1933년에 영화 「아름다운 희생」의 동명 주제가를 노래한 '미스시에론', 즉 가수 '나선교'다. 하지만 당시 광고에 '미스시에론 나선교'라 적혀 있어 애초에 얼굴 없는 가수를 표방했던 것은 아니다.

1934년에 등장한 '미스코리아'부터는 얼굴 없는 가수 전략을 적극 활용했다. 당시 미스코리아가 발매한 **마의 태자** 음반 광고에는 "날로 인기가 비등하는 미스코리아는 과연 누구일까 하는 의문은 경향京鄉 각지에 커다란 화제가 되었을 뿐 아니라 그 신비로운 목소리에 침을 흘리는 청년들이 보내는 꽃봉투팬레터가 매일 도착하니, 레코드를 통한 선전이 얼마나 큰지를 미루어 추측하게 됩니다"라고 적혀 있다. 미스코리아를 위시하여 미스리갈장옥조, 미스터콜롬비아박세환, 미스터태평최남용 등이 얼굴 없는 가수를 표방하며 세간의 이목을 끌었다.

얼굴 없는 가수를 표방한 것도 아닌데, 나를 포함한 어떤 가수들은 인기가 없다는 이유로 무명無名의 얼굴 없는 가수로 살아가기도 한다. 의지로 할 수 없는 일이라지만 가끔 씁쓸해지는 것은 어쩔 수 없다. '마마스 앤 드 파파스'Mamas & Papas의 마마 캐스Cass Elliot는 **Make Your Own Kind Of Music**에서 노래했다. "우리는 자신만의 노래를 만들고 자신만의 노래를 부를 수 있어야 해요. 비록 그 노래가 세상의 환영을 받지 못하더라도"라고. 그러니 우리의 노래에 아무도 호응하지 않을지라도, 그렇게 얼굴 없는 가수로 살아가더라도 우리만의 노래를 부르기로 하자. 그래도 우리만큼은 우리 자신의 얼굴을 알고 있으니까.

scan me!

마의 태자
유도순 작사, 김준영 작곡, 미스코리아 노래, 1934

빙판 위의 용기, 1934년 스케팅 시대

바야흐로 겨울은 '스케이팅 시대'다. 2022년, 어려운 시절에도 동계올림픽이 열렸다. 쾌보가 들려올 때마다 기운이 났던 기억도 난다. 우리나라에 '스케이트_{얼음지치기}'란 말이 본격 등장한 것은 1920년대 초반이다. 예를 들어 『동아일보』 1923년 1월 12일 자에는 '빙상운동대회'라는 제목의 기사가 실렸다. "평양 대동강에는 매일 수백의 청년들이 스케이트로써 얼음 위의 운동을 하니, 이 기회를 이용하여 청년의 장쾌한 기상을 장려하기 위해 빙상운동대회를 주최한다"라는 기사다. 그러면서 "평양에서 조선 사람으로 빙상 운동은 처음"이라 덧붙였다.

1920년대 스케이트 판매 광고도 흥미롭다. 지금과는 사뭇 다른 스케이트 이미지와 함께 직수입 가게에서 특가로 독일제 스케이트는 5원 50전에, 미국제 스케이트는 4원 90전에 판매한다고 광고했다. 1930년대도 다양한 스케이트 관련 기사를 볼 수 있다. 특히 스케이트 대회에서 신기록을 세우거나 하면 어김없이 신문에 기사가 났고, 좋은 성적을 낸 그들을 용맹스러운 사람을 의미하는 '용사勇士'라 부르곤 했다.

그리고 여기 노래가 있다. 이난영과 김창배의 목소리로 1934년에 발표된 **스케팅 시대**. 금릉인 작사와 손목인 작곡으로 창작된 **스케팅 시대**는 겨울 대표 스포츠인 '스케이트'를 소재로 했다. '썰매'를 소재로 한 노래는 종종 볼 수 있지만 '스케이트'를 소재로 한 노래는 광복 이전에 나온 노래 중 거의 유일한 듯하다. 노랫말을 확인할 수 있는 음반 가사지를 찾을 수 없어서 들리는 것에 의존해 가사를 적어본다.

1. 북풍은 살을 베이고 빙해는 천리인데 때는 겨울
   추위를 무릅쓰고 바람을 걷어차며
   피가 뛰네 살이 뛰네 스케팅 시대

2. 눈발은 손을 베이고 찬 기운 산을 덮어 때는 겨울
   건장한 팔다리에 용기가 백출하여•솟아나
   지쳐 가네 달려 가네 스케팅 시대

3. 겨울은 운동의 시절 사나이 기운 날 때 곳은 빙해
   두 눈을 부릅뜨고 두 주먹 부르쥐니
   날아가네 쫓아가네 스케팅 시대

총 3절로 이루어진 **스케팅 시대**의 가사를 보면, 전반적으로 추운 겨울 날, 스케이트를 탈 때의 모습을 역동적이고도 실감 나게 묘사했음을 알 수 있다. 동계올림픽이 끝났을 때, 선수들은 환희와 아쉬움, 기쁨과 슬픔, 희망과 허무가 뒤엉킨 감정을 느끼곤 한다. 그러나 잊지 말자. 순위보다 더 중요한 것은 그들이 기량을 갈고닦으며 흘린 땀과 눈물이라는 것을. 고난의 과정을 견뎌내고 심신을 추슬러 다음을 기약할 그들을 위로하고 격려하자. "건장한 팔다리에 용기가 백출했던" 그대들 모두 '용사'이므로.

scan me!

스케팅 시대
금룡인 작사, 손목인 작곡, 김창배·이난영 노래, 1934

겨울 이기고 돌아온 봄

입춘, 우수, 경칩까지 지나면 누가 뭐라 해도 봄이다. 내 마음에서는 늘 노래가 흘러나오는데 봄에는 유독 더 그러하다. "봄이 오면 산에 들에 진달래 피네"봄이 오면를 시작으로, "산 넘어 조붓한 오솔길에 봄이 찾아 온다네"봄이 오는 길, "봄봄봄봄 봄이 왔어요. 우리의 마음속에도"봄와 같은 노래를 해마다 봄이면 절로 흥얼거리게 된다. 살아온 세월만큼 봄노래도 쌓여서, 듣고 부를 노래는 늘 차고 넘친다.

초기 대중가요에도 봄을 소재로 한 것이 많다. 당장 이난영이 부른 **봄맞이** 1934와 **봄 아가씨** 1935가 떠오른다. **봄맞이**는 아동문학가 윤석중 1911~2003이 작사한 노래다. 그가 작사한 대중가요로는 **봄맞이**를 비롯해 **젊은 뱃사공**과 **외로운 아가씨** 정도가 있다. 이 중 **봄맞이**가 시기적으로 가장 먼저 발매되었으니, 이 노래는 윤석중의 대중가요 작사 데뷔곡으로 볼 수 있다.

매 절마다 "어허야 더허야 어허으리"의 후렴을 반복 사용한 **봄맞이**는 순수함이 돋보이는 자연 친화적인 내용의 노래다. "얼음이 풀려서 물 위에 흐르"고, "냇가에 수양버들이 실실이 늘어"진 풍경에서 동화처럼 평화로운 세상을 만날 수 있다. 마지막 3절에서 "제비 한 쌍이 물 차고*기운차게 날아와 어여 가 보란다. 임 계신 곳에"라고 한 것은 새가 사람에게 말을 건넨다는 점에서 자연과 사람이 공존하고 상생하는 세상, 자연의 규칙과 상도常道가 지켜지는 세상을 보여준다. 이는 윤석중이 동시를 주로 쓴 아동문학가라는 점과도 관련이 있다.

윤석중에게 '봄'은 남다른 의미를 지닌다. 1924년, 14세 때 발표한 **봄**과 **봄이 오니까**가 그의 첫 작품들이다. 그 당시 학교에서 **봄이 왔다**春が来た라는 일본어 노래를 부르는 것에 반감을 지니고 있던 그는 우리말로 된 노래를 짓겠다는 마음으로 **봄**과 **봄이 오니까**를 지었다. 모두 따뜻한 봄이 와서 달라진 자연의 풍경을 "푸릇푸릇", "꾀꼴꾀꼴", "울긋불긋", "파릇파릇" 등의 음성 상징어를 사용해 생동감 있게 묘사했다.

내가 생각하는 살기 좋은 세상, 평화로운 세상은 자연과 사람이 아름답게 공존하는 곳이다. 그 어떤 상황에서도 자연은 봄이 오면 봄맞이에 여념이 없다. 현관문을 나설 때마다 바람결에 끼쳐오는 봄 내음에 내 마음도 설렌다. 봄은 쉽게 오지 않는다. "추운 겨울 끝을 지나"BTS의 봄날 부디 우리에게 봄이 오기를, 그렇게 우리 모두 "왔다, 봄!"이라 외칠 수 있기를. 난 두 팔 벌려, "너, 먼 데서 이기고 돌아온 사람아"이성부의 시 봄라며 그대를 맞이하리니, "봄이여, 오라!"

scan me!

왔다 봄
장유정 작사 작곡 노래, 2021

세상은 요지경이지만 웃으며 살자

1993년은 X세대와 오렌지족이 거리를 활보하고, '서태지와 아이들'을 위시한 젊은 세대의 대중음악이 빛나던 때였다. 그 시절에 독특한 사건이 하나 있었으니, 무표정의 신신애가 이른바 이판사판 춤을 추며 부른 **세상은 요지경**이 인기를 얻은 것이다. 드라마 「희망」1993에서 '뽕짝네' 역을 맡았던 신신애는 극 중에서 트로트를 천 곡 넘게 통달했다고 허풍을 떤다. 그 허풍은 결국 **세상은 요지경**이라는 히트곡으로 꽃피웠다.

신신애가 노래한 **세상은 요지경**에는 1930년대에 발표된 두 곡의 노랫말이 섞여 있다. 기본적으로 1939년에 김정구가 불렀던 **세상은 요지경**의 노랫말과 유사하나, 김정구가 1938년에 노래한 **앵화폭풍**의 노랫말도 일부 변형되어 들어갔다. **앵화폭풍**의 2절 중 "영감 상투 비뚤어지고 마누라 신발은 도망을 쳤네"가, 신신애가 부른 노래에서는 "영감 상투 비뚤어지고 할멈 신발 도망갔네"로 변형되었다. 노랫말처럼, 잘난 사람은 잘난 대로 살고 못난 사람은 못난 대로 산다지만 여기저기 가짜가 판을 치니 세상은 요지경이다. 1930년대의 **세상은 요지경**이 새 옷을 입고 1990년대에 부활한 것은 세상이 여전히 요지경이기 때문일 것이다.

4월 20일은 장애인 차별 철폐의 날, 바로 장애인의 날이다. 2022년, 장애인들이 릴레이로 삭발을 감행하며 장애인 권리 예산 및 관련법 개정을 요구했다. 20년 넘게 그들이 목소리를 내고 있으나 달라지지 않았다. 여전히 제자리다. 단적인 예로, 교통권 문제는 종종 그들의 생존권과도 연관된다. 2014년, 미국에서 1년간 머물며 직접 본 장면이 있다. 휠체어를 탄 장애인들이 버스를 이용하는 것이 그곳에서는 자연스러웠다. 그들이 버스에 타느라 시간이 더 걸려도 아무도 불만을 표출하지 않았다. 덜 불편한 사람이 더 불편한 사람을 배려하며 조금 천천히 함께 나아가는 모습이 아름다웠다.

2020년에 신신애는 전자음악 사운드가 돋보이는 **웃으며 살자**를 발표했다. 노래의 마지막은 "우리네 인생 빈손으로 와서 옷 한 벌 입고 가는 것을. 아름다운 들꽃처럼 마음을 비우자. 좋아 좋아 좋아 좋아 웃으며 살자. 그래 그래 그래 그래 웃으며 살자"며 진짜 웃음소리로 노래가 끝난다. 영화 「원더 Wonder, 2017」에는 "힘겨운 싸움을 하는 모두에게 친절해라"라는 말이 나온다. 힘든 시간을 버텨왔고, 앞으로도 버텨야 할 우리가 서로에게 친절하면 좋겠다. 그 '우리'에는 당연히 장애인도 포함된다. 웃으며 살고 싶다. 혼자 웃는 웃음 말고 함께 웃는 웃음 말이다.

scan me!

세상은 요지경
조명암 작사, 박시춘 작곡, 김정구 노래, 1939

'국제대중음악학회IASPM'의 대구 개최기

2009년 영국 리버풀Liverpool에 간 적이 있다. 리버풀대학교에서 열린 국제대중음악학회IASPM의 학술대회에 참가하기 위해서였다. 전 세계 250여 명의 학자가 모여 대중음악을 주제로 발표하고 토론하는 일은 그 자체로 감동이었다. 비주류 학문인데도 열정적으로 대중음악을 연구하는 학자들이 전 세계에 이토록 많다고 생각하니 동질감과 안도감이 들었다.

알다시피 리버풀은 '비틀스The Beatles'의 고향으로 유명한 도시다. 학술대회 현장에서는 육성이든 음반이든 대중음악이 내내 흘러나왔다. 학술대회가 종료된 어느 날 저녁에는 비틀스 박물관을 둘러보았고, 또 다른 날에는 비틀스가 공연했던 곳으로 유명한 카번 클럽The Cavern Club에도 갔다. 그곳에서는 비틀스를 연상시키는 복장을 한 무명 밴드가 비틀스의 곡을 연주하고 있었고, 나는 그들의 공연을 보며 영국 대중음악의 현장을 만끽했다.

1981년 창설해 40년 넘게 이어온 국제 대중음악학회는 격년으로 전 세계를 돌며 학술대회를 개최한다. 2022년 7월 5일부터 9일까지 대구에서 제21회 학술대회가 열렸다. 2021년에 개최 예정이었으나 코로나 유행으로 연기되어 2022년에 막을 올렸다. 2009년 영국서 열린 학술대회 참가 당시에 '이런 학술대회가 우리나라에서 열리면 얼마나 좋을까' 생각했는데, 그 꿈이 이루어졌던 것이다.

2005년 설립한 한국대중음악학회 KASPM는 대중음악을 연구하는 학자들이 모인 국내 최초의 학술 단체이면서 국제대중음악학회의 한국 지부도 겸한다. 학회 관계자들이 더욱 열심히 준비한 이유는, 이 학술대회가 한국에서 다시 열릴 수 있을지 기약이 없었기 때문이다. 2009년만 하더라도 우리나라에서 국제대중음악학회 학술대회가 열린다는 것은 꿈에서나 가능한 일이었다. 그러던 것이 한류 바람을 타고 K팝을 연구하는 학자들이 외국에서도 나타나면서 꿈이 점차 현실화되기 시작했다.

약 270개의 발표로 이루어진 학술대회에서는 '대중음악의 환경'을 대주제로 삼아 기후와 인간, 음악과 문화산업의 문제를 폭넓게 다루었다. K팝은 국내외 학자 모두에게 주요 발표 주제였으며, 국악과 관련된 발표도 적지 않았다. 기조연설은 스위스의 브리타 스베르스 Britta Sweers, 1970년대 포크 가수로 활동하다 미국 오하이오 주립대학교 교수로 재직했던 박찬응, 일본의 요시타카 모리 등이 맡았다. 대구 출신의 음악가 이정선은 기조연설 이후 공연도 선보이며 큰 호응을 얻었다. 세계 각국의 석학과 음악인이 함께한 이 학술대회는 한국 대중음악 문화의 저력을 알리고 국가 이미지를 높이는 데 이바지하였다.

2025년, 한국대중음악학회는 어느덧 창설 20주년을 맞이하였다. 비주류 학문인데도 그저 대중음악이 좋아 연구를 시작한 모든 이들에게 축복을 보낸다. 장 그르니에의 말처럼, "경박한 주제에 관해 진지하게 연구하는 일은 죽지 않고 목숨을 부지하는 데 도움이 되나니", "한낱 광기 같은 인간의 삶과 손에 잡히지 않은 수증기 같은 세계"『보잘것없는 것에 관한 연구』중 속에서 대중음악 연구는 내 맘에 쏙 드는 일이다.

걸그룹의 시간여행, 김시스터즈에서 블랙핑크까지

2022년 10월 1일, 블랙핑크는 정규 2집 「BORN PINK」로 미국 빌보드 200 차트 1위에 올랐다. 걸그룹으로는 2008년 미국의 '대니티 케인' 이후 14년 만이고, 한국 걸그룹으로는 처음 있는 일이었다. 2016년에 데뷔한 블랙핑크는 수많은 '최초'의 기록을 써 내려가며, 세계를 무대로 달려왔다. 그 숨 가쁜 여정은 2020년에 공개된 다큐멘터리 「블랙핑크: 세상을 밝혀라」에서도 확인할 수 있다. 자신이 좋아하는 일을 즐기며 잘 해내는 사람들에게는 저절로 빛이 나는 법이다. 블랙핑크의 이야기를 보며 자연스레 떠오른 그룹이 있었다. 바로 미국에 처음으로 진출한 한국 걸그룹, 김시스터즈다.

김시스터즈의 데뷔 음반에 대한 정보는 아직 정리되지 않은 부분이 많다. 이 글을 쓰게 된 이유이기도 하다. 유성기 음반 수집가 이경호의 자료에 따르면, 김시스터즈의 데뷔 음반은 1956년 무렵 '킹스타레코드'에서 발매된 유성기 음반이다. 이 음반에는 **바야 콘 디오스** Vaya Con Dios 와 **부루 카나리** Blue Canary 라는 번안곡이 실려 있다. 음반 표지에는 '애자, 민자, 숙자'라는 이름이 적혀 있는데, 김시스터즈라는 이름으로 미8군 무대에 처음 선 것이 1953년이었으니, 이 음반이 나올 무렵에는 이미 활동 중이었던 셈이다. 10대 소녀 셋이 영어와 한국어를 섞어가며 부른 화음은, 지금 들어도 무척 아름답다.

2022년 가을, 김시스터즈의 리더 김숙자 선생이 특별한 무대를 위해 한국을 찾았다. 9월 30일부터 10월 2일까지 고향 목포에서 열린 '뮤직 플레이'라는 음악 행사에 참석하기 위해서였다. 당시 83세였던 그녀는 나이가 무색할 만큼 정정한 모습으로 개막 무대에 올라 어머니 이난영의 대표곡인 **목포의 눈물**과 **다방의 푸른 꿈**을 불렀다. 오랜 세월이 흐른 게 믿기지 않을 정도로, 목소리는 여전히 깊은 울림을 지니고 있었다.

김숙자 선생은 자신의 데뷔 음반을 기억하고 있을까? 녹음 당시의 장면은 기억하지 못했지만, 음원을 듣자마자 "우리 목소리 맞다"라며 감격했다. 미8군 무대에서 자주 불렀던 곡이라며, 노래가 끝나자 그 시절의 추억에 잠긴 듯 눈시울을 붉혔다.

한국 걸그룹의 계보에서 김시스터즈가 남긴 자취는 절대 작지 않다. 그들 뒤에는 '조선 유행가 계의 큰언니'로 불린 가수 이난영이 있었다. 이난영은 딸들과 조카를 모아 직접 훈련을 시키고, 김시스터즈라는 이름으로 데뷔시켰다. 어머니이자 기획자였던 이난영이 있었기에, 김시스터즈가 미8군 무대를 거쳐 미국 TV에도 출연하며 한국을 세계에 알릴 수 있었다.

김시스터즈의 빛나는 열정과 아름다운 화음은 오늘날 수많은 걸그룹을 통해 이어지고 있다. 세 자매 가운데 김애자는 1987년 미국에서 별세했고, 김숙자는 현재 미국에, 김민자 본명 이향는 헝가리에 거주 중이다. 시대를 앞서간 그들의 용기와 재능, 그리고 끈기 있는 활동에 무한한 존경과 사랑을 보낸다.

scan me!

바야 콘 디오스
(Vaya Con Dios)
애자·민자·숙자 노래, 1956년경

부루 카나리
(Blue Canary)
애자·민자·숙자 노래, 1956년경

청바지에 기타 하나, 청춘을 노래하는 김창완

나이가 숫자에 불과하다지만 나이가 들어보니 알겠다. 그것이 단순히 숫자만은 아니라는 것을. 어떤 광고에서 그 나이가 되면 인생을 좀 알게 되냐고 묻는 학생에게 중년의 아저씨는 "어데? 피로를 알게 돼"라며 웃기면서도 슬픈 중년의 현실을 알려준다. 나이가 들면서 마음과 다르게 여기저기 이상 신호를 보내오는 몸 때문에 어쩔 수 없이 나이를 의식하게 된다. 그래서 나이가 많은데도 여러 의미로 청춘인 사람을 만나면 그리도 반가운가 보다.

겨우 이십 대 후반이던 1981년에 "언젠간 가겠지 푸르른 이 청춘 지고 또 피는 꽃잎처럼"이라며 자조적으로 '청춘'을 노래하던 김창완이 일흔을 바라보는 나이에 2023년 1월 진주를 시작으로 전국 순회공연을 하였다. 김창완 밴드의 공연장을 물들인 것은 한마디로 '청춘'이었다. 청바지에 티 하나 걸치고 전기 기타를 멘 그는 **내 마음에 주단을 깔고**를 시작으로 **아니 벌써, 그대 떠나는 날 비가 오는가, 둘이서, 초야, 회상, 누나야** 등 스무 곡이 넘는 노래를 오롯이 혼자 소화했다.

기타 연주는 생생하면서도 능수능란했고 카랑카랑하면서도 정직한 목소리는 청년처럼 여전히 힘이 있었다. 그의 음악은 실험성과 대중성을 모두 확보한 것으로 정평이 나 있는데, 록을 기반으로 프로그레시브 하거나 사이키델릭 한 사운드를 추구한 음악들은 물론이고 동요, 포크, 발라드에 이르기까지 여러 장르를 넘나들며 우리를 즐겁게 해주었다.

공연장에는 초등학생부터 어르신까지 다양한 연령대의 관객들이 모였다. 어린 학생이 열렬히 환호하는 것을 보면서 세대를 불문하고 공감할 수 있는 요소가 김창완의 노래에 있다는 것을 새삼 확인했다. 그는 40년이 훨씬 넘는 음악 생활을 하는 동안 팬들이 자신의 청춘을 지켜주었다며 고마운 마음을 전하기도 했다. 팬들도 고맙기는 마찬가지였을 것이다. 여전히 현역인 그를 보고 우리의 청춘을 추억하며 힘을 얻었을 테니 말이다.

2019년에 **청춘**이란 노래를 발표한 가수 임현정은 "꽃으로 된 왕관을 쓰고 손에 잡힐 듯 잡히지 않는 빛을 잡으러 달리는 시간이 청춘"이고, "계속 질문하고 방황하고 의문을 품는 끝없는 열정의 시간이 청춘"이라고 부연했다. 사무엘 울만 Samuel Ulman 은 78세 때 쓴 **청춘**이라는 시에서 "청춘이란 인생의 어떤 기간이 아니라 마음가짐"이라고 했다.

2023년, 73세의 나이에 첫 산문집 『잃어버린 것에 대하여』를 출간한 가수 최백호는 인생에서 가장 중요한 것을 '건강'으로 꼽았다. 청춘의 열정도 몸이 받쳐주지 않으면 아무 소용없다. 그러니 부디 청춘이 우리 곁에 오래 머물도록 건강을 챙기기로 한다.

장미를 닮은 그대에게

 매년 5월이면 어김없이 장미가 핀다. 서울, 울산, 대구를 비롯해 전남 곡성에서는 '세계장미축제'가 열리고, 전국 곳곳에서도 크고 작은 장미 행사가 이어진다. 축제가 아니어도 좋다. 길을 걷노라면 담장에 얼굴을 내밀고 화려한 자태를 뽐내는 장미를 만날 수 있다. 1년 동안 잠잠히 있다가 '시작'이란 구호와 함께 동시에 피는 듯 만발하니 반가움을 넘어 신비로움마저 느낀다.

 '별이 천상의 아름다운 노래라면 꽃은 지상의 아름다운 노래'라는 말이 있듯이, 꽃은 오래전부터 대중가요 노랫말에 흔하게 등장했다. 그중에서도 장미는 대중가요 소재로 많이 활용된 꽃이다. 남성 듀오 '사월과오월'이 부른 **장미** 1979 는 "싱그런 잎사귀 돋아난 가시처럼 어쩌면 당신은 장미를 닮았네요"라며 사랑하는 사람의 외양을 장미에 빗대어 상큼하게 그리고 있다. 노래를 발표한 지 40년이 지났는데도 여전히 장미만 보면 자연스레 이 노래를 흥얼거리게 된다.

 다른 꽃들과 달리 장미는 가시 때문에 화려한 모습과 대비되는 속성을 지닌 존재로 대중가요에 제시되고 있다. 민해경은 **그대 이름은 장미** 1988 에서 "멀리서 보면 다정하지만 다가서면 외롭게 해"라며 장미의 속성을 들어 '그대'의 양면성을 노래했다. 혼성 그룹 '어우러기'가 1985년에 발표한 **밤에 피는 장미**는 상처받은 영혼을 "내 가슴속에 피는 한 잎 떨어진 상처만이 남아 있는 한 떨기 장미처럼 슬픈 내 영혼"으로 묘사했다. 이하이의 Rose 2013도 "지금은 아름답겠지만 날카로운 가시로 널 아프게 할걸" 하며 상대에게 상처를 줄까 봐 사랑하기를 주저하는 심정을 장미의 가시로 표현했다.

심수봉은 진실한 사랑을 장미로 형용한 노래 **백만 송이 장미**를 1997년에 발표했다. 1982년에 러시아의 가수 알라 푸가초바 Alla Pugacheva가 라트비아에서 유행한 **마라가 준 인생** Dāvāja Māriņa 을 백만 송이 장미라는 제목으로 개사해 부른 것이 이 노래의 유래다. 우리나라에서는 임주리가 1996년에 처음으로 번안해서 불렀지만, 심수봉이 새로 번안해 부른 **백만 송이 장미**가 지금까지 대중의 인기를 얻고 있다. 진실한 사랑을 할 때만 피어나는 장미를 들어 아가페적 사랑을 표현해 공감을 산 것으로 보인다.

꽃은 매년 다시 피어나기 때문에 재생의 이미지로 종종 노래에서 활용된다. 하지만 꽃의 재생은 거저 주어지는 환희가 아니다. 'H1-KEY 하이키'의 **건물 사이에 피어난 장미**에는 억척스러운 생명력으로 버티고 견디는 장미가 등장한다. 그러니 장미를 닮은 그대여, '고개 들고 끝까지 버텨주시길, 그 향기에 취해 모두 웃을 때까지.'

노래로 버틴 임희숙의 삶

2023년 11월 25일과 26일 이틀 동안 임희숙의 특별한 공연이 용산아트홀 대극장에서 열렸다. 임희숙은 덕성여고 2학년에 재학 중이던 1966년에 임가령이라는 예명으로 **외로운 산장**을 발표하며 데뷔하였다. 그녀는 타고난 재능이 있거니와 평소 자신이 즐겨 듣던 아레사 프랭클린·샘 쿡·로베타 플랙의 노래처럼 풍부한 성량으로 진한 정서를 잘 표현한다.

'노래 잘하는 가수'로 정평이 나 있는 그녀는 '한국의 티나 터너', '솔soul 디바' 등의 애칭으로 불렸는데, 이번 공연에서도 농도 짙은 솔 창법으로 대표곡인 **진정 난 몰랐네, 내 하나의 사람은 가고, 돌아와 줘, 사랑의 굴레** 등을 선보였다. 그녀의 목소리에는 굴곡진 인생의 나이테가 겹겹이 쌓여 있는 듯하다. 결혼한 지 5개월여 만에 이혼하고 한때 극단적 선택을 시도하였으며, 대마초 파동에 휩싸여 한동안 활동을 하지 못하기도 했다. 하지만 그 역경들을 딛고서 1980년에 조동진이 작사하고 작곡한 **밤새**를 비롯하여 **잊어버린 노래, 이 마음 아시나요** 등의 노래를 발표하며 재기에 성공했다.

MBC TV 프로그램「주부가요열창」에서 1990년 100회 방송을 기념하며 '최다 애창 가요와 애창 가수'를 조사한 적이 있다. 이에 따르면 임희숙은 패티김과 이미자에 이어 애창 가수 부문에서 최진희와 공동 3위에 올랐고, 그녀가 노래한 **내 하나의 사람은 가고**는 애창 가요 부문에서 **사랑은 생명의 꽃** 패티김에 이어 2위를 차지하였다. 노래 자체가 경연 대회에 어울리기도 하거니와 그녀의 인생 역정과 노래가 어우러져 빚어낸 울림이 오랫동안 대중, 특히 주부들의 공감을 얻은 결과라 할 수 있다.

그녀는 1980년에 오태석의 연극「1980년 5월」에 출연하며 배우로도 데뷔하였다. 이후 TV 드라마「노다지」,「남자는 외로워」,「엄마는 못 말려」 등에 출연했으며, 1995년에는 영화「개 같은 날의 오후」에서 공주댁을 맡아 열연을 펼쳤다. 이 영화의 이민용 감독은 임희숙의 이부동생인데, 6·25 전쟁 때 아버지가 사망한 후 어머니가 재혼하여 얻은 두 아들 중 막내다.

700석이 넘는 공연장의 좌석이 모두 찼고, 총 4회 공연은 모두 매진이었다. 오랜 우정을 자랑하는 재즈 피아니스트 신관웅이 이끄는 빅밴드가 반주를 맡았고, 조영남과 최백호 등이 초대 가수로 함께하여 공연을 빛냈다. 미국에 사는 또 다른 동생도 공연장을 찾아 누나의 열정을 응원했다. 자신만의 독특한 빛깔을 지닌 채 무대에서 열창하는 그녀를 보며 힘들고 어려워도 버티면 언젠가 영광의 날이 온다는 걸 느꼈다. 음악으로 버틴 그녀의 삶에 박수를 보내며, 그 음악으로 우리를 위로해 준 그녀에게 감사의 마음을 전한다.

전설의 밴드를 추억하다 나를 만나다

어떤 분야나 집단에서 기술이나 능력이 매우 뛰어난 사람을 고수高手라고 한다. 고수들은 어깨에 힘이 들어가지 않는 법이다. 그러면서도 자유자재로 강약을 조절하고 자연스럽게 긴장과 이완을 배합하여 보는 이로 하여금 감탄을 자아낸다. 단순한 기교를 넘어서 그들의 연륜에서 우러나오는 멋은 진한 감동을 안겨준다.

2023년, 왕년의 가요계 스타들이 「불꽃밴드」라는 프로그램에서 경연을 펼쳐 새삼 주목받았다. 그해 연말, 몇 그룹이 합동으로 공연을 하였으니, 한창 활동할 때조차 보기 드문 광경이 연출된 셈이다. 「윈터 콘서트」라는 이름으로 '사랑과 평화', '이치현과 벗님들', '다섯손가락'이 뭉친 것인데, 이들이 각각 활동한 연도를 합산하면 무려 120년을 훌쩍 넘으니 그 내공과 경력을 이루 다 말할 수 없는 고수들의 향연이라 할 만하다.

3층짜리 공연장을 빼곡히 메운 관객들은 대부분 1970년대와 1980년대에 감수성 풍부한 청소년 시절을 겪은 중년들이었다. "행복은 성적순이 아니잖아요"라고 아무리 외쳐도 학업의 압박과 시험의 굴레에서 좀처럼 벗어날 수 없었던 그때, 그들의 노래는 안식처 구실을 해주었다. 팍팍하고 갑갑한 학창 시절의 긴 터널을 빠져나왔다는 동질감이 공연장의 관객들을 하나로 묶어 열광의 도가니로 몰아넣었다.

원년 멤버인 임형순과 이두헌을 중심으로 최태완, 이태윤, 장혁이 뭉친 '다섯손가락'은 전성기를 능가하는 기량을 선보였다. 대표곡 **새벽 기차**를 비롯해서 비 오는 수요일 장미꽃을 선물하는 유행을 만든 **수요일엔 빨간 장미를**, '동방신기'가 다시 불러 새삼 인기를 얻었던 **풍선** 등을 노래해 관객의 호응을 얻었다. '이치현과 벗님들'은 여전히 감미로운 목소리로 라틴 록 스타일의 **집시 여인**을 비롯하여 **사랑의 슬픔, 다 가기 전에, 당신만이** 등을 불러 관객들에게 추억과 낭만을 선사했다. 마지막으로 무대에 오른 '사랑과 평화'는 기념비적인 펑크Funk 음악으로 평가받는 **한동안 뜸했었지와 장미** 등을 열창했다. 특히 보컬을 담당한 이철호는 무대의 이곳저곳을 누비며 힘이 넘치는 창법으로 관객을 들었다 놨다 했다.

추억은 항상 아름답다고 하며 좋은 기억만 남겨두려는 것을 '무드셀라 증후군Methuselah syndrome'이라 한다. 공연을 관람하며 학창 시절의 우리와 편안하게 재회할 수 있었던 이유이기도 하다. 전설의 밴드를 마주하며 그 해의 끝자락에서 나는 내 삶을 돌아보았었다. 어느덧 2025년이다. 언제나 그렇듯이 좋은 일과 나쁜 일이 뒤얽힌 많은 날을 지나왔다. 인생이 원래 그렇다. 그래도 또 시간이 지나면 오늘을 아름답게 기억하리니, 버티고 견디는 내 자신에게 말해주기로 한다. 오늘도 수고했다고, 정말 고생했다고.

희망의 속삭임을 보내요

 노래는 공기와 같아서 어디든 있지만 잡을 수도, 만질 수도 없다. 그래서 노래의 가치를 제대로 인식하지 못할 때도 있다. 또한 노래가 이 세상에 나오면 운명이 어찌 될지 그 누구도 섣불리 단정할 수 없다. 어떤 노래는 대중에게 다가가지 못한 채 사라지고, 또 어떤 노래는 긴 생명력을 지닌 채 애창되기 때문이다.

 "거룩한 천사의 음성 내 귀를 두드리네 / 부드럽게 속삭이는 앞날의 그 언약을 / 어두운 밤 지나가고 폭풍우 개이면은 / 동녘엔 광명의 햇빛 눈부시게 비치네 / 속삭이는 앞날의 보금자리 즐거움이 눈앞에 어린다"라는 **희망의 속삭임**은 오랫동안 사랑받고 있는 노래다. 까마득히 잊고 있다가도, 낙담하거나 슬플 때면 어느새 **희망의 속삭임**이 천사의 날갯짓처럼 다가와 우리를 조용히 토닥이며 달래준다.

 이 노래의 원곡은 1868년에 미국의 작곡가 셉티머스 위너 Septimus Winner가 앨리스 호손 Alice Hawthorne 이란 예명으로 발표한 **Whispering Hope** 속삭이는 희망이다. 남북전쟁 이후 상처받은 많은 사람의 마음을 어루만져 주었기 때문일까? 이후에 짐 리브스 Jim Reeves를 비롯해서 대니얼 오도넬 Daniel O'Donnell, 존 바에즈 Joan Baez, 엘비스 프레슬리 Elvis Presley 등 유명 가수들이 거듭 불렀고, 지금까지도 대중의 관심을 받고 있다.

우리나라에는 일제강점기에 들어온 것으로 보이는데, 1934년 12월 17일자 『조선일보』에 실린 '경성방송국'의 라디오 편성표에서 **희망의 속삭임**이란 제목을 찾을 수 있다. 또한 이화여전 합창단이 1936년에 이 노래를 음반으로 발매하기도 했다. 1960~1970년대에 특히 유행했는데, 패티김, 배호, 바니걸스, 서수남과 하청일 등 여러 가수가 연이어 이 노래를 녹음해 발표하였다. 캐럴, 서양 민요, 동요, 대중가요 등으로 다양하게 불렀으나 그 어떤 경우라도 **희망의 속삭임**이 하루하루 힘들게 살아가는 이들에게 부드럽고도 다정한 목소리로 희망과 위로의 전언을 건넨 것만은 확실하다. 동트기 전이 가장 춥듯이, 햇빛은 폭풍 뒤에 찾아오는 선물이므로 우리에게 인내하고 버티라 격려하기 때문이다.

전쟁의 포성은 여전히 멈추지 않았고 곳곳에는 저주의 말이 넘쳐난다. 그럴 때마다 어디선가 다시 **희망의 속삭임**이 들려온다. 장사익이 노래로 만들어 불러 유명한 김강태의 시 **돌아오는 길**에서는 채소 파는 아줌마에게 "희망 한 단에 얼마예요"라고 묻는다. 소소한 일상에서 희망을 발견하는 시인의 모습에서 긍정의 기운을 느낄 수 있다. 시 구절처럼 "춥지만, 우리 이제 절망을 희망으로 색칠"했으면 좋겠다. 희망은 힘이 세니까, 그러니 다시 희망을 품어보기로 한다.

때로는 주문처럼, 케 세라 세라

걸그룹 아이브IVE의 장원영이 보여준 초긍정적 사고를 뜻하는 '원영적 사고'는 선순환의 효과를 보여준다. 원영적 사고는 부정적인 것마저 오히려 좋게 받아들이려는 태도에 해당한다. 젊은 세대의 취향을 저격한 원영적 사고와 유사한 것으로 '케 세라 세라qué será será'가 있다. 간혹 체념과 포기의 '될 대로 돼라'는 의미로 사용하는 경우가 있으나, 이루어질 일은 결국 이루어진다는 긍정과 희망의 전언에 가깝다. 될 일은 될 테니 우리는 그저 할 일을 하면 된다는 의미 말이다.

1956년에 개봉한 앨프리드 히치콕 감독의 영화 「The Man Who Knew Too Much」의 주제가 **케 세라 세라**는 그해 아카데미상 최우수주제가상을 받으며 널리 알려졌다. 제이 리빙스턴이 작사하고 레이 에번스가 작곡하여 도리스 데이가 부른 이 노래는 영화보다 더 유명해서 지금까지도 대중매체에 종종 등장한다. 우리나라에서는 이 영화가 1957년 「나는 비밀을 알고 있다」라는 제목으로 상영되었는데, 역시 주제가가 상당한 인기를 얻으며 '케 세라 세라'라는 말도 유행했다.

그 당시 '케 세라 세라'를 번안한 노래가 네 종이나 제작되었는데, 김광수가 편곡해서 노명애가 노래한 **케 세라 세라**를 제외하고 당대의 인기 가수 백일희, 송민도, 현인이 각각 노래한 세 버전은 지금도 음원으로 들을 수 있다. 박춘석이 번안하고 편곡하여 백일희가 노래한 **케 세라 세라**는 오아시스에서, 탁소연이 번안하고 송민영이 편곡하여 송민도가 노래한 **케 세라 세라**는 킹스타에서, 현인이 번안하고 김희조가 편곡하여 현인이 노래한 **케 세라 세라**는 도미도레코드에서 각각 발매되었다. 백일희의 **케 세라 세라**가 1절과 3절은 한국어, 2절은 영어 원가사로 구성된 것처럼, 모두 번안 가사와 원가사를 번갈아 사용한 것이 특징적이다.

불확실한 미래에 불안해하는 이를 '케 세라 세라'로 다독거려주는 원래 가사의 주된 정조가 세 노래의 번안에도 그대로 이어진다. 그중에서도 현인이 직접 번안하고 부른 버전이 원곡의 정서를 가장 잘 살려냈다. 이 노래에서 현인은 "지나간 젊은 그날은 아름다워라 그리워라 / 무엇이 될까 어머님께 물어보았더니 / 케 세라 세라 그것은 운명이라네 / 만사가 운명이라네 케 세라 세라 두고 봐야지"라며 순리를 따르자는 격려와 응원의 말을 보낸다.

지금 여기에서 최선을 다한다면 바라는 바를 이루리라는 것이 '케 세라 세라'의 요체다. 새옹지마 인간사에서 우리가 할 일은 일희일비하지 않고 어려운 상황에 부딪쳐도 평정심을 유지하는 일인지도 모르겠다. 그래도 힘들 때면 나직이 주문처럼 읊조려 보기로 한다. '케 세라 세라'라고.

scan me!

케 세라 세라
백호(박춘석) 번안, 박춘석 편곡, 백일희 노래, 1957년경

"우리나라 조선 나라 정다운 나라"

해마다 광복절이 다가오면, 해방의 그 날을 떠올리게 된다. 얼마나 많은 이들이 감격에 겨워 만세를 불렀을까. 그 당시 우리의 미래인 어린이를 찬양한 노래를 비롯하여 나라 사랑을 표현한 노래가 대거 출현하였다. 지금은 잊힌 노래가 되었으나 1946년에 발표된 **우리나라**는 광복의 기쁨과 우리나라에 관한 애정이 고스란히 담긴 노래로 주목할 필요가 있다

1945년부터 1948년까지를 이른바 '해방공간'이라 일컫는데, 이 시기에는 해방의 기쁨을 다룬 노래들이 많이 등장하였다. 김성태의 **독립행진곡**, 김순남의 **해방의 노래**, 이건용의 **여명의 노래** 등을 들 수 있다. 특히 나운영은 **건국의 노래**, **조선의 노래**, **통일 행진곡**처럼 애국을 주제로 한 노래들을 '국민가요'라는 이름으로 작곡하였는데, **우리나라**도 그중 하나다.

우리나라가 실려 있는 악보집은 나운영이 창립한 '민족음악문화연구회'에서 1946년 4월에 발행한 것이다. 동요 **봄맞이 가자**와 **강아지**를 작사한 김태오는 광복 이후 나운영과 짝을 이루어 많은 작품을 발표하였다. 김태오가 작사하고 나운영이 작곡한 가곡 **달밤**이 대표적이다.

김태오가 지은 **우리나라**의 노랫말은 미래에 대한 희망으로 가득 차 있다. 1절의 "산 곱고 물도 맑은 삼천리강산 오천 년 빛 날리는 거룩한 나라"

와 2절의 "맘 같고 뜻도 같은 삼천만 동포 태극기 휘날리는 새로운 나라"에서 우리나라에 대한 자부심과 애정을 느낄 수 있다. 이어서 "동무여 우리들은 씩씩한 일군 다 같이 힘을 뭉쳐 나라 일하세"1절 와 "우리 글 우리 역사 빛나는 민족 세계에 으뜸 가는 나라 만들세"2절 라며 앞으로 펼쳐질 나라의 새 역사를 함께 쓸 것을 권유하고 있다.

'보통-빠르기moderato'에 '곱게 아름답게'라는 나타냄말이 적혀 있는 **우리나라**는 음악적으로 4분의 2박자에 사장조, 오음 음계의 선율로 이루어져 있다. 특히 부점 리듬을 사용해서 노래 전체를 밝고 경쾌한 분위기로 이끈다. "우리나라 조선 나라 정다운 나라 길이길이 우리나라 빛내여 보세"라는 후렴은 반주에서까지 부점 리듬을 아르페지오로 표현하여 생동감을 자아낸다.

2025년 현재, 혼란한 정치 상황 속에서도 국민은 위기를 외면하지 않고 하나로 뭉쳐 더 나은 민주주의를 향한 길을 만들어 가고 있다. "맘 같고 뜻도 같은 삼천만 동포 태극기 휘날리는 새로운 나라"를 노래했던 그 마음처럼, 우리는 지금 이 순간에도 정의롭고 정다운 나라를 꿈꾸고 있다. "우리나라 조선 나라 정다운 나라"라는 노랫말은 단지 과거의 희망을 말한 것이 아니라, 지금 우리가 지켜야 할 나라의 모습이기도 하다. 해방의 감격 속에 울려 퍼졌던 그날의 노래는 오늘을 살아가는 우리에게도 여전히 희망을 전해준다.

2

잊을 수 없는 목소리,

지금도 그들의 노래는 우리를 울리고 웃깁니다.
잠시 멈춰 우리 곁을 스쳐간 별들을
추억해주세요.

낙엽처럼 떠난 목소리들: 요절 가수 별곡別曲

요절天折이라는 단어에는 늘 아쉬움과 안타까움, 그리고 말로 다 담기지 않는 슬픔이 스민다. 한창 노래하고 사랑받을 나이에 떠난 가수. 우리는 그들을 '요절 가수'라 부른다. 보통 20~30대, 아직 인생의 절반도 채 살지 못한 이들의 죽음이다. 그래서 더 깊이 마음에 남는다. 너무 이른 작별이기에.

특히 가을의 끝자락인 11월에 세상을 떠난 가수들이 유독 많다. **낙엽 따라 가버린 사랑**의 차중락은 1968년 11월 10일, **안개 낀 장충단 공원**의 배호는 1971년 11월 7일에 눈을 감았다. **이름 모를 소녀**를 부른 김정호도, **사랑하기 때문에**를 남긴 유재하도, **비처럼 음악처럼**의 김현식도…. 모두 11월이면 생각나는 가수들이다. '듀스'의 김성재는 1995년 11월 20일, 솔로 데뷔 하루 만에 비극적인 죽음을 맞았다. 화려한 조명을 받던 순간에 그의 노래가 갑자기 멈췄다.

여성 가수 중엔, 스물아홉이라는 짧은 생을 살다간 재능 넘치는 싱어송라이터 장덕이 생각난다. 그보다 훨씬 뒤에 설리최진리와 구하라도 서늘한 가을의 끝자락에서 세상을 떠났다. 그들의 빛나는 얼굴 뒤에는 미처 다 헤아릴 수 없는 고통이 있었다는 걸, 이제 우리는 안다.

요절은 오늘날의 일만은 아니다. 광복 이전에도 너무 빨리 세상을 떠난 이들이 있었다. 1926년, 윤심덕은 대한해협의 찬 물 속으로 몸을 던졌다. 스물아홉, 청춘의 마지막이었다. 윤심덕과 달리 지금은 거의 잊혔으나, 기억해야 할 목소리도 있다. 1912년에 태어나 1934년, 겨우 스물두 살의 나이에 세상을 떠난 배우이자 가수인 이경설이다. 전옥보다 먼저 '눈물의 여왕'이라 불렸던 인물로, 박찬욱 감독의 영화 「아가씨」의 배경음악으로 흐르던 **세기말의 노래**도 그녀가 1932년에 발표한 곡이다. 폐병에 걸린 이경설은 병마와 싸웠고 그 와중에 연인은 떠나갔다. 병원비 마련을 위해 아픈 몸으로 음반 취입마저 해야 했던 그녀는 숨을 거두며 이렇게 말했다고 한다.

"아, 무대에서 죽자 했더니!"

그녀는 **결혼전선 이상 없다**와 **망향비곡**이라는 극을 기획하거나 창작했고, **숨 죽은 주장**과 **망향비곡**의 주제가의 노랫말도 직접 썼다. 예술가로 살다 간 이경설. 그녀의 흔적은 작을지라도 분명히 남아 있다.

사람은 가도 노래는 남는다. 누군가 "우리가 사는 오늘은 어제 죽은 이가 그토록 원하던 내일"이라고 했다지. 그렇다면 우리는 이 삶에서 무엇을 남기고 갈 수 있을까. 그들보다 오래 산 것이 부끄럽지 않도록, 우리의 흔적도 깨끗하고 따뜻하기를. 그래서 나는 문득, 시인 이상의 **이런 시** 한 구절을 되뇌게 된다.

"자, 그러면 내내 어여쁘소서."

scan me!

세기말의 노래
박영호 작사, 김탄포 작곡, 장유정 노래, 2020
원곡은 이경설 노래, 1932

아코디언 명장, 심성락을 기리며

아코디언 명장 심성락 심임섭·85 선생이 2021년 12월 4일 별세했다. 그 얼마 전 통화했을 때 목소리에 힘이 없어 걱정했지만, 그래도 부고는 뜻밖이었다. 그나마 위로가 되는 건, 생전 인터뷰를 통해 타고난 음악가였던 선생의 삶과 음악을 조금이나마 이해할 수 있었다는 점이다.

선생과의 인연은 그의 연주 앨범 「바람의 노래를 들어라」에서 시작되었다. 슬프게 나직이 들려오는 아코디언 소리를 듣다 문득 꼭 한번 뵙고 싶다는 생각이 일었다. 그 소원은 2012년에 내가 발표한 **리라꽃은 피건만**에 선생의 아코디언 연주를 담으면서 기적처럼 이루어졌다. 2016년의 '렉처 콘서트 Lecture Concert'에서는 최춘호 기타 선생과 함께 직접 반주를 해주셨으니, 이보다 더 감사한 일이 있을까 싶다. 무대에 선생이 등장한 것만으로 당시 그 자리에 있던 우리 모두 감동했던 기억이 생생하다. 보잘것없던 나의 무대가 선생 덕분에 특별한 자리가 되었던 걸 지금도 기억한다.

2016년, 선생 집에 불이 나서 아코디언까지 타버린 적이 있다. 오랫동안 선생과 호흡을 맞췄던 윤영인 선생을 비롯해 수많은 연주자가 새 아코디언 구입을 위한 펀딩 공연에 참여했다. 당시 공연 사회를 맡아 아주 작은 힘이나마 보탠 일은 내게 소중한 추억으로 남았다. 그때도 선생은 당신을 위해 사람들이 모인 사실 자체를 몹시 쑥스러워하셨다. 선생은 자존심이 강하고 남의 신세 지는 것을 무척 싫어하는 성품을 지니고 계셨다. 2020년에는 심성락 선생보다 몇 달 앞서 세상을 떠난 가수 이수미 선생 댁에서 함께 담소를 나누며 따뜻한 시간을 보냈다. 그 모든 일이 엊그제 일처럼 선명한데 이렇게 서둘러 가셨다니 믿기지 않는다.

선생은 경남고 1학년 시절 '신협악기점'에서 처음으로 아코디언을 접했다. 부산 KBS가 주최한 노래자랑에서 고등학생 신분으로 아코디언 반주를 맡으며 연주자로서의 첫발을 내디뎠다. 그 무렵 만난 작곡가 한복남 1919~1994 선생은 '심임섭'이라는 본명이 어렵다며, '소리로 남을 즐겁게 한다'라는 뜻을 담아 '성락 聲樂'이라는 예명을 지어주었다. 놀랍게도 선생은 어린 시절 다친 오른쪽 새끼손가락이 절반뿐이었지만, 그 불편함을 이겨내고 자신만의 '네 손가락 운지법'으로 오히려 더 독창적인 연주를 들려주었다. 생전 인터뷰에서 선생은 가장 감동적인 순간으로 2013년 경남고 70주년 기념일에 명예 졸업장을 받은 날을 꼽았다.

선생은 나이 어린 상대에게도 늘 존댓말을 쓰던 겸손하고 올곧은 성격의 소유자였다. 음악 앞에서는 그 누구보다 정확하고 정직했던 선생님, 부디 편안히 잠드소서. 어디선가 선생이 연주한 '바람의 노래'가 들려오는 듯하다.

scan me!

리라꽃은 피건만
김해운 작사, 독일곡 〈Nimm Diese Roten Rosen〉, 장유정 노래, 2012
원곡은 임원 노래, 1938

영원한 '딴따라', 송해를 추모하며

몇 년 전에 디제이DJ '이오공250'이 '트로트'그의 말로는 '뽕'를 찾아 나를 만나러 왔었다. 사뭇 진지했던 그와 트로트를 주제로 당시 많은 이야기를 나누었다. 그 후로 몇 년의 시간이 흘렀다. 그는 「뽕을 찾아서」라는 기록물을 만들고, **이창**과 **뱅버스** 등의 음원을 발표하면서 뮤직비디오를 선보였다. 음악이 흐르는 4분여 동안 속옷과 구두 차림의 배우 백현진이 줄기차게 달리기만 하는 **뱅버스** 뮤직비디오는 미국 '보스턴 국제영화제'의 공식 경쟁작에 초청되기도 했다.

'이박사'의 '테크노 트로트' 또는 '이디엠Electronic Dance Music: EDM 트로트'를 연상시키는 이오공의 음악은 실험성과 대중성을 두루 갖추었다. 복고적이면서도 실험적인 사운드를 구현한 그의 음악에는 묘한 끌림이 있다. 과연 그는 그토록 찾아 헤매던 '뽕'을 찾았을까? 그가 생각하는 '뽕'이 무엇이냐고 물으니, 예상외로 낭만적인 대답을 들려주었다. 그는 뽕을 "지난 시간을 돌아보는 순간 느껴지는 애잔함, 또는 그리움 같은 것"이라 정의했다.

음반에 수록된 11곡 중 유독 내 마음에 와닿은 노래는 몽환적인 기계음을 뚫고서 시작하는 **모든 것이 꿈이었네**다. 이박사 트로트의 건반 연주자이자 프로듀서로 유명한 김수일이 오래전에 만든 곡을 자신이 직접 노래했다. 그 옛날 할아버지들이 흥얼거리듯이 이어지는 노래에 빠져든 것은 그의 목소리에서 연륜과 깊이를 느꼈기 때문이다. 노래 말미에 "내가 가수가 아니니까"라고 말하는 그의 겸손 앞에서는 괜스레 숙연해졌다.

트로트는 단순한 대중음악 장르가 아닌 이제 일종의 문화다. 어느 하나로 정의할 수 없으나 우리 삶 곳곳에서 트로트의 흔적을 볼 수 있다. 그리고 여기 평생 트로트와 함께한, 자신을 '딴따라'라 칭했던 분이 있다. 1988년부터 34년 동안 '전국노래자랑'을 진행한 국민 MC 송해. 95세의 나이에도 현역이었던 그는 마지막 방송 때 입으려 맞춰 놓은 양복을 둔 채 2022년 6월 8일에 영면하였다.

트로트 문화가 엄숙주의를 거부하는 '통속의 미학'을 특징으로 한다면, 송해는 현장에서 트로트의 미학을 잘 구현한 분이었다. 방방곡곡을 누비며 서민들과 어우러져 공감하고 소통하며 함께 울고 웃었다. 그가 진행한 방송에서 송가인·임영웅·이찬원·김희재·정동원 등의 무명 시절을 볼 수 있고, 수많은 출연자는 저마다 송해와의 추억을 만들었다. 한동안 많은 사람이 허전했으나, '장자의 나비'처럼 꿈과 현실의 경계는 모호하고 모든 것은 꿈이 아니겠는가. 고인의 명복을 빌며, '천국'노래자랑에서 "딩동댕"을 외치고 있을 그를 그려봤다.

충청도에서 오하이오까지, 올리비아 뉴턴 존을 그리며

조영남이 1978년에 발표한 **내 고향 충청도**는 1·4 후퇴 때 충청도로 피란 와서 살게 된 실향민의 이야기를 정감 있게 그린 노래다. 실제로 황해도 남천 지금의 평산이 고향인 조영남 자신의 자전적 이야기를 담고 있어 실감 나면서도 애잔함이 느껴지는 이 노래는 현재 대전광역시의 야구팀 한화 이글스에서 응원가로도 사용되고 있다. 충청도 사람들의 정서를 대변하는 노래로 지금도 세대를 넘어 사랑받고 있다.

고향의 정겨운 풍경을 연상시키는 이 노래가 서양 노래의 번안곡이라는 사실은 의외였다. **내 고향 충청도**의 원곡은 **Banks of the Ohio** 오하이오 강둑 인데, 가사와 곡조 그 어디에서도 번안곡의 단서를 찾을 수 없었기 때문이다. 원곡과 완전히 다르게 가사를 지어 붙인 데다 원곡이 어떤 면에서 우리의 정서와 맞닿은 컨트리 음악이어서 이질감을 느낄 수 없었는지도 모른다. 자신의 청혼을 거절한 여인을 강둑으로 불러 살해하는 섬뜩한 노랫말로 이루어진 원곡은 이른바 미국에서 'Murder Ballad 살인 발라드: 비극적 사랑과 범죄를 다룬 민속풍의 노래'의 전통을 계승하고 있다.

이미 19세기에 나왔던 이 노래는 1927년에 처음 녹음된 이래로 많은 가수가 부를 정도로 유명했다. 그중 가장 유명한 버전은 올리비아 뉴턴 존이 1971년에 발표한 것이다. 그 시절의 팝 음악을 대표한 올리비아 뉴턴 존이 부른 **Banks of the Ohio**는 발표 당시 호주에서 1위, 영국에서 6위에 오를 정도로 인기를 얻었다. 자극적이면서 다소 충격적이기까지 한 노랫말과 다르게 명랑한 얼굴로 미소를 띠며 노래하던 모습은 부조화를 이루는데도 묘한 끌림이 있었다.

내 고향 충청도를 떠올린 것은 뉴턴 존 때문이기도 하다. 암 투병 하던 그녀가 2022년 8월 8일에 별세하였다. 당시 우리나라에서도 SNS를 중심으로 그녀를 기억하는 사람들이 그 죽음을 애도하였다. 1970~80년대에 청소년 시절을 보냈던 누군가에게 뉴턴 존은 첫사랑이자 여신이었기 때문이다. 뮤지컬 영화「그리스」에서 그가 보여준 청순한 이미지에 가슴 설렌 청춘을 보냈던 누군가는 그의 사망 소식이 유독 슬펐으리라.

청순한 모습을 넘어 1981년에 발표한 **피지컬** Physical 에서 농염한 모습으로 변신을 시도하며 오랫동안 '청춘의 아이콘'으로 불린 그는 투병 중에도 암 연구 후원과 환경보호 운동 등에 앞장섰다. 2008년 호주 멜버른에 '올리비아 뉴턴 존 암 센터'를 설립한 후, 그 공적을 인정받아 2020년에 영국 엘리자베스 2세 여왕으로부터 기사 작위도 받았다. 이제 청춘의 어느 한 때를 설레게 했던 그는 갔으나 천상의 그것처럼 맑고 청아한 그의 목소리는 여전히 귓전에 맴돈다. 삼가 고인의 명복을 빈다.

오늘 같은 밤이면의 박정운을 보내며

오늘 같은 밤이면, **먼 훗날에**, **내일이 찾아오면** 등의 노래로 1990년대를 풍미했던 가수 박정운이 간경화로 투병하다 지난 2022년 9월 17일에 별세했다. 비보悲報였다. 1965년에 아버지 박선길과 어머니 박일양 사이에서 외동아들로 태어난 박정운은 9살 때 부모와 미국으로 이민 하였다가 고국에 돌아와 1989년에 **Who, Me?**로 데뷔했다.

그가 본격적으로 활동했던 1990년대는 대중음악의 르네상스라 불릴 정도로 다양한 노래들이 주목받던 시대다. 신세대들의 문화를 상징하는 X세대나 오렌지족과 같은 신조어가 나왔고, 1992년에 데뷔한 '서태지와 아이들'을 시작으로 본격적인 댄스음악이 꽃을 피우기도 했다. 이때 전국적으로 유행한 것이 있었으니 바로 '노래방'이다.

이른바 '전 국민의 가수화'를 이끈 노래방은 1992년 10대 히트 상품에 선정되었고, 노래방 특수에 힘입어 그해 12만 대 이상의 노래방 기기가 팔렸으며, 7만 대의 기기를 수출할 만큼 큰 인기를 얻었다. 유독 노래방에서 인기를 끌던 노래들이 있었는데, 박정운의 **오늘 같은 밤이면**도 그중 하나였다. 나를 포함해서 그 시절 노래 좀 한다는 사람치고 노래방에서 이 노래를 안 불러 본 사람은 드물 것이다.

사실 박정운을 기억해야 하는 이유가 하나 더 있다. 그의 아버지 박선길이 우리나라 1960년대 대중음악사에서 중요한 인물이었기 때문이다. 서울대 음대 출신의 피아니스트 겸 작곡가로 미8군 무대에서 활약했던 박선길은 '쇼 오브 쇼즈 The Show of Shows'의 단장이기도 했다. 미8군 오디션에 나온 김희선 당시 이름은 김명자을 본 그는 화음 위주의 여성 트리오를 만들기 위해 김희선의 친언니 김천숙과 그 친구 이정자로 팀을 꾸렸다. '이시스터즈'의 탄생이었다. 이시스터즈의 눈부신 활약 뒤에 박선길이 있었던 셈이다.

작·편곡자와 기획자 등으로 활약한 그의 음악적 재능을 이어받은 박정운은 **오늘 같은 밤이면**을 비롯해서 상당수의 노래를 본인이 직접 작사하고 작곡했다. 그의 거친 목소리는 감성적인 노랫말과 어우러지며 당대 많은 사람의 심금을 울렸다. 누구나 그렇듯이 굴곡진 삶을 견디며 3년 전부터 가수 박준하와 함께 새로운 노래를 준비 중이었으나, 야속하게도 세월은 그를 기다려주지 않았다.

그렇게 그는 갔고 한때 노래방에서 뜨겁게 불태웠던 어느 청춘의 한때도 막을 내렸다. 하지만 그가 부른 노래만은 남았으니, 그의 노래로 그가 가는 길을 배웅하였다. "오늘 같은 밤이면 그대를 나의 품에 가득 안고서 멈춰진 시간 속에 그대와 영원토록 머물고 싶어"라며.

또 다른 시작을 기다리며

새해를 맞이할 때면 생각나는 가수가 있다. 바로 1996년 1월 1일에 19세의 어린 나이로 스스로 생을 마감한 가수 서지원이다. 어린 왕자를 연상시킬 정도로 순수한 이미지의 앳된 외모 덕분에 그는 많은 인기를 얻었다. 미성美聲이면서도 안정적이고 힘 있는 목소리로 주목을 받은 그였으나 2집 발매를 앞둔 상황에서 흥행에 대한 부담을 이기지 못하고 우리 곁을 떠났다.

1집 음반에서 **또 다른 시작**이 인기를 얻은 데 이어 유작 음반이 된 2집 음반에서는 **내 눈물 모아**가 특히 큰 인기를 얻었다. 2집 음반 발매를 앞두고 언론사와의 인터뷰에서 그는 "아름다운 앨범을 만들고 싶었어요. 외모 때문에 인기를 얻는 가수가 아니라 노래 때문에 사랑받는 가수가 되고 싶어요. 최선을 다했으니 이제 팬들의 심판을 기다려야죠"라며 담담하게 포부를 밝히기도 했다.

나이에 비해 침착하고도 어른스러웠던 그는 애써 활달한 척하기 위해 노력했다고 한다. 당시 주변 사람들의 증언에 따르면 그는 배려심이 깊고 여린 마음의 소유자였다고 한다. 그 성격 때문이었을지도 모른다. 예나 지금이나 착하고 여리고 소심한 사람들은 살기 어려운 세상이다. 그가 느꼈을 책임감, 부담감, 외로움을 생각하면 마음이 아프다.

그가 세상을 떠나고 5일 후인 1월 6일에 가수 김광석이 극단적인 선택으로 유명을 달리하면서 또 한 번 충격을 주었다. 사망하기 1년 전 콘서트에서 그는 **일어나**라는 노래를 작사, 작곡한 동기를 다음처럼 말했다. "한동안 뭔가 모르게 마음이 무겁고 답답했을 때예요. 뭐, 정말 '그만 살까?' 이런 생각도 하고 그럴 때, 어차피 그래도 살아가는 거 좀 재밋거리 찾고 살아봐야 하지 않겠는가. 이런 생각 하면서 만든 노랩니다"라고.

서지원의 **또 다른 시작**에서는 헤어졌다 다시 만난 이에게 미안한 마음을 전하며 "누구에게도 준 적 없는 내 모든 꿈을 너에게 맡길게"라고 해서 제목처럼 또 다른 시작을 예고했다. 김광석은 **일어나**에서 "일어나, 일어나. 다시 한번 해보는 거야"라며 새 출발의 의지를 힘주어 노래했다.

인생이란 것은 지도에 없는 길을 가는 여행이라 길이 없는 곳에서 길이 시작되곤 한다. 어떤 길이 우리를 기다릴지 알 수 없다. 그 길이 꽃길이라 장담할 수도 없다. 그래도 가보기로 한다. 그 길에서 너를 만나 즐겁게 동행할 수 있다면 더없이 좋으리라. 만약 이 길 끝 어딘가에서 너를 다시 만날 수 있다면 누구에게도 준 적 없는 꿈을, 나는 너에게 맡기고 싶다.

4월에 추모하는 이난영

『조선일보』1935년 1월 28일 자에 '제1회 향토 노래 현상 모집 광고'가 실렸다. 경성, 평양, 개성, 부산, 대구, 목포, 군산, 원산, 함흥, 청진의 조선 10대 도시 찬가를 모집한다는 이 광고는 "자기를 찾고 흙을 가까이하는 향토애의 배양"을 위해 오케 음반회사가 기획해서 실은 것이다.

목포의 노래에서 민족을 대표하는 노래로 부상한 **목포의 눈물** 문일석 작사, 손목인 작곡은 이 현상 모집에서 당선된 노래다. '향토 찬가'라는 취지에 걸맞게 목포 관련 지명들을 활용한 노랫말 때문에 음반에는 '지방 신민요'라 명시돼 있다. 하지만 음악적으로는 단조 2박자에, 4음과 7음이 배제된 전형적인 초기 트로트의 양식을 지니고 있다. 이것은 외래 음악으로 시작한 트로트가 1930년대 중반에 우리나라 대중음악 장르로 토착화되는 과정을 보여주기도 한다.

목포의 눈물이 대중적 인기를 얻은 결과 가수 이난영은 스타로 부상했다. 신민요는 물론이고 **항구의 붉은 소매**나 **바다의 꿈**과 같은 재즈송을 능숙하게 불렀던 그녀지만 **목포의 눈물** 덕분에 이난영 하면 자연스럽게 애수의 트로트를 떠올리곤 한다. 대중음악 초창기의 걸그룹 '저고리시스터'의 일원으로 활동하기도 했던 그는 1940년에 이미 '조선 유행가 계의 큰 언니'로 불렸다. 1941년 오케 음반회사에서 표창장을 수여하고 기넘 공연을 열어주기도 했다. 광복 후 이난영은 남편 김해송과 K.P.K 악단을 이끌면서 스스로 머리카락을 자르고 「로미오와 줄리엣」의 로미오 역을 할 정도로 무대에 열성적이었다. 6·25전쟁 때 김해송이 납북되자 그는 '이난영 악단'을 이끌며 가장의 의무를 다했다. 우리가 꼭 기억해야 할 이난영의 모습 중 하나는 연출가이자 기획자이다. 김시스터즈의 미국 진출에 그의 활약은 절대적이었기 때문이다.

이런저런 이유를 들어 누군가는 이난영을 '불행한 여자'로 기억하기도 한다. 하지만 우리가 기억할 것은 죽음 자체가 아니라 전성기 시절 그의 활약과 업적이다. 4월에 들려오는 부고가 슬픈 것은 만발한 꽃들과 대비되어서 일지도 모른다. 4월 11일은 이난영이, 4월 13일은 현인이 사망한 날이다. 고인이 된 옛 스타들을 추모하며 별처럼 반짝였던 그들의 전성기를 떠올린다. 지상의 별에서 천상의 별이 된 그들이 대중에게 바라는 것도 그것일 테니.

돌아오지 못한 **귀국선**의 슬픔

"돌아오네 돌아오네 고국산천 찾아서"로 시작하는 **귀국선**은 광복을 맞아 고국으로 돌아오는 이들의 환희와 기대감을 담은 노래다. 강제징용과 징병으로 타국에 끌려갔거나, 탄압을 피해 고향을 떠났던 동포들의 심정을 그대로 담고 있다. "얼마나 그렸던가 무궁화꽃을 얼마나 외쳤던가 태극 깃발을 갈매기야 웃어라 파도야 춤춰라"에서 보듯이, 오매불망 그리던 고국으로 돌아오는 이들의 감격과 흥분이 노랫말에서 물씬 풍겨 나온다.

손로원이 작사하고 이재호가 작곡한 **귀국선**의 유성기 음반 SP은 현재까지 세 종류가 확인된다. 모두 1947년 대구에 설립된 오리엔트레코드사 대표 이병주에서 발매되었다. 세 종류나 존재하게 된 데에는 그럴 만한 사정이 있었다. 처음에 이인권의 목소리로 녹음했으나 기술이 부족해서 원판 제작에 실패하였다. 당시의 통신수단으로는 이인권에게 즉시 연락할 방법이 마땅치 않아 부득이하게 오리엔트레코드사의 신인 가수 신세영이 다시 노래를 녹음했다.

하지만 음반 발매 이전부터 이인권이 무대에서 부르기도 했거니와 그의 이름으로 홍보까지 이루어진 상태였기에 1949년 7월에 발매된 **귀국선**의 첫 음반에는 가수 이름을 명시할 수 없었다. 그것이 꺼림직했던지 1949년 9월에 이인권의 목소리로 녹음한 두 번째 유성기 음반이 발매되었다. 이후 1952년에 이인권의 목소리로 재차 녹음한 **귀국선**의 세 번째 음반도 발매되었는데, 오늘날 우리가 익히 알고 있는 것이 이 음반 수록곡이다.

일제강점기에 일본인들이 주도했던 우리나라의 음반 산업은 광복을 맞이하여 원점으로 돌아갔으나, 음반 제작을 향한 우리의 열망만큼은 대단했다. 녹음실이라고 할 수도 없는 공간에서 군용 담요로 창문을 가리고 열악한 녹음 설비에 의존하여 인적이 드문 새벽 시간에 겨우 녹음했다는 이병주의 증언은 그 당시 음반 제작을 향한 간절한 열망을 생생히 전해준다. 이처럼 우여곡절 끝에 세상 빛을 본 **귀국선**은 매년 광복절이면 라디오나 텔레비전에서 어김없이 흘러나오는 노래가 되었다.

귀국선은 고국으로 돌아오는 기쁨을 담은 노래지만 광복 이후에도 끝내 돌아오지 못한 '귀국선'이 있다. 바로 '우키시마마루浮島丸'라는 귀국선 1호다. 일본에서 강제로 노역하던 우리 동포들은 1945년 8월 22일에 부산으로 향하는 우키시마마루호에 몸을 실었다. 하지만 출항 이틀 후에 돌연 방향을 바꿔 일본의 마이즈루항으로 들어가던 배가 폭발음과 함께 침몰하였다. 배에 타고 있던 수천 동포가 수장되었고, 지금까지도 그 원인이 제대로 규명되지 않은 채 80년 가까운 세월이 흘렀다. 안도와 희망의 귀국길이 어느 순간 공포와 죽음으로 바뀌었으니 참혹하다. 돌아오지 못한 귀국선의 한은 지금도 바다를 떠돌고 있다. 그 한을 우리는 언제쯤 풀 수 있을까.

scan me!

귀국선
손로원 작사, 이재호 작곡, 이인권 노래, 1952

방랑시인 김삿갓처럼 떠나간 명국환 선생

쓸쓸하지 않은 죽음이 어디 있겠냐마는 원로 가수 명국환 선생의 부고는 유독 안타까웠다. 2023년 8월 19일에 별세했을 당시 가족들과 연락이 닿지 않아 무연고 장례를 치를 뻔했기 때문이다. 뒤늦게나마 대한가수협회에서 협회장으로 고인의 마지막 길을 배웅해 드린 것은 다행스러운 일이다.

2009년과 2018년에 명국환 선생과 면담하며 그 생애를 상세하게 들은 적이 있다. 신문 기사들과 인터넷에는 고인이 1927년에 출생했다고 기재되어 있으나, 삼팔선 이북에 본적을 둔 사람들을 위해 임시로 만든 호적에 잘못 기록된 연도일 뿐이다. 1933년 음력 1월 9일 황해도 연안읍 관철리에서 태어난 그는 6·25전쟁이 발발하자 누나와 함께 목선을 타고 강화도 교동도로 내려왔다고 한다. 전쟁 당시 북한군이 16살 이상의 남성을 모두 잡아가거나 죽인다는 말을 들은 그는 까만 치마로 여장을 한 채 고향에서 탈출했다는 일화도 함께 들려줬다.

맑으면서도 쩌렁쩌렁 울릴 정도로 힘 있는 목소리를 지닌 그는 17살 때 황해도에서 열린 콩쿠르 대회에서 남인수의 **남아일생**을 불러 3등을 하였다. 샛별악극단을 비롯한 여러 악극단에서 두각을 나타냈고 박경원, 안다성, 권혜경 등과 함께 방송국 전속 가수로도 활동하였다.

현재까지의 자료를 종합해 보면, 데뷔곡으로 알려진 **백마야 울지 마라** 이전인 1954년에 **저무는 서울 거리, 휴전선의 달밤** 등을 먼저 발매한 것으로 보인다. **방랑시인 김삿갓, 내 고향으로 마차는 간다, 아리조나 카우보이** 등 많은 인기곡을 낸 그는 1950년대 현인과 더불어 최고의 인기 가수로 꼽혔다. 서부 영화의 한 장면을 연상시키며 이국적인 정서를 드러내고 있는 **아리조나 카우보이**는 아이들마저 재미있게 따라 부를 정도로 유행했고, 조선 후기 실존 인물을 다룬 **방랑시인 김삿갓**은 당시 인기 절정에 올라 그의 대표곡이 되었다.

하지만 선생은 홀로 병마와 싸우며 가난하게 말년을 보냈다. 한때 대중의 큰 관심을 받으며 화려한 삶을 살았던 원로 가수의 마지막이 쓸쓸한 경우를 종종 보게 된다. 고군분투하면서도 대중음악인들의 음악적 행보를 기록해 나가는 이유는 대중의 관심에서 멀어진 별들의 이야기를 역사의 한 페이지에 아름답게 새겨 넣기 위해서다. 더 늦기 전에 지금이라도 그분들의 삶에 관심을 기울일 필요가 있다. 반짝반짝 빛을 내며 한때 우리를 노래로 위로해 준 그들에 대한 예의이자 보답이기 때문이다.

노래하는 동안은 무한히 행복하다던 명국환 선생이 부디 저세상에서나마 맘껏 노래하며 즐겁게 지내시길 바란다. 아울러 이 땅의 모든 원로 음악인에게 존경과 감사의 마음을 전한다.

낙엽 따라 가버린 가객을 그리며

레미 드 구르몽의 시 **낙엽**처럼 거리에는 "빛깔은 정답고 모양은 쓸쓸한" 낙엽이 지천으로 깔려 있다. 가을이 무르익어 가면 떠오르는 노래가 있다. 이브 몽탕이 1946년에 영화 「밤의 문 Les Portes de la nuit」에서 소개한 이후 세계적으로 유행한 **고엽** Les Feuilles Mortes과 차중락이 1966년에 노래한 **낙엽 따라 가버린 사랑**이다. 모두 "찬 바람이 싸늘하게 얼굴을 스치면" 어디선가 어김없이 들려오는 노래들이다.

빙 크로스비, 냇 킹 콜 등 유명 가수들이 영어로 번안해 노래한 **고엽** Autumn Leaves과 달리 이브 몽탕의 원곡은 "진심으로 기억하길 바라. 우리가 친구여서 행복했던 그날들을. 그때의 삶은 무엇보다 아름다웠고 태양은 어느 때보다 찬란했지"라는 독백으로 시작한다. 회한과 우수에 젖은 이브 몽탕의 목소리가 애간장을 태우면서 말이다. 떠난 사랑을 가슴 아프게 추억하는 노랫말이 그의 저음과 만나 아련하면서도 짙은 가을 서정을 자아낸다.

차중락이 노래한 **낙엽 따라 가버린 사랑**은 엘비스 프레슬리가 1962년에 발표한 **Anything that's part of you**가 원곡이다. 원곡과 번안곡 모두 이별의 쓸쓸함을 그리고 있으나 원곡에서는 어떤 계절감도 느낄 수 없다. 반면에 차중락의 노래에는 가을의 진한 정취가 드리워져 있다. "푸르던 잎 단풍으로 곱게 곱게 물들어 그 잎새에 사랑의 꿈 고이 간직"하려 했으나 떠난 사랑에 가슴 아파하는 내용은 "사랑하는 이 마음을 어찌하오 어찌하오"에서 절정에 이른다. 가수 쟈니 리의 회고에 따르면, 본인이 그 노래를 부르려 했으나 마침 실연의 아픔을 겪은 차중락의 목소리로 녹음하게 되었다고 한다. 가수 개인의 슬픔이 더해져서 노래에 애달픈 정서가 깊게 스며들었는지도 모른다.

차중락은 이 노래를 남기고 1968년 11월 10일 만 26세에 요절하였다. 노랫말처럼 낙엽 따라 가버린 셈이다. 공교롭게도 1971년 11월 7일에 만 29세의 짧은 생을 마감한 배호 또한 생전에 이브 몽탕의 **고엽**을 번안해 노래했다. 두 가수 모두 자신이 부른 노래처럼 낙엽의 계절에 떠난 것은 운명이었을까? "그대 떠난 후 세월은 가고 찬 바람만 불어오네. 낙엽 쌓인 그 길을 지금도 나 홀로 걷고 있네"라는 배호의 **고엽** 노랫말처럼 사람도 사랑도 때가 되면 떠난다.

낙엽이 아름다운 것은 한여름의 태양과 거친 비바람을 온몸으로 견딘 나뭇잎들이 떠날 때를 알아 자신을 떨구기 때문이다. 그러니 겨울 되어 소멸하기 전에 오색찬란한 빛으로 거리를 메운 낙엽은 모두 '가을꽃'이다. 슬프도록 아름다운 이 계절이 조금만 더 늦게 떠나주기를. 비록 가을 앓이로 의기소침해지더라도 말이다.

그대여, 내일 또 만납시다

회자정리會者定離라고, 만나면 헤어지는 것이 당연한 이치인데도 때로는 갑작스러운 이별에 슬픔이 밀려오곤 한다. 대중매체에서 음악을 자주 접하면서 그들 모습에 친근함을 느꼈기 때문인지 음악인들의 죽음은 남다르게 와 닿곤 한다. 한 번도 마주한 적이 없는데도 말이다. 그들은 나를 모르기에 실제로는 타인이지만 정서적으로는 타인이 아닌 셈이다. 2024년 초반, 음악인 여럿이 잇달아 유명을 달리하였는데, 그들의 부고에 비감이 따라왔다.

2024년 2월 18일에 사망한 가수 금호동서문석은 출중한 용모에 아름다운 목소리를 지닌 가수로 유명했다. 1959년에 데뷔한 그는 작곡가 박춘석과 짝을 이루어 **고향 하늘은 멀어도**, **내일 또 만납시다** 같은 노래를 발표하며 1960년대에 큰 인기를 얻었다. 일본에도 진출하여 **고교 삼년생**으로 화제를 모으기도 하였다.

2024년 2월 20일에는 뇌경색으로 17년 동안 투병 생활을 한 방실이방영순가 세상을 떠났다. 풍부한 성량과 시원스러운 율동으로 인기를 얻은 방실이는 미8군 무대로 데뷔한 후 1985년 3인조 걸그룹 '서울시스터즈'를 거쳐 1990년에는 **서울 탱고**를 발표하며 솔로로 활동하였다. '서울시스터즈'의 리더로 왕성하게 활동할 때 무심한 듯 거침없이 내뻗는 그녀의 손동작을 넋 놓고 바라보던 어린 시절의 기억이 새삼 떠오른다. 청순하거나 야리야리한 이미지가 아니라 성인 느낌 물씬 나는 '서울시스터즈'는 어린 마음에 낯설면서도 멋있게 보였다.

그리고 같은 해 3월 3일에는 한국 재즈의 이론을 체계화하여 '재즈의 대부'라고 한 음악가 이판근이 별세하였다. 재즈 작곡은 물론이고 민요와 같은 전통음악을 재즈로 편곡해서 연주하는 데도 일가견이 있었다. 몇 년 전에 신관웅, 최선배, 김준 등 1세대 재즈 음악가들을 면담할 때 몸이 불편한 이판근은 안타깝게도 만날 수 없었다. 듣고 싶은 이야기가 많았는데 이토록 황망하게 보내게 되어 마음이 아프다.

언제 이별할지 미리 안다면 사람들을 대하는 태도가 달라질까? 눈 한 번 더 맞추고 미소 지으며 따뜻한 말도 건네면서 말이다. 때로 끝이라고 생각했는데 시작이었고 시작인 줄 알았는데 끝나버린 것처럼 그 무엇도 예단할 수 없다. 다만 우리가 언젠가 헤어진다는 것은 확실하다. 비록 만남과 헤어짐은 우리 소관이 아닐지라도, 우리 곁에 있는 사람을 어떻게 대할지는 전적으로 우리 마음가짐에 달려 있다. 어느 한때 음악으로 우리를 위로해 준 이들을 떠나보내며 만남과 이별을 생각한다. 매일 이별하며 사는 우리네 인생, 다시 만날 것을 기약하며, 이별이 너무 아프지 않도록 금호동의 노랫말을 빌려 인사한다. "가벼운 발길, 헤어질 때 인사는 내일 또다시 만납시다."

'밴조의 왕'이 된 하와이 이민 2세, 최리차드

최리차드Richard Chang Choy의 사진과 기사를 처음 접했을 때 매우 놀랐던 것을 생생하게 기억한다. 현악기 밴조banjo 연주자인 그는 하와이에서 태어나고 자란 이민 2세였다. 그가 처음으로 고국을 방문한 1933년은 일제강점기였다. 그런데도 당시 언론은 '우리가 가지고 있는 자랑 중의 하나인, 가지고도 몰랐던 밴조 왕' 또는 '조선이 낳은 천재적 밴조이스트'라며 그를 극찬하였다.

1933년 5월 9일 자『동아일보』기사를 통해 고국 공연을 앞둔 그의 인기가 어느 정도였는지를 가늠할 수 있는데, 그 내용은 다음과 같다.

"군최리차드이 머무는 조선호텔로 밴조라는 악기를 좀 보여 달라는 성미 조급한 여자가 어제 하루에만 십여 명, 사인을 청하러 오는 남자도 상당히 많아 연습으로 인하여 굳게 닫아건 군의 방문을 노크하였다. 이렇듯 시정市井의 인기는 높을 대로 높아져 있는데 이윽고 이날이 오늘 밤이라. 저무는 봄, 반도 악단에 새로운 기록적 이채인 동시에 일대 성회盛會를 이룰 것이다."

관련 자료를 종합해 보면, 한국 이름 최창선崔昌善·또는 최창춘인 그는 하와이 마우이에서 1906년 9월 2일에 출생했다. 강원도 강릉 출신의 아버지

최정호崔正浩는 1903년에 하와이에 이주한 한인 이민자 1세대였다. 시카고에서 전기 공학 학교를 졸업하고 라디오 공장에서 일했던 최리차드는 밴조를 연주하는 시각장애인을 본 후 밴조를 배우기 시작했다. 이후, 밴조 연주자로 유명한 해리 레저Harry Reser의 수제자가 되었다. 1930년 시카고 음악 무역 센터에서 열린 대회에서 1등을 한 그는 '밴조의 왕Banjo King'이라는 별칭도 얻었다. 미국 전역과 유럽, 아시아, 남아메리카를 돌며 연주하다 1933년 고국에 들어온 그는 약 4개월 동안 평양·신의주·목포 등 전국을 오가며 연주회를 열었다.

"조선에서는 돈을 벌기보다는 우리의 동포들을 친히 만나 위로의 음악을 들려주고 싶다"라는 포부를 밝혔던 그가 취입한 음반 중 **조선아 잘 있거라**는 치안 방해라는 이유로 일제로부터 금지 처분을 받아서 지금 그 곡의 실체는 알기 어렵다. 다만 잡지『신여성』1933년 7월호에 윤석중이 작사하고 최리차드가 작곡한 **작별의 노래**가 실려 있어 당시 그의 마음을 엿볼 수 있을 뿐이다. "꿈에도 생시에도 잊지 못한 내 고향 / 어이 하리 찾아오니 낯선 사람뿐일세"로 시작하는 이 노랫말에는 낯선 조국에서 겪는 서글픔과 소외감, 그런데도 외면할 수 없는 고향에 대한 애착이 담겨 있다. 고국을 찾아왔지만, 언어마저 통하지 않는 그곳에서 이민 2세로서 느꼈을 복합적인 감정이 절절히 느껴진다.

2022년, 열여덟 살 피아니스트 임윤찬이 미국 반 클라이번 국제 피아노 콩쿠르에서 역대 최연소로 우승했다는 소식에 많은 이들이 열광했다. 그 소식을 접하며 나는 90여년 전 미국에서 '밴조의 왕'이라 불리며 유럽과 남미까지 누비다가 고국을 찾았던 최리차드를 떠올렸다. 시대와 악기는 달랐지만 두 사람 모두 음악으로 세계를 울렸다. 지금은 잊힌, 그러나 그때에도 '우리 민족의 자랑'이라 불렸던 그를 이 자리에 조심스레 다시 불러낸다. 그렇게 그의 삶을 여기에 기록하여 추모한다.

scan me!

 1. **양산도**
최리차드 밴조 독주, 1934

 2. **하와이 노래**
최리차드 밴조 독주, 1934

3

지친 하루의 끝.

음악이 당신에게 살며시 따뜻한 위로를 건넵니다.

잠시 쉬어가도 좋습니다.

수고했어, 오늘도: 너에게 건네는 위로의 노래

수능일은 해마다 어김없이 돌아온다. 그 무렵이면 떠오르는 옛 기억이 있다. 첫 대입 시험을 망치고 의기소침해진 마음을 간신히 붙들고 있었는데 남 일에 관심 있는 분들이 어찌나 많으시던지. 사람들 피해 도망가다시피 찾아간 강화도 '보문사'! 그 고요한 절간에서도 우연히 만난 이들이 자꾸 별의별 걸 물어왔다. 그때도 노래는 내게 따뜻한 위로가 되었다. 말도 없고 조건도 없이, 다그치지도 않고 설명을 요구하지도 않은 채 그저 곁을 지켜주었다. 노래는 그렇게 내 마음을 어루만져 주었다.

시대별 대표적인 위로의 노래가 있다. 오기택의 **아빠의 청춘**과 최희준의 **맨발의 청춘**이 1960년대의 누군가를 위로했다면, 벅Buck의 **맨발의 청춘**은 1990년대의 청춘을 위로했다. 황규영의 **나는 문제없어**1993, 강산에의 **넌 할 수 있어**1994와 **거꾸로 강을 거슬러 오르는 저 힘찬 연어들처럼**1998도 들으면 힘이 난다. 김필·이적 등이 다시 부른 전인권의 **걱정말아요 그대**2004도 우리를 위로하는 대표적인 노래다.

거위의 꿈 카니발, 1997, **민물장어의 꿈** 신해철, 1999, 윤상 3집 수록곡으로 S.E.S가 다시 부른 **달리기**2002, **슈퍼스타** 이한철, 2005, **힘내!** 소녀시대, 2009, 그리고 영화 「국가대표」 삽입곡인 **Butterfly** 러브홀릭스, 2008도 우리에게 힘을 주는 노래들이다. 개인적으로 노래방에 가면 **비상** 임재범, 1997과 **나를 외치**

다 마야, 2006를 꼭 부른다. 아니, 목에 핏줄 세워가며 질러댄다. 그러고 나면 괜스레 힘이 난다. 돌아보면, 그 고독의 시간이 나를 단련시키고 강하게 만들어주었다. 그래서 괜찮다고, 잘 해왔다고 스스로 위로하게 된다.

조용하고 나직한 소리로 우리를 응원하는 노래도 있다. **수고했어, 오늘도** 옥상달빛, 2011가 그렇고, "내가 그대를 항상 응원할게요"라고 노래하는 **응원가** 디에이드, 2014도 그러하다. "다 잘될 거라고 넌 빛날 거라"며 나직이 속삭이는 **내가 니편이 되어줄게** 커피소년, 2013는 어떠한가. 어디선가 나를 지켜주고 응원해 줄 누군가가 있을지 모른다는 생각에 다시 한번 마음을 다잡게 된다.

방탄소년단의 **My Universe**에 이런 가사가 나온다. "지금 이 시련도 결국엔 잠시니까 너는 언제까지나 지금처럼 밝게만 빛나줘. 우리는 너를 따라 이 긴 밤을 수놓을 거야"라고. 우리가 겪고 있는 이 시련도 언젠가는 끝이 날 것이다. 인생의 시험은 늘 예고 없이 찾아오고, 누구에게나 벼랑 끝 같은 순간이 있다. 그때마다 노래는 말없이 곁을 지켜주고, 한 걸음 더 나아갈 힘을 건넨다. 잘해낸 이에게는 축하를, 잠시 멈춘 이에게는 위로를. 그리고 잊지 마시라. 그대들은 이미 빛나고 있다는 것을. 충청도에 사는 내가 말하노니, "힘내유 You", "응원해유 You".

외로움이 외로움에게

정호승의 시 **수선화에게**는 "울지마라 외로우니까 사람이다. 살아간다는 것은 외로움을 견디는 일이다"로 시작한다. 사람이라면 누구나 외로움을 숙명처럼 안고 살아가는지도 모른다. 이정선의 **외로운 사람들**은 이렇게 시작한다. "어쩌면 우리는 외로운 사람들 만나면 행복하여도 헤어지면 다시 혼자 남은 시간이 못 견디게 가슴 저리네 … ." 첫 소절부터 코끝이 시큰해진다.

십 년도 훨씬 전, '가수병'*가수가 되고 싶어 안달 난 병을 앓던 시절에 이정선 선생님을 찾아갔다. 방법도 모른 채 그저 열정만 넘쳐나던 시절의 어느 날이었다. 선생님은 노래를 잘하려면 말하듯이 해야 한다는 말씀부터 이런저런 이야기를 들려주셨다. 그리고 시간이 흘러 언제였던가, 선생님이 부르는 **외로운 사람들**을 듣다 참지 못하고 울음을 터뜨렸다. 힘주지 않아도 목청 높여 외치지 않아도 노래가 감동을 줄 수 있다는 걸 그제야 알았다. 때로 힘을 빼고 진심을 전할 때 누군가의 마음에 더 깊게 가닿을 수 있다는 걸 그때 알았다.

이정선 선생님의 노래에서 느꼈던 그 감동은 「내일은 국민가수」2021 방송에서 박창근이 부른 **외로운 사람들**에서 다시 살아났다. 경연에서 힘을 빼고 노래하는 일은 쉽지 않다. 어떻게든 돋보여야 하기 때문이다. 그래서 보통 경연에서는 가창력을 뽐낼 수 있는 노래를 선택해 목청껏 부르기 마련이다. 그런데 그는 힘을 뺐다. 힘을 뺀 그가 우리에게 조곤조곤 말을 건네듯 노래했다. "거리를 거닐고 사람을 만나고 수많은 얘기들을 나누다가 집에 돌아와 혼자 있으면 밀려오는 외로운 파도 … ."

노래가 위로로 다가오는 건 노래에 담긴 진심이 전해질 때다. 겨울은 유독 누군가의 온기가 필요한 계절이다. 말하지 않거나 아닌 척할 뿐, 우리는 모두 외로운 사람들이기 때문이다. 석가모니는 "인생은 고苦"라 했고, 니체는 "삶이라는 것은 심연 위에 걸쳐 있는 밧줄과 같다. 건너가는 것도 힘들고 돌아서는 것도 힘들고 멈춰 서 있는 것도 힘들다"라고 했다. 쉬운 삶은 없다. 전염병이 창궐하던 코로나 시절엔 더욱 그랬다. 그러니 그만 이제 서로에게 조금 더 따뜻해지자. 힘든 시간 견디고 있는 서로가 서로에게 온기가 되어주자. 그렇게 외로움이 외로움에게 따뜻한 말을 건네자. 괜찮다고, 나도 그렇다고.

삽살개 타령에 담긴 기억과 위로

한창 감수성이 풍부한 학창 시절의 어느 새벽이었다. 무심코 켜놓은 라디오에서 양희은의 **백구** 김민기 작사·작곡, 1972 가 흘러나왔다. 반복적이고도 단순한 선율 속 긴박하게 전개되는 백구의 이야기에 귀를 기울이다 백구가 죽는 장면에서 그만 울어버렸다. 그때였을 것이다. 늘 무섭기만 했던 강아지에게 마음을 열기 시작한 것은. 그 때문이었을 것이다. **삽살개 타령**이라는 일제강점기의 노래가 유독 특별하게 다가온 것은.

삽살개가 어떤 개인가? 바로 1992년 천연기념물 368호로 지정된 토종개가 아니던가! 민요 **개타령**을 조명암이 개사하고 김령파 김용환가 작곡해서 이화자가 1939년에 발표한 **삽살개 타령**은 "개야 개야 삽살개야 삽살개야 삽살개야 / 가랑잎만 버석해도 짖는 개야 / 청사초롱 불 밝히고 정든 님이 오시거든 / 개야 개야 삽살개야 개야 개야 삽살개야 / 이 가히*개라는 뜻의 방언 '월월월월' 짖질 마라"라는 내용으로 이루어져 있다. 노래 중간에 "월월월월"이 진짜 개가 짖는 소리처럼 들려 재미있는 노래다.

삽살개는 일제강점기에 사라질 뻔했다. 일제가 우리나라의 풍산개와 진돗개는 일본 토종개인 기슈견 紀州犬과 닮았다 하여 건드리지 않고, 유독 삽살개만을 견피 수집의 대상으로 삼았기 때문이다. 1940년 3월 8일에 발표한 조선총독부령 제26호 '견피의 판매 제한에 관한 법령'에 따라 일제가 조선의 개 가죽을 독점했고, 이때 희생된 수많은 삽살개의 가죽이 일본의 군용 모피로 사용되었다. 그 결과, 1,200년의 역사를 지닌 삽살개는 멸종 위기에 처하게 되었다. 다행히 1969년부터 국내 학자들이 삽살개를 복원하기 시작하였다. 1998년엔 '동돌이'와 '서순이'가 독도로 이주한 삽살개 1호가 되었고, 지금은 삽살개가 3대째 독도를 지키고 있다. '삽살개 타령'이 반가웠던 것은 그 수난의 역사를 알기 때문이기도 했다.

매년 3월 23일은 반려견과 함께하는 걸 기념하고 유기견 입양을 권장하는 '세계 강아지의 날'이다. 우리나라에서는 매년 10만 마리 이상의 반려동물이 유기되고 있다. 잊을 만하면 들려오는 동물 학대 소식도 가슴을 아프게 한다. 내게는 2025년 현재, 10년째 함께하고 있는 반려견이 있다. 그를 품에 안고 그와 눈을 맞추면 전해지는 온기가 내게 위로가 된다. 내가 날마다 그에게 속삭이듯, 그가 말을 할 수 있다면 가장 먼저 내게 들려줄 말은 "사랑해"일 것이다. 우리 인간에게는 작고 귀여운 것을 보호할 의무가 있다. 왜냐하면 종종 귀여운 것들이 우리를 구원하기 때문이다.

이 글을 다듬고 있는 지금도, 내 무릎 위엔 작고도 사랑스러운 나의 반려견이 포근히 엎드려 있다. 코까지 골며 자다가, 문득 깨어 나를 바라보기도 한다. 이 눈빛과 온기에 어찌 무너지지 않을 수 있겠는가. 촉감, 냄새, 숨소리, 시선 … . 이 모든 것이 나를 살게 한다. 오래도록, 아주 오래도록 내 곁에 머물러주면 좋겠다. 말없이도 서로를 사랑하는 존재로, 그렇게 함께이기를.

scan me!

삽살개 타령
조명암 작사, 김영파 작곡, 이화자 노래, 1966년 복각 음반 수록곡
원곡은 1939

세기말의 노래, 세기말에도 봄꽃은 피어나노니

2016년에 개봉한 「아가씨」박찬욱 감독는 내게 무척 인상적인 영화였다. 내용도 내용이거니와 영화에서 배경음악으로 이따금 흐르는 **세기말의 노래**에 귀가 번쩍 뜨였기 때문이다. 영화 개봉 전까지 이 노래는 그다지 알려지지 않았지만, 2000년대 초반에 박사논문을 쓰면서 열심히 들여다본 것이라 내게는 의미 있는 노래였다. 지금으로부터 90여 년 전인 1932년에 발매된 노래가 이 시대에 다시 살아난 셈이다. 특히 이 노래가 중요한 건 1933년에 시작한 음반 검열 이전에 발매되어서인지 시대 인식이 잘 나타나고 있다는 점이다.

총 3절로 이루어진 **세기말의 노래** 1절은 "거미줄로 한 허리를 얽고 거문고에 오르니 일만 설움 푸른 궁창 아래 궂은비만 나려라. 시들퍼라 거문고야 내 사랑 거문고. 내 사랑 거문고! 까다로운 이 거리가 언제나 밝아지려 하는가"이다. 1절의 '거문고'뿐 아니라 2절과 3절에 나오는 '만경창파'와 '청산벽계'는 모두 우리나라를 상징한다. 하지만 거리는 까다롭고 바다는 뒤숭숭하고 마을은 어둡다. 부정적인 현실을 그렇게 드러냈다. "청산벽계 저문 날을 찾아 목탁을 울리면서 돌아가신 어버이들 앞에 무릎 꿇고 비노니"로 시작하는 마지막 3절에서는 조상을 뜻하는 어버이들 앞에 무릎을 꿇고 사죄하는 승려의 모습이 그려진다. 비관적 세상의 슬픈 장면이다.

2000년으로 넘어가던 때에도 세기말 분위기가 만연했다. 세기말 감성을 담은 노래들이 쏟아져 나왔다. 한 편의 응축된 짧은 비극으로 구성된 뮤직비디오로 대중의 큰 호응을 얻은 조성모의 노래들에는 세기말의 분위기가 지배적으로 나타난다. 1998년에 발표한 **To Heaven**을 시작으로 **불멸의 사랑**, **슬픈 영혼식**, **아시나요**, **가시나무**로 이어지는 일련의 노래들에는 세기말 감성이 물씬 풍긴다. 사랑과 이별, 죽음의 비극적이면서도 아름다운 내용의 뮤직비디오는 당시 많은 이들의 감성을 자극했다.

지금 내가 세기말적 감성을 느끼는 것은 단순한 감상주의 때문만은 아니다. 코로나 대유행 상황에서 전 세계가 2년 넘게 감염병으로 고통받았고, 그 가운데 지구 저편에서는 전쟁 소식마저 들려왔다. 그리고 지금, 이 순간에도 많은 사람이 여러 가지 이유로 비참한 삶을 견뎌내고 있다. 그런데도 할 수 있는 것이 없으니 무력해서 부끄러워진다. 일제강점기에 이경설이 **세기말의 노래**를 부를 때도 그런 마음이 아니었을까? 신현림 시인은 시집 『세기말 블루스』에서 "울음 끝에서 슬픔은 무너지고 길이 보인다"라고 했다. 혼란의 시기에도 봄꽃은 어김없이 피어난다. 희망은 언제나 그렇게, 조용히 삶의 어느 틈에서 피어난다.

scan me!

세기말의 노래
박영호 작사, 김탄포(김영환) 작곡, 이경설 노래, 1932

"김치 없인 못 살아", 김치 노래들

김치주제가1985는 "김치 없이는 못 살아. 정말 못 살아"라고 말하는 대표적 김치 예찬 노래. 김치 사랑을 듬뿍 담은 노래로 **김치깍두기**도 있다. 같은 제목의 두 노래가 있는데, 한 곡은 1926년에 윤심덕이 음반에 실은 **김치깍두기**이고, 다른 한 곡은 미국에서 활동하던 '김시스터즈'가 1970년 한국에서 녹음한 **김치깍두기**다. 보랏빛으로 물든 2022년의 라스베이거스는 BTS의 무대였다. 하지만 그보다 훨씬 앞선 1959년의 그곳은 숙자·애자·민자로 구성된 3인조 걸그룹 김시스터즈가 누비던 곳이었다. 숙자와 애자는 이난영과 김해송 부부의 딸들이고, 민자는 이난영의 오빠이자 '김치깍두기'의 작곡자인 이봉룡의 딸이다.

1926년 잡지에서 윤심덕이 부른 **김치깍두기**의 노랫말을 찾은 데 이어 1930년대 노래책에서 그 악보도 확인했다. 현대어로 풀면 다음과 같다.

"저 건넛마을 김 첨지 두 양주兩主가 아침밥을 먹는데, 그 영감이 마누라를 돌아보며 이것 좀 맛보소. 그 마누라가 영감을 마주보며 그것 참 맛 좋소. 김치깍두기 참 맛 좋쇠다 … 만반진수滿盤珍羞 차려놓고 김치깍두기 없으면 아주 맛없네. 우리 먹는 이 음식 사탕 맛보다도 아주 맛 좋소."

북한에서 유행한 **김치깍두기**와 노랫말은 거의 같으나 선율은 조금 달랐다. 김시스터즈의 **김치깍두기**는 김치 깍두기에 대한 무한 애정을 드러낸 노래다. "머나먼 미국 땅에 십 년 넘어 살면서 고국 생각 그리워"라는 첫 소절부터 고국과 김치를 그리워하던 김시스터즈의 상황을 떠오르게 한다. 김시스터즈의 리더 김숙자 님께 직접 이야기를 들은 적이 있다. 미국에서 활동하던 당시 동생 애자가 김치가 먹고 싶어 황달에 걸릴 정도였단다. 울면서 김치가 먹고 싶다고 하는 애자를 위해 고국에서 김치를 보내줬다. 공항으로 김치를 찾으러 갔으나, 그토록 오매불망 기다리던 김치가 없었다. 김치국물이 새서 버렸다는 말을 듣고, "김치는 발효되고 썩을수록 좋은 것인데"하며 돌아서야 했단다.

2015년에 목포에서 처음 만난 이래로 미국에 계신 김시스터즈의 김숙자 님과는 종종 안부를 나누곤 한다. 2022년, 오랜만에 김숙자 님께 안부 전화를 드렸다가, 언니 김영자 님이 2022년 3월 9일에 돌아가셨다는 슬픈 소식을 들었다. 김시스터즈 이전에 김숙자와 함께 '영자 숙자'로 미8군 무대에서 공연을 했고, 김시스터즈 해체 후 미국에서 1975년부터 1985년까지 약 10년 동안 다시 '김시스터즈'의 일원으로 공연을 이어갔던 김영자 님의 명복을 빈다.

그나저나 나를 포함하여 우리나라 사람 중에 김치 없으면 살 수 없는 사람이 꽤 있을 것이다. 한국을 대표하는 음식으로 불고기, 비빔밥과 함께 전 세계에 알려진 김치지만, 간혹 중국 김치를 국내산 김치로 속이는 등 김치와 관련한 불미스러운 기사를 접하기도 한다. 부디 먹거리만큼은 정직했으면 좋겠다.

한 잔의 커피, 한 줌의 위로

우리나라에서 커피를 언급한 가장 이른 기록은 1860년, 베르뇌 신부가 리부아 신부에게 보낸 편지에 담겨 있다고 한다. 그렇다면 우리나라에 커피가 들어온 지 160년이 넘은 셈이다. 처음에는 '가배咖啡/珈琲'로 음역하거나, '서양에서 들어온 뜨거운 물'이라는 뜻에서 '양탕국洋湯國'이라 불리기도 했던 커피는, 이제 한국인이 가장 즐겨 찾는 음료가 되었다.

한국인의 커피 사랑은 유명하다. 시장조사기관 유로모니터에 따르면, 2023년 현재 국내 성인 1인당 연간 커피 소비량은 405잔으로 전 세계 1인당 연간 커피 소비량인 152잔보다 두 배 이상 많다. 커피 공화국이라는 말이 실감 날 정도인데, 그래서인지 커피는 대중가요에도 종종 등장한다.

대표적인 노래가 1968년에 펄시스터즈가 발표한 **커피 한 잔**이다. 신중현이 1964년에 **내 속을 태우는구려**라는 제목으로 발표한 곡에, 펄시스터즈의 개성과 새로운 제목이 더해지며 대중의 사랑을 받았다.

"싸구려 커피를 마신다"로 시작하는 **싸구려 커피**는 장기하가 자기의 군 복무 경험을 바탕으로 만든 노래인데, 불안한 미래 때문에 '88만원 세대'로 불린 당시 청춘들의 우울한 정서와 조응하며 큰 인기를 얻었다. "아메 아메"의 무한 반복과 흥겹고 경쾌한 선율, 리듬이 어우러진, 밴드 10CM

의 **아메리카노**는 지질한 누군가의 삶을 그린 노랫말과는 상관없이 아메리카노를 좋아하는 사람들의 호응을 받았다.

이 땅에 커피가 들어오면서 커피를 파는 공간인 다방도 등장했다. 찻집이나 끽다점으로도 불린 다방의 풍경을 잘 보여주는 노래가 1939년에 발표된 이난영의 **다방의 푸른 꿈**이다. 창작 재즈송의 본격적인 시작을 연 것으로 평가받는 이 노래는 이난영의 남편으로 작곡자와 가수로 명성을 날린 김해송이 작곡했다. "커피를 마시며 그리운 옛날을 부르는" 다방에서 인생사의 희로애락을 느낄 수 있고, 그 속에서 오늘날 우리의 모습도 볼 수 있다.

그 시절 커피나 다방과 관련된 속어도 등장했는데, '붕어'와 '벽화'가 그것이다. 이 다방 저 다방 다니며 커피는 시키지 않고 엽차만 공짜로 마시는 사람을 '붕어'라고 조롱했고, 커피 한 잔 시켜놓고 종일 꼼짝도 하지 않아 벽인지 사람인지 알 수 없는 사람을 일러 '벽화'라 했다. 무기력한 지식층들의 집합소로 불린 다방과 엽차밖에 마실 수 없었던 가난한 청춘의 모습이 웃기면서도 슬픈 건, 그 웃음 뒤에 자리한 식민지 청춘의 쓸쓸함 때문일 것이다.

늦가을이 되면 거리에는 "밟으면 영혼처럼 우는" 낙엽 천지다. 낙엽 타는 냄새에서 갓 볶아낸 커피 냄새를 떠올린 이효석의 수필 **낙엽을 태우면서**처럼 커피 한 잔에서 행복을 느낄 수 있다면 우리는 이 고단한 삶을 견딜 수 있으리라. 오늘도 나는 커피를 마신다. 그리고 그 따스함으로, 또 하루를 견딘다.

scan me!

다방의 푸른 꿈
조명암 작사, 김해송 작곡, 장유정 노래, 2012
원곡은 이난영 노래, 1939

트로트 팬덤, 나만의 스타에서 찾은 위로

2022년 11월의 어느 날, 올림픽체조경기장이 파란빛으로 출렁거렸다. 가수 영탁의 앙코르 서울 콘서트가 있었기 때문이다. 머리부터 발끝까지 영탁을 상징하는 파란색의 다양한 굿즈goods로 치장한 팬들이 공연장을 가득 메웠다. 상상 이상으로 뜨거운 현장의 열기에 덩달아 나도 가슴이 벅찼다.

최근 몇 년 동안 이른바 트로트 가수들을 중심으로 형성된 팬덤의 양상이 심상치 않다. 임영웅의 팬클럽 '영웅시대'는 2025년 현재 회원 수가 20만 명을 넘었다. 송가인의 팬클럽 '어게인'은 6만 2,000명, 영탁의 공식 팬클럽 '영탁이딱이야'는 5만 9,000명, 이찬원의 팬클럽 '찬스'는 6만 7,000명이 넘는 회원 수를 보여준다. 이 숫자만 보아도 팬덤이 얼마나 강력하게 작동하고 있는지 실감할 수 있다.

다양한 연령층의 팬들로 구성되어 있으나 50대 이상 여성이 특히 많았는데, 이들의 이른바 '충성도'는 상당했다. 이들 중에는 이미 청소년 시기에 조직적인 팬 문화를 경험한 사람도 있었을 것이다. 그래서인지 트로트 가수를 상징하는 특정 색깔은 1990년대 아이돌 팬덤의 풍선 색깔을 떠올리게 한다. 그 옛날 H.O.T.의 흰색이나 젝스키스의 노란색처럼, 오늘날 임영웅의 하늘색이나 송가인의 분홍색 역시 특정 색상으로 팬덤의 정체성을 드러내는 전략이다. 그에 따라 팬들은 특정 색상의 다양한 굿즈를 사용하며 동질감을 드러낸다.

정서적으로나 경제적으로 여유가 있는 중장년층의 팬 활동은 놀라울 만큼 적극적이다. 어쩌면 이들은 중년 이후에 찾아오는 갱년기나, 자녀가 독립하여 집을 떠난 후 양육자가 느끼는 슬픔이나 외로움을 뜻하는 '빈 둥지 증후군'을 극복하는 방식으로 나만의 '스타'를 선택했는지도 모르겠다. 아무도 머물지 않던 텅 빈 마음에 어느 날 불쑥 들어온 스타는 어느새 삶의 원동력이 되었을지도 모른다. 스타를 보며 매혹을 느끼고 유쾌한 충격을 받고 고조된 기분을 경험하는 것은 이들이 다시 일상을 살아가는 데 도움을 준다.

현재 트로트 팬덤에서 중장년층의 공동체 문화와 놀이 문화의 일단을 엿볼 수 있다. 연구자 헨리 젱킨스는 팬덤이 "평범한 삶을 영위하기 위해 억압해야 했던 흥분과 자유를 회복시켜주는 대안적 문화 경험의 영역"이라고 말한 바 있다. 스타를 중심으로 연대하는 팬들의 활동이 현대 사회의 행복한 대안적 공동체가 될 수 있을지는 더 지켜봐야 할 것이다. 다만 그들이 공통 관심사를 주제로 친목을 도모하면서 능동적으로 즐거움을 추구하고 있는 것만은 사실이다. 어쩌면 우리는 각자의 스타가 있어 이 허무하고 쓸쓸한 세상을 버티는지도 모르겠다. 그러니 우리의 스타는 지금처럼 반짝반짝 빛나주길. 언제까지나 우리가 그 빛을 따라갈 테니.

이광조의 '작은 음악회'에서 만난 큰마음

2022년 12월 9일, 마포의 한 소극장에서 조금 특별한 공연이 열렸다. 가수 이광조의 '작은 음악회'였다. 무의탁 독거노인을 돕기 위해 크라우드 펀딩으로 기금을 마련해 진행된 이 공연에서 그는 **가까이 하기엔 너무 먼 당신**을 시작으로 **오늘 같은 밤, 즐거운 인생** 등을 노래하며 관객들에게 향수와 추억을 선사했다. 찬조 출연한 가수 이미배도 세 곡을 노래하여 의미 있는 공연에 함께했다. 인간은 만남과 추억으로 이루어진다는 말처럼, 공연장에 모인 중장년층 관객들은 잠시나마 청년 시절의 자신들과 즐겁게 해후했다.

1976년 **나들이**로 데뷔하여 올해로 데뷔 45주년을 맞이한 그는 우리나라 대표 발라드 가수다. 2022년 8월, 모친이 노환으로 유명을 달리했는데, 그전까지 그는 매일 새벽 4시에 첫차를 타고 멀리 계신 모친을 찾아가 함께 아침 식사하는 것으로 하루를 시작했다는 일화가 있다. 그 길에서 마주친 독거노인들을 보며, 모두가 외롭지 않은 하루를 보내길 바라는 마음으로 이번 프로젝트를 기획했다고 한다. 일흔을 앞둔 그는 이번에 기타 거장 함춘호와 함께 「함춘호가 기타 치고 이광조가 노래하고」라는 음반도 발매했다. 기타 반주에만 맞춰 부르는 그의 노래가 울림을 주는 것은 노래에 묻어나는 연륜과 깊이 때문이리라.

이광조의 마음을 이해하는 데 도움이 되는 통계가 있다. 통계청에 따르면 2022년 현재, 수도권에 거주하는 65세 이상 고령 인구가 전체 인구의 15.4%를 차지했고, 2027년에는 우리 사회가 초고령 사회에 진입할 예정이다. 전체 노인 인구 중 독거노인이 차지하는 비율도 2000년 16.0%에서 2022년 19.5%로 점차 증가하고 있다. 독거노인은 경제 상황이나 신체 건강은 물론이고 정신 건강도 취약하다. 함께 사는 가족이 없으므로 이들은 외로움이나 우울함을 더 많이 느낄 수밖에 없는데, OECD 국가 중 우리나라는 노인 자살률이 높은 국가이며 그중 독거노인의 자살률은 더 높다.

노사연이 노래했듯이, "늙어가는 것이 아니라 조금씩 익어가는" 것이라지만, 누구에게나 늙음은 쉽지 않은 일이다. 그러나 우리는 모두 그 길 위에 서 있다. 노인은 우리의 미래이자 지금 우리의 또 다른 얼굴이다. 그래서 더욱 귀 기울이고 손 내밀어야 한다.

그 옛날의 노래만큼 마음을 따뜻하게 데워주는 것도 없다. 한 곡의 노래가 지나간 시간을 불러내고, 잊고 지낸 이름을 속삭이며, 그리운 마음 하나 품게 한다. 그 시절의 가수들이 다시 무대에 오르는 일이 더 많아졌으면 좋겠다. 노래하는 그들의 음성이 흐르는 동안, 듣는 우리도 다시 살아갈 이유를 되찾을 수 있으니. 그렇게 노래는 끝나도, 여운은 오래도록 가슴에 남는다.

찬란한 고독을 노래하다

　무인도라는 독특한 소재로 고독감을 비장하고도 멋지게 표현한 **무인도**_{이종택 작사, 이봉조 작곡}는 1974년에 김추자가 처음 노래했고, 1975년 칠레 국제가요제에서는 정훈희가 노래했다. 정훈희는 이 노래로 가요제에서 3위에 올랐는데, 아이유의 3단 고음 못지않게 끝없이 올라가는 신공으로 듣는 이로 하여금 감탄을 자아냈다. 한복을 곱게 입은 채 영어로 수상 소회를 말하는 그의 모습은 지금 봐도 멋지고, 열정적으로 지휘하다가도 색소폰 연주를 곁들이는 이봉조의 모습도 인상적이다. 중간에 조를 바꾸고 빠르기를 달리하여 극적인 효과를 더한 **무인도**는 부르기 쉬운 노래가 아니나, 가창력이 뛰어난 김추자와 정훈희는 각자의 매력으로 이 노래를 멋지게 소화했다.

　이 노래를 듣고 있노라면 무인도에 빗댄 고독감을 어찌 이토록 멋지게 그려낼 수 있을까 싶다. 무인도라 할 때 즉각적으로 느껴지는 부정적인 정서를 비장미로 승화시킨 것이 돋보인다. 슬프면서도 강한 기운을 느낄 수 있는 이유다. "솟아라 태양아 어둠을 헤치고 찬란한 고독을 노래하라"라는 절정에 이르러서는 호방함마저 느껴진다. **무인도**가 곡조와 가창을 통해 고독의 미학을 표현했다면, 조용필의 **킬리만자로의 표범**_{양인자 작사, 김희갑 작곡, 1985}은 절절한 노랫말로 고독을 노래해 큰 반향을 일으켰다.

당시로서는 파격적으로 5분 20초의 긴 노래에다 "먹이를 찾아 산기슭을 어슬렁거리는 하이에나를 본 일이 있는가"로 시작하는 내레이션은 많은 이들에게 신선한 충격을 주었다. 양인자가 헤밍웨이의 소설 『킬리만자로의 눈』에서 소재를 가져와 작사한 이 노래는 사랑이 끝난 후에 닥친 고독과, 굳은 결의와 의지로 그 고독을 이겨내려는 내용으로 이루어져 있다. "산에서 만나는 고독과 악수하며 그대로 산이 된들 또 어떠리"로 끝나는 이 노래를 들으며 위로를 받고 힘을 얻은 사람이 나만은 아닐 것이다.

겨울에는 '계절성 우울증'이 심해진다고 한다. 고독감과 같은 정신건강 문제가 흡연보다 악영향을 끼쳐 인간의 노화를 가속화 한다는 연구 결과도 있다. 함민복의 시 **선천성 그리움**은 "끝내 심장을 포갤 수 없는 우리 선천성 그리움이여"라며 무엇으로도 해소하기 어려운 인간의 운명적 쓸쓸함을 그렸다. 사람도, 사랑도 우리의 근원적 고독을 없애지는 못한다. 때로 내 의지와 상관없이 어쩔 수 없는 고독의 시간과 맞닥뜨리곤 한다. 쉽지 않지만, 그 시간을 성장과 성숙의 시간으로 만들어 보려 한다. 조용필의 **그 또한 내 삶인데**의 노랫말처럼 "다시 고독이 찾아와도 그 또한 내 삶인데"라며 수용하고 인정하고 관조하면서 말이다.

노래에 '고향' 있으니

고향의 봄은 오늘날까지도 애창되는 노래다. 잡지『어린이』1926년 4월호에 처음 실린 **고향의 봄** 노랫말은 당시 15세의 이원수가 써서 입선한 작품이다. 1930년에는 한우현이란 어린이가 쓴 **고향의 봄**이 신문에 소개됐다. 얼마 후 누군가 같은 지면에서 그 작품이 이원수의 것을 약간 수정한 데 지나지 않는다는 사실을 밝혔다.

홍난파가 작곡한 **고향의 봄**은 1929년 10월에 발간된『조선동요백곡집』에 실렸다. 하지만 이보다 몇 달 앞선 1929년 5월에 이일래(본명 이부근)가 이원수의 노랫말에 곡을 붙여 **고향**이란 제목으로 발표했다. 통영에서 발간된 동인지『노래동산』창간호에 수록된 이일래의 **고향**은 8분의 6박자에 5음 음계를 사용한 민요풍 노래다. 이와 달리 홍난파의 **고향의 봄**은 4분의 4박자에 5음 음계를 주로 사용했으나 '파'가 경과음으로 한 번 나오는 동요다. 이일래의 것은 주목받지 못했으나 홍난파의 것은 애창되면서 독립운동 가요로까지 불렸다.

홍난파의 동요곡집이 인기를 얻으면서 **고향의 봄**이 음반으로 발매된 것도 특기할 만하다. 1925년에 이미 '창가 잘하는 아동'으로 소개되었던 서금영이 1930년 **고향의 봄**을 녹음했다. 음반은 1931년 발매되었는데, 음반 표지에 '고故 서금영'이라 적혀 있는 것이 눈에 띈다. 안타깝게도 서금영은 1931년, 21세의 나이로 장티푸스에 걸려 요절했다. 그나마 노래 신동으로 불린 그녀의 목소리를 들을 수 있는 걸 다행이라고 할까.

2025년 현재 고향은 어떤 의미일까? 윤수일이 1981년 발표한 **제2의 고향**에서는 삭막한 도시를 "그래도 나에겐 제2의 고향"이라고 긍정했다. 교통과 통신이 발달한 현대에는 이사도 잦고 태어난 곳만큼 지금 사는 곳이 중요해지면서 '고향'이 지닌 의미가 점차 퇴색되어 간다. '고향'이란 말을 요즘 아이돌 그룹 노래에서 찾기 어려운 이유다.

예전만큼은 아닐지라도 설이 다가오면 고향이란 단어에 괜스레 마음이 푸근해진다. 현대에는 유형의 장소가 아닌 무형의 어떤 것이 고향일지도 모르겠다. 저마다 어떤 형태로든지 아픈 마음을 위로해 주는 안식처로서의 고향 하나쯤은 있을 것이다. 옛날 노래를 다시 부르고 좋아하는 일련의 모든 행위와 현상도 향수를 찾는 우리의 마음을 반영한다. "울긋불긋 꽃 대궐 차리인 동네"인 누군가의 고향은 어쩌면 노래에 있으리라.

scan me!

고향의 봄 / 장미꽃
이원수 작사, 홍난파 작곡/ 홍난파 작사 작곡, 서금영 노래, 1931

모든 인연은 슬픈 인연이다

아름다운 자연경관으로 유명한 타히티섬은 높은 자살률로 종종 거론된다. 자살률이 높은 것은 슬픔을 느끼는데 이를 표현할 단어가 없다 보니 감정을 해소하지 못하기 때문이라고도 한다. 비감, 비애, 비참, 비탄, 애수 등 슬픔을 표현할 다양한 단어가 우리에게 있다는 것이 다행인가 싶기도 하다. 앞서거니 뒤서거니 순서는 달라도 우리의 종착지가 죽음이라는 것을 상기하면, 어쩌면 우리는 모두 슬픔으로 가는 길에 있는지도 모르겠다. 그렇게 언젠가 우리 모두 헤어질 운명이라는 걸 떠올리면 모든 인연은 슬픈 인연이다.

대부분의 대중가요가 사랑과 슬픔을 노래하다 보니 '슬픔의 노래'는 차고 넘친다. **사의 찬미**를 부른 윤심덕은 사랑하는 이와 함께 비극적인 선택으로 생을 마감했고, 그 노래와 삶의 궤적 때문에 그녀는 광복 이전 대중가요사에서 가장 대표적인 '슬픔의 가수'로 남았다. 기생 출신 대중가요 가수 선우일선도 윤심덕을 잇는 슬픔의 가수로 지목되었다. 이난영을 잇는 '엘레지 elegy의 가수'로 이미자도 언급하는데, 그들의 창법과 음색에서 느껴지는 슬픔의 정서 때문일 것이다. 밝은 동요마저 슬프게 들리게 하는 백지영도 슬픈 노래에 일가견이 있는 가수다.

슬플 때 우리는 아예 슬픔에 침잠하거나 역으로 기쁜 일로 슬픔을 희석시키곤 한다. 슬플 때 슬픈 노래를 들으며 눈물 콧물 빼는 것이 '눈물로 눈물 닦기'라면, 오히려 기분 좋고 신나는 음악을 들으며 기분 전환을 하는 것은 '웃음으로 눈물 닦기'다. 슬픔을 소재로 한 노래야 일일이 열거할 수 없을 정도로 많다. **슬픔 속에 그댈 지워야만 해**이현우, **슬픈 표정 하지 말아요**신해철, **슬픈 바다**조정현, **슬픈 그림 같은 사랑**이상우, **슬픈 선물**김장훈 등 대중가요 속 슬픔은 대체로 연인과의 이별로 인한 슬픔이다.

슬픈 노래 중에서도 많은 이들이 기억하는 곡은 나미의 **슬픈 인연**1985일 것이다. 피아노 반주에 박건호의 아름다운 가사가 나미의 허스키한 목소리와 애절하게 어우러져 듣고 있노라면 마음이 아려지곤 한다. '밴드 015B'의 장호일은 대학생 때 우연히 라디오에서 흘러나온 이 노래에 매료되어 운전을 멈추고 노래를 끝까지 듣고서 언젠가 그 노래를 다시 부르리라 다짐했다고 한다. 1994년에 객원 보컬 김돈규가 이 노래를 부르면서 다짐은 현실이 되었다.

슬픔의 시대다. 2023년, 튀르키예와 시리아의 지진으로 4만 7,000명 이상이 사망했다. 그 뒤로도 계속된 전쟁과 인명 피해 소식은 우리를 슬프게 하였다. "오늘 뉴스를 말씀드리겠습니다 / 오늘 뉴스는 없습니다"로 시작하는 박세현의 **행복**이란 시처럼, 사건 사고 뉴스가 없는 세상이 행복한 세상이 아닐까 싶다. 이미 닥친 슬픔은 공감과 애도와 연대를 통해 조금이나마 사그라질 수 있으니, 지금 이 순간 슬픈 모든 이에게 위로의 마음을 건넨다.

scan me!

사의 찬미
이바노비치 작곡, 장유정 노래, 2020
원곡은 윤심덕 노래, 1926

우리는 모두 모래 알갱이

임영웅이 2023년에 발표한 **모래 알갱이**는 **런던 보이**에 이어 그가 직접 작사와 작곡에 참여한 두 번째 곡이다. 부드러운 모던 록 형식의 **런던 보이** 뮤직비디오에서 양복을 입은 그는 뽀글뽀글한 머리에 운동화를 신어 편안하고도 귀여운 모습을 연출했다. 진성眞聲과 가성假聲을 자유자재로 넘나들며 "세상 누구보다 널 사랑해. 모든 힘 다해 너를 불러"라고 사랑을 예찬했던 그가, 발라드풍의 **모래 알갱이**에서는 그 특유의 감성적 창법으로 위로하는 마음을 우리에게 따뜻이 건넨다.

이 곡의 뮤직비디오는 공개 직후 유튜브 인기 급상승 음악 1위에 오르고, 일주일 만에 조회 수 390만을 훌쩍 넘기며 화제를 모았다. 음원 서비스 '멜론'에서는 당시에 '(여자)아이들'의 **퀸카**Queencard에 이어 2위를 차지했으며, '아이돌 차트'에서는 임영웅이 115주 연속 평점 순위 1위를 기록해 그의 독보적인 팬덤을 다시 한번 증명했다.

'첫 소절 장인'이라는 별명에 걸맞게 전주 없이 곧바로 울려 퍼지는 그의 목소리는 청중을 단박에 사로잡아 노래에 빠져들게 한다. 감미로운 선율이 흐르는 가운데, 파도 소리와 휘파람 소리가 어우러진 간주는 이 노래에 포근함을 더해준다. 그중에서도 단연 압권은 노랫말이다. 2023년 기준으로 임영웅의 공식 팬 카페 '영웅시대' 회원 수는 20만 명에 달했다. 데뷔 6년 만에 이루어낸 이러한 성과 앞에서도 그는 우쭐하지 않고 초심을 유지한 채 우리 곁에 있었다. 오히려 "나는 작은 바람에도 흩어질 나는 가벼운 모래 알갱이"라며 자신을 더 낮춘다.

노랫말에서 그의 진심이 느껴진다. 돋보이고 싶어 안달 난 사람이 넘쳐나는 세상에서 자신을 모래 알갱이에 불과한 것으로 여기고, 서로에게 상처 주지 않을 만큼 "가볍게 작은 발자국"으로 의미 있는 흔적을 남기자는 것은 인생을 통달한 자에게 들을 수 있는 지혜로운 말이다. 광활한 우주에서 인간은 티끌만도 못한 미미한 존재다. 이러한 인식을 갖출 때 비로소 나를 내려놓고 타인의 시선에 얽매이지 않는 삶을 오롯이 영위할 수 있다. "그대 바람이 불거든 그 바람에 실려 홀연히 따라 걸어가요"라는 대목에서 순리에 맞춰 살다가 표연히 사라지는 자유인의 기품이 느껴지는 이유다.

임영웅은 자신의 이름처럼 '영웅'이 되었다. 하지만 과거의 용맹한 영웅이 아니라 배려심 깊고 겸손한 영웅이다. 이 시대에 필요한 새로운 영웅상이다. 그가 우리에게 그런 것처럼, 우리도 위로가 필요한 누군가에게 다정하게 말 건네기로 한다. "언제든 내 곁에 쉬어가요. 언제든 내 맘에 쉬어가요."

현인의 **하샤바이**에서 만난 우리 아기

아이를 재울 때 부르는 '자장가'는 누구나 익히 아는 노래다. "자장자장 우리 아기 잘도 잔다"라고 읊조리는 **자장가**, "잘 자라 우리 아가 앞뜰과 뒷동산에 새들도 아가 양도 다들 자는데"로 시작하는 **모차르트의 자장가**, "엄마가 섬 그늘에 굴 따러 가면"의 **섬집 아기** 등은 우리나라에서 유행한 대표적인 자장가들이다.

1950년대 '도미도레코드'의 음원을 정리하다 현인이 노래한 **하샤바이**를 접했다. 이엽이 작사하고 현동주가 편곡한 이 노래는 도미도레코드에서 1959년에 유성기 축음기 음반으로 발매되었다. 현동주가 현인의 본명이니 현인이 직접 편곡하고 노래까지 부른 것이다. 1950년대 번안곡에서 종종 볼 수 있는 것처럼, 한국어 가사의 1절과 영어 가사의 2절로 구성되어 있다. **하샤바이**라는 정체불명의 제목 아래, 다행히 'Hush-a-Bye'라는 영어가 음반에 병기되어 있어서 원곡을 추적할 수 있었다.

자장가를 의미하는 '허시 어 바이 Hush-a-Bye'라는 제목의 노래는 여럿 있다. 그중 제리 슬렌 Jerry Seelen 이 작사하고 새미 페인 Sammy Fain 이 작곡하여 1952년에 개봉한 영화 「재즈 싱어 The Jazz Singer」에 등장하는 노래가 현인이 노래한 **하샤바이**의 원곡이다. 대니 토머스 Danny Thomas 가 영화에서 처음 이 노래를 선보인 이후, 페기 리, 빙 크로스비 등 많은 가수가 부를 정도로 유행하였다.

당시 가수로서의 현인이 상당한 인기를 얻고 있었지만, 그가 노래한 **하샤바이**는 우리나라에서 대중의 반향을 불러일으키지 못한 것으로 보인다. 반면에 미국을 필두로 한 서양에서 '허시 어 바이'는 자장가로 오랫동안 사랑받았다. 유튜브에는 여전히 대니 토머스의 노래가 높은 조회 수를 기록하고 있고, "어려서 어머니가 불러주셨던 노래여서 추억에 빠진다", "지금도 아이에게 불러주는 노래다" 등 어린 시절의 추억을 소환하는 댓글들이 달려 있다. 어떤 노래가 특정 집단에서 유행하는 것은 그 집단에서 통용되는 문화적 맥락과 관련이 있다. **하샤바이**와 **허시 어 바이**가 각각의 집단에서 보인 반응은 상반되나, 자장가가 아이에 대한 부모의 가없는 사랑을 내포하고 있다는 것은 공통적이다.

종종 어린아이와 관련된 사건이나 사고를 접할 때면 슬픔이 밀려오고 안타까움이 치밀어 오른다. 꽃으로도 때리지 말라 했거늘, 아이들을 향한 학대와 폭력에 무력함마저 느낀다. 어쩌면 자장가는 아이뿐만 아니라 어른에게도 필요할지 모르겠다. 노래를 듣고 부르는 동안 마음이 따뜻해지면서 선해지니 말이다. 토닥토닥 위로가 필요할 때나 악한 생각이 떠오를 때 **어머니의 자장가**를 찾아도 좋으리라. 이 세상에 태어나 미처 꽃피우지 못한 채 스러져 간 아이들의 명복을 빌어본다.

scan me!

하샤바이
이엽 작사, 현인 노래, 1959년경
원곡은 Hush-a-Bye, 1952

비처럼 음악처럼, 낭만과 비극 사이

이별의 순간에 아름다운 꽃잎이 흩날리는 장면을 두고 비극적 낭만성이라고 일컫는다. 슬프지만 아름답거나 슬프도록 아름다운 상태를 뜻하는 비극적 낭만성은 대중가요에서 '비雨'라는 소재로 표출되곤 한다. 황순원의 소설『소나기』에서 비가 설레는 첫사랑의 추억과 연결된다면, 대중가요에서 비는 이별이라는 비극적 상황을 낭만적으로 덧칠하는 데 일조한다.

1936년에 남인수가 강문수라는 이름으로 발표한 **비 젖는 부두**는 비 내리는 날 부두에서 임을 그리며 눈물 흘린다는 비극적 낭만성의 전형을 보여주는 초창기 노래다. 비는 현인의 **비 내리는 고모령**에서 어머니와 헤어져야 하는 슬픔을 심화하고, 심수봉의 **그때 그 사람**에서는 떠난 임을 생각나게 한다. "비가 내리고 음악이 흐르면 난 당신을 생각해요"라는 김현식의 **비처럼 음악처럼**, "비 오는 수요일엔 빨간 장미를"건네주고 싶다는 다섯손가락의 **수요일엔 빨간 장미를**, "귓가에 은은하게 울려 퍼지는 그대 음성 빗속으로 사라져 버려"라는 김광석의 **사랑했지만** 등은 슬프지만 아름다운 분위기가 지배적인 노래다.

실제 빗소리로 시작하는 정인의 **장마**에서는 "넌 나의 태양. 네가 떠나고 내 눈엔 항상 비가 와. 끝이 없는 장마의 시작이었나 봐"라며 이별의 슬픔을 장맛비로 형상화하고 있다. 그러나 현실은 낭만적이지 않을 뿐 아니라 때론 가혹하기까지 하다. 이별의 슬픔과 임에 대한 그리움이라는 낭만적 정서를 빚어내는 데 비가 중요한 구실을 하는 대중가요와 달리, 현실에서 비는 때로 비극적 결과를 초래한다. 비비언 그린Vivian Greene이 "인생이란 폭풍이 지나가길 기다리는 것이 아니라 빗속에서 춤추는 법을 배우는 것"이라고 했지만, "칠 년 가뭄에는 살아도 석 달 장마에는 못 산다"라는 속담처럼 많은 비에 종종 어려움을 겪기도 한다. 예측하기 어려운 호우로 발생한 피해가 처참하기 때문이다. 1972년에 서울에 대홍수가 나면서 정훈희가 노래한 **빗속의 연인들**이 **눈 속의 연인들**로 제목이 바뀐 일도 있었으니 비의 비극성은 절대 가볍지 않다.

전 세계가 기상 이변으로 고통받고 있다. 기상학자들은 여러 통계 수치를 들면서 지구가 얼마나 아픈지 경고하며, 예측 불가 영역으로 진입했다고 우려한다. 환경과 생태 문제가 더 이상 미룰 수 없는 절체절명 과제로 다가온 오늘 "나는 매일매일 세상을 조금이라도 바꾸지 않을 수 없다"라는 제인 구달Jane Goodall의 말을 되새긴다. 많은 비로 인한 피해는 우연한 일이 아니라 인재人災에 가깝다. 그러니 우리는 더 큰 불행이 닥치지 않도록 힘을 다해야 한다. 비록 그것이 큰비를 막지 못하더라도, 지구의 생명을 조금이라도 연장할 수 있다면 지금 우리가 할 수 있는 모든 것을 해야 한다. 비극적인 비가 아닌, 다시 낭만적인 비가 될 수 있도록 말이다.

나훈아의 「새벽」에서 만난 여섯 곡의 얼굴들

이런 경우를 뜻밖의 선물이라 부를 수 있을까? 나훈아가 2023년 7월에 발표한 신보新譜 「새벽」은 당시 전혀 예상치 못한 선물처럼 다가왔다. 2022년 2월에 발표한 정규 음반 「일곱 빛 향기」 이후 불과 1년 5개월 만에 새로운 음반을 발표했으니, 그 불굴의 의지에 그저 경의를 표할 뿐이다.

음반 발매 열흘 만에 누적 조회 수 227만 회를 기록했고, 지금까지도 꾸준한 조회 수를 이어가고 있다. 그가 단순히 신보 발매에만 주력했다면 이러한 관심을 끌어내지 못했을 것이다. 그의 행보가 놀라운 건, 변화를 받아들이는 방식 때문이다. 단순히 변화를 따라가지 않고 그에 올라타 흐드러지게 한바탕 노는 모습이 감탄을 자아낸다. 이 모든 것의 전제는 '열린 마음'이다. 그는 열린 마음으로 시대의 분위기를 예리하게 감지하고 이를 개성적으로 형상화한다. 그는 「새벽」에 수록된 6곡의 뮤직비디오를 모두 직접 제작하는 기염을 올렸다. 트로트로 구성된 신곡들은 애니메이션, 멜로, 액션 등 다양한 방식의 뮤직비디오와 어우러져 보는 재미도 선사한다.

그의 노래에서 일관되게 드러나는 핵심어는 '인생'과 '사나이'인데, 이번 신보에서도 그 기조를 엿볼 수 있다. **삶**이라는 첫 곡에서는 허무한 인생이라도 울고 웃으며 즐기자는 메시지를 전하고 있다. 나훈아가 격식을 초월하여 자유분방하게 춤추는 뮤직비디오 장면에서는 달관의 경지마저 엿볼 수 있다. '카톡'이란 부제가 붙은 **사랑은 무슨 얼어 죽을 사랑이야**는 이별마저 카톡으로 통보하는 세태를 뮤직비디오에서 애니메이션 기법으로 재치 있게 표현하고 있다. 인스턴트 사랑을 다룬 노랫말은 씁쓸함을 불러일으키지만, '카톡'을 "까톡"이라 발음하거나 '카톡' 알림음으로 노래를 마무리하는 등의 기발함으로 웃음을 유발한다.

첼로와 기타의 애상적인 연주로 시작하는 **아름다운 이별**이 성숙한 이별의 모습을 그리고 있다면, **타투**에서는 이별 후에도 사그라지지 않는 연정을 쉬이 지울 수 없는 타투에 빗대어 표현하고 있다. 신곡 중 백미는 **기장갈매기**다. 나훈아가 직접 조폭과 맞서는 액션을 보여주는 이 노래의 뮤직비디오는 허세 가득한 남성성을 드러낸 노랫말과 잘 어울린다. 허세와 웃음이 만나면 귀여움을 낳는다. 붉은색의 화려한 남방에 찢어진 청바지를 입은 채 갈매기 춤을 추는 나훈아의 모습이 그러하다.

자신이 만든 노래가 세상에 작은 위로가 되기를 소망하며 나훈아는 잠 못 드는 새벽에 이 노래들을 지었다고 한다. 그리고 희로애락이 골고루 녹아있는 여섯 곡의 노래가 웃음과 눈물로 우리의 움츠러든 어깨를 토닥여 준다. 그 위로의 힘으로 계속 견뎌보기로 한다.

음악의 신을 그대에게

2023년 11월 3일에 발매한 그룹 '방탄소년단BTS' 정국의 첫 솔로 음반 「골든GOLDEN」이 바로 영국 음반 차트에서 3위에 오르는 기염을 토했는데, 이는 케이팝 솔로 아티스트 음반 중 최고 순위에 해당한다. '보이즈 플래닛'이라는 경연 대회를 통해 선발된 9인조 다국적 소년들로 이루어진 '제로베이스원ZEROBASEONE, ZB1'도 같은 해 11월 6일에 미니 2집 음반 「멜팅 포인트」를 발매했다. 선주문량만 170만 장을 넘긴 이 음반은 1집에 이어 연속 밀리언셀러를 기록하였다.

2023년 10월에 발매된 세븐틴의 미니 11집 「세븐틴스 헤븐 SEVENTEENTH HEAVEN」은 2025년 현재까지도 의미 있는 음반으로 회자된다. 발매 후 일주일 간 음반 판매량을 뜻하는 초동 판매량이 500만 장을 넘으면서 세븐틴은 K팝 아티스트 역대 초동 판매 1위에 오르는 신기록을 수립했다. 2015년에 데뷔하였으니 2023년 현재 데뷔 8년째를 맞이한 세븐틴은 해를 거듭할수록 더욱더 뛰어난 성과를 올리고 있다. 여러 차례 밀리언셀러를 달성하였으며, 2020년에는 네 작품이 일본 오리콘 주간 앨범 순위 1위를 차지했다. 또 2021년과 2022년 연속으로 '아시아 아티스트 어워즈AAA'에서 올해의 가수상을 받았다.

한국·미국·중국 국적의 13명으로 이루어진 그룹 세븐틴은 칼군무로 유명하다. 그 많은 인원이 일사불란한 움직임으로 연출하는 춤은 그들의 어마어마한 연습량의 결과이기에 단순한 볼거리를 넘어 경탄을 자아내곤 한다. 대표적인 '청량돌'로 손꼽히는 이들은 긍정 에너지를 전파한다. 그 별명에 걸맞게 **아주 Nice**, **아낀다**, **예쁘다** 등의 노래는 유쾌한 기분을 안겨다 준다. 그들을 '청량 전공'이라 일컫고 그들의 노래를 '청량 맛집'이라고 부르는 이유다.

"세상에 음악의 신이 있다면 고맙다고 안아주고 싶다"로 시작하는 11집 음반 수록곡 **음악의 신**은 청량함을 보여주며 큰 인기를 얻고 있다. "무엇이 우리의 행복인가, 뭐 있나 춤을 춰 노래하자, 이것이 우리의 행복이다"라며 세계 만국 공통어인 음악이 우리를 얼마나 행복하게 해주고 하나로 만들어 주는지 노래한다.

이 글을 처음 쓴 2023년 11월 16일은 수능일이었다. 이 글을 다시 읽는 2025년의 어느 날에도, **음악의 신**은 여전히 우리 곁에서 청량한 에너지와 위로를 건넨다. 그해 수능을 치른 수험생이든, 오늘 하루를 버티는 누군가든, "쿵치팍치 쿵쿵치팍치 예"라며 흥얼거리다 보면 어느새 활력을 되찾을지도 모른다. 그러므로 지금 이 순간을 살아내고 있는 모든 이에게 **음악의 신**을 보낸다.

응원이 필요한 그대에게「빅토리」

보고 나면 기분이 좋아지고 힘이 나는 영화가 있다. 박범수 감독의「빅토리」2024년 8월가 그러했다. 1984년 거제고등학교에서 결성된 여학생 치어리딩 팀 '새빛들'을 모티브로 만들었다는 이 영화는 1999년을 시대 배경으로 삼고 있다. 세기말적인 감성을 드러내며 관객들을 저마다의 추억에 잠기게 한다.

마냥 춤추기를 좋아하는 필선 이혜리과 미나 박세완는 서울에서 전학 온 세현 조아람과 함께 치어리딩 동아리 '밀레니엄 걸즈'를 결성한다. 표면적으로는 고등학교 축구부를 응원하기 위해서라지만 필선과 미나에게는 춤출 공간이 필요했기 때문이다. 힙합처럼 자유로운 춤을 추구하는 필선은 정해진 동작을 정확하게 표현해야 하는 치어리딩에 거부감을 느낀다. 규칙의 준수와 일탈 사이의 간극을 보여주는데, 필선은 동아리 친구들과 합을 맞추는 과정에서 그 거리를 좁혀가며 성장한다.

기본적으로 이 영화는 레트로 감성을 물씬 풍긴다. 이를테면 VHS 캠코더로 연출하는 몇몇 영상은 1990년대의 예스러운 질감으로 아련함마저 자아내 팬스레 뭉클하게 한다. 또한 이 시기를 대표하는 대중가요로 이를 강화한다. 서태지와 아이들의 **하여가**를 시작으로 김원준의 **쇼**, NRG의 **할 수 있어**, 디바의 **왜 불러**, 터보의 **트위스트 킹**, 듀스의 **나를 돌아봐**,

윤수일의 **황홀한 고백**, 지니의 **뭐야 이건**이 적절한 장면에 등장하여 경쾌하고 신나는 분위기를 이끈다.

그런가 하면 조성모의 발라드 **아시나요**는 필선을 향한 치형이정하 의 순정을 드러내는 장면에서 낭만적 정서를 고조시킨다. 특히 영화의 주제격인 **쇼** 가 자주 등장하는데, "Show, rule은 없는 거야 내가 만들어 가는 거야 난 할 수 있을 거야 언제까지나 너와 함께"라는 노랫말처럼 그들이 직접 만들어 가는 규칙이야말로 가치 있다는 메시지를 전한다.

영화에서 시대적 배경으로 설정한 1999년은 여러모로 어수선하고 혼란스러운 해였다. 1997년 외환 위기 이후 우리나라 경제는 극도로 침체했다. 세기말 현상으로 종말론이 판을 치며 허무와 체념이 사회에 만연했다. 그런 중에도 누군가는 꿈을 꿨고 그 꿈을 이루기 위해 최선을 다했다. 영화는 비록 초짜여도 춤을 향한 열정과 서로에 대한 격려가 얼마나 큰 힘을 발휘할 수 있는지를 알려준다. 결국 이 영화는 젊은 날의 우리가 지금의 우리에게 보내는 응원가인 셈이다.

어쩌면 삶은 따로 또 같이 추는 춤인지도 모른다. 처음에는 조금 삐걱거리고 맞지 않는 듯해도 계속 추다 보면 언젠가는 리듬이 맞아들어갈 것이다. 혼자 추는 춤 같다가도, 문득 누군가의 손길에 맞춰 다시 춤을 추게 되는 순간도 있을 것이다. 조금 서툴거나 엇박자이면 어떠한가. 그저 우리에게 필요한 건 누군가에게 손을 내밀거나, 누군가 내민 손을 잡는 용기일지도 모른다. 그러니 언제든 영화 속 대사처럼, "고개 들고 가슴 펴고" 서로 다독이며 나아가기로 한다.

4

사계절을 닮은 감정,

눈부신 날의 설렘과 흐린 날의 쓸쓸함이 어우러진
멜로디가 기다립니다.
소중한 기억 하나 꺼내보세요

안개 속 「헤어질 결심」

박찬욱 감독의 영화 「헤어질 결심」을 관람했다. 배경도 내용도 음악도 안개였다. 영화 처음부터 정훈희의 **안개**가 깔리다 영화 마지막에는 정훈희가 남자 가수와 새로 녹음한 **안개**가 흘러나왔다. 그 남자 가수가 누구인지 알 듯 말 듯했다. 남자 가수의 정체를 확인하느라 영화 크레디트가 끝날 때까지 자리를 지켰다. 그 목소리의 주인공은 예상대로 송창식이었다. 1967년, 정훈희 나이 16세에 발표한 노래를 55년이 지난 2022년에 정훈희와 송창식 목소리로 듣자니 감회가 새로웠다. 그 흘러온 세월만큼 노래에서 연륜과 깊이가 느껴졌기 때문이다.

1960년대에는 유독 안개를 소재로 한 노래가 눈길을 끌었다. 이봉조의 편곡으로 1962년에 발표한 현미의 **밤안개**는 It's a lonesome old town의 번안곡이다. 이 노래가 1960년대 안개를 제목으로 한 노래의 서막을 열었다. 1964년에 「밤안개」라는 제목의 영화도 나왔는데, 그때는 노래 제목을 **밤안개 블루스**라 하고 가사도 조금 바꿔서 현미 대신 한명숙이 불렀다. 배호의 **안개 낀 장충단 공원** 1967과 **안개 속으로 가버린 사랑** 1968도 유명하다. 배호의 대표곡 **안개 낀 장충단 공원**에서 안개는 외로움과 슬픔을 강화하는 요소로 쓰였다.

정훈희가 **안개**를 부르게 된 사정도 영화 같다. 어느 날, 정훈희의 작은아버지 정근도가 악단장으로 있던 클럽에서 정근도의 피아노 반주에 맞춰 정훈희가 노래를 하고 있었다. 때마침 찾아온 이봉조가 그의 노래를 들었고, 몇 곡을 더 시키더니 박자를 가지고 놀며 노래하는 정훈희에게 "건방지게 노래 잘하네"라고 했다 한다. 덕분에 김승옥의 소설『무진기행』을 영화로 만든「안개」김수용 감독의 주제가를 정훈희가 부를 수 있었다. 영화「안개」는 개봉 당시 극장의 관객 집계만 1만 3,600명을 기록했고 소설, 영화, 노래가 모두 흥행에 성공했다. 이후 1970년 제1회 도쿄국제가요제에서 정훈희가 **안개**로 입상해 그 성공을 이어갔다. 윤형주와 송창식으로 구성된 '트윈폴리오'를 대표로 하는 국내 가수들, 프랑스의 샹송 가수 '이베트 지로', 일본 혼성 트리오 '하파니스' 등도 **안개**를 노래했다. 2007년에는 영화「M」2007에도 사용되었다.

다시 영화「헤어질 결심」이다. 영화 상영 당시, 이 영화를 N차 관람하는 관객도 많았다. '안개' 속에서 선명한 무언가를 잡고 싶어서 그럴 것이다. 둘러보니, 노래와 영화처럼 세상도 안갯속이다. 언젠가 안개 걷히면 모든 것이 선명해질까? 그 세상에서 우린, 정말 괜찮을까? 안개 걷힌 세상에서 '붕괴'하지 않기를. '마침내'!

가을에 슬프게 듣는 **짝사랑**

 9월 1일은 가을이 시작하는 날이다. 9월이 되면 아침저녁으로 선선한 바람이 불고 하늘은 높아지고 귀뚜라미 소리도 들려온다. 스산한 기운이 감돌면 우린 저마다 감상에 빠지곤 한다. 가을에는 유독 떠오르는 노래가 많아서 노래 제목을 열거하는 것만으로도 이 지면을 채우고 남을 판이다. 한국 대중가요사의 첫머리를 장식하는 가을의 노래로 일단 먼저 떠오르는 것은 역시 고복수가 불러 1937년 1월에 발매한 **짝사랑**박영호 작사, 손목인 작곡이다.

 짝사랑이란 제목은 낯설어도 "아아 으악새 슬피 우니 가을인가요"로 시작하는 첫 소절을 들으면 "아, 그 노래!" 할 것이다. 보통 2절까지 알려졌으나 원래 3절이었던 이 노래는 짝사랑의 아픔을 가을의 쓸쓸한 풍경과 절묘하게 어우러지게 했는데, 사용한 어휘들이 영롱하다. 1절의 '으악새'는 가을의 대표적인 풀인 억새라는 설과 왜가리라는 설이 있다. 2절의 '뜸북새'와 조응하기 때문에 으악새가 새라는 것인데, 3절에 '단풍잎'이 나오므로 으악새를 풀로 보는 것이 틀렸다고만 하기 어렵다. 어느 경우든지 빼어난 서정성의 구현이다.

 '지나친 그 세월', '잃어진 그 사랑', '무너진 젊은 날'이란 표현도 짝사랑을 생각하고 들으면 이내 가슴이 먹먹해진다. 그러면서도 그 짝사랑이 비참하지만은 않은 것은 쓸쓸한 마음을 아름다운 자연에 투영하여 묘사했기 때문이다. 1절에서 사용한 '여울', '아롱 젖다', '이지러지다', '조각달'이란 어휘 자체뿐 아니라 그것들이 만나 만들어낸 문장은 슬프도록 아름답다.

"들녘에 떨고 섰는 임자 없는 들국화, 바람도 살랑살랑 맴을 돕니다"라는 2절은 들국화의 모습을 통해 가을의 고독함을 감각적으로 그려내고 있다. 짝사랑은 상대가 내 마음을 받아주지 않는다는 점에서 그 어디에도 정착하지 못한 채 표류하는 난파선과 같다. 이러한 마음을 3절에서는 "궁창穹蒼을 헤매는 서리 맞은 짝사랑, 안개도 후유후유 한숨집니다"라고 풀어낸다. 짝사랑으로 애태우는 심정을 이토록 절묘하게 자연과 엮어낼 수 있을까 싶다.

가을이 깊어지면 우린 또 얼마나 쓸쓸해질까? 얼마나 많은 것들을 그리워할까? 그렇더라도 한영애가 부른 **가을 시선**의 노랫말처럼, 어느 투명한 가을날 오후에 모든 것 이해하며 감싸 안아주기로 하자. 외로운 만큼 깊어지기도 좋은 계절이 아닌가 말이다. 가을은 그러한 계절이다. 그러니 상대는 대답 없고 세월은 속절없이 흘러가더라도 우리는 "서로 안부를 묻고", "고맙다 인사를 하기"로 하자.

가을에 부르는 편지 노래

"가을엔 편지를 하겠어요" 최양숙의 가을 편지처럼 가을은 편지 쓰기에 좋은 계절이다. 눈부시게 푸르른 날이나 선선하게 바람이 불어오는 날에 소리 없이 찾아오는 가을 서정 때문인지도 모른다. 편지를 쓰는 이유야 여럿이나, 보통 하고 싶은 말이 넘쳐 말로는 다 표현할 수 없을 때 편지를 쓰곤 한다. "마음은 넘쳐도 입술은 인색" 김종국의 편지할 때 말이다.

장모님 전상서 이규남 와 **어머님 전상백** 이화자 처럼 장모님과 어머님께 편지를 쓰기도 하고 나 자신에게 편지를 쓰기도 한다. 동물원의 **흐린 가을 하늘에 편지를 써**가 "잊혀져 간 꿈들을 다시 만나고파"서 쓰는 편지라면, 신해철의 **나에게 쓰는 편지**는 "잃어버린 나를 만나고 싶어" 쓰는 편지다. 희망찬 아침에 쓰기도 하고 이정열의 아침에 쓰는 편지, 그리운 마음 담아 밤에 쓰기도 한다 아이유의 밤편지.

편지의 백미는 아무래도 동성보다 이성에게 쓰는 편지다. "외로이 스쳐 창을 흔드는 바람 소리 쓸쓸한 시간"에 그리운 이에게 편지를 쓰고 임영웅의 연애편지 "밤이 아름다운데 잠이 오지 않을 때"도 편지를 쓴다 임백천의 마음에 쓰는 편지. 사랑하면 하고 싶은 말도 덩달아 많아져 매일 만나는 그대에게도 편지를 쓴다 박정현의 편지할게요. 멀리 있는 이에게 쓰는 편지 빛과 소금의 그대에게 띄우는 편지는 그 물리적 거리 때문에 더 애틋하다.

"여기까지가 끝인가 보오"로 시작하는 김광진의 **편지**는 가슴 아픈 이별 편지다. 장혜진의 **1994년 어느 늦은 밤**은 또 어떠한가. 이별을 고하며 마지막으로 상대를 얼마나 사랑했는지 고백하기에 애절하다. 짝사랑의 마음을 담아 편지를 쓰기도 하고 성시경의 눈물 편지, 이별을 통보하는 편지를 받기도 하고 다비치의 편지, 편지로 뒤늦게 서로의 마음을 확인하기도 한다 김동률의 편지.

편지를 쓴다는 것은 그 시간 동안 순수한 마음으로 오롯이 상대를 생각한다는 것이다. 편지를 쓴다는 건 어쩌면 기다림을 배우는 일인지도 모른다. 언제 올지, 혹은 아예 오지 않을지도 모를 답장을 기다리며 희망과 절망, 기대와 낙담 사이에서 조용히 서성이기 때문이다. 그렇더라도 삭막한 세상에 편지를 보낼 누군가가 있다는 것은 얼마나 감사한 일인가. 그러니 이 가을 사랑하는 이에게, 그리운 이에게 편지를 쓰기로 한다.

안도현의 시 **가을 엽서**에는 "그대여, 가을 저녁 한때 낙엽이 지거든 물어보십시오. 사랑은 왜 낮은 곳에 있는지를"이란 구절이 나온다. 진심을 담아 편지를 쓰는 일은 그렇게 낮은 곳에서 사랑을 실천하는 일이리라. 그러므로 오늘도 나는 그대에게 편지를 쓴다.

시월의 마지막 날에 듣는 노래

10월은 이상한 달이다. 눈이 시리도록 파란 가을 하늘에 한껏 들떴다가도 하나둘 떨어지는 낙엽에 마음이 착 가라앉기도 한다. 가을이 수확과 조락의 의미를 동시에 지닌 계절이어서 그럴지도 모르겠다. 게다가 10월의 막바지에 접어들어 올해도 두 달밖에 남지 않았다는 생각이 들면 조금은 우울해질 수밖에 없다. 우주의 시간으로 보면 아무것도 아닌 것이 인간이 만들어놓은 시간의 흐름으로 보면 끝을 향해 달려가는 느낌이 드니까 말이다.

10월이 되면 연례행사처럼 "널 만난 세상 더는 소원 없어. 바람은 죄가 될 테니까"라는 김동규의 **10월의 어느 멋진 날에**를 흥얼거리곤 한다. 10월의 어느 날에 사랑하는 누군가를 만나기라도 하면 이 노래가 절로 떠올라 미소를 짓게 되는 것은 "창밖에 앉은 바람 한 점에도 사랑이 가득한"것처럼 느껴지기 때문이다.

하지만 만나서 행복한 시간이 영원할 수는 없는 법이다. 그 시간이 지나면 이별의 아픔과 그리움의 시간이 찾아온다. 잃어버린 사랑의 우울한 기억을 담은 **잊혀진 계절**과 **When October Goes** 10월이 갈 때도 매년 10월의 끝자락에서 찾아 듣거나 어디선가 들려오는 노래들이다. 1980년대 조용필의 독주에 제동을 걸며 큰 인기를 얻은 이용의 **잊혀진 계절**은 지금까지도 10월 31일이면 여러 방송에서 들려주는 대표적인 가을 노래다. 배리 매닐로 Barry Manilow 의 감미로운 미성이 돋보이는 **When October Goes**는 **Moon River** 문 리버 와 **Autumn Leaves** 고엽 등을 작사한 조니 머서 Johnny Mercer 가 죽기 전에 쓴 미완성의 노랫말에서 태어난 노래다. 신해철, 성시경, 김동률, 윤상, 혁오 등의 가수들이 저마다의 감성으로 부를 정도로 우리나라에서 유명한 노래다.

언제부턴가 늦가을에 듣는 노래가 한 곡 더 생겼다. 2010년에 개봉한 김태용 감독의 영화 「만추」의 주제곡인 **만추**다. 영화 「만추」는 1966년에 개봉한 이만희 감독의 영화 「만추」를, 시애틀로 배경을 바꾸고 외국인을 여주인공으로 내세워 다시 만든 영화다. 영화에서 주연을 맡았던 배우 탕웨이가 중국어로 직접 노래해 중국판 영화 맺음자막의 배경음악으로 흐르기도 한 **만추**는 잠들지 못하는 늦가을의 어느 밤에 무한 반복해서 듣는 노래다. 노래 마지막 대목에서 새어 나오는 탕웨이의 짧은 한숨 소리에 이르면 괜스레 마음이 아릿해지곤 한다.

늦가을이 오면, 탕웨이가 노래한 **만추**의 마지막 구절이 떠오른다. "무엇이 우리를 기다린다 한들 어떻겠어요? 늦가을, 늦지 않았어요. 다 괜찮아요." 늦가을은 쓸쓸한 계절이지만, 어쩌면 쓸쓸해서 더 아름다운지도 모른다. 그리고 늦은 것은 아무것도 없으니, 모두 괜찮다. 괜찮을 것이다. 괜찮으면 좋겠다.

이젠 안녕이어도, "졸업을 축하합니다"

"빛나는 졸업장을 타신 언니께 꽃다발을 한아름 선사합니다"로 시작하는 **졸업식 노래** 윤석중 작사, 정순철 작곡는 1946년 문교부에서 발표한 곡이다. 윤석중은 '마음의 꽃다발'을 표현하고자 했으나, "꽃다발을 한아름 선사합니다"라는 가사는 이후 실제 졸업식에서 꽃다발을 선물하는 관행으로 이어졌다. "이 노래는 국어학자 최현배의 감수를 받아 '형님'과 '동생'을 '언니'와 '아우'로 바꾼 버전으로 오늘날까지 불리고 있다."

우리나라 국가의 곡조로도 사용된 **올드 랭 사인** Auld Lang Syne 에 노랫말을 얹은 졸업식 노래도 광복 이전에 있었다. 1910년에 발간된 『보통교육창가집』에 실려 있는 이 노래의 1절은 "동창同窓에 공부하던 우리 학우들 / 세월이 여류如流하여 오늘 당當 했네 / 보내는 자 가는 자 피차彼此 나뉘니 / 석별惜別하는 회포懷抱는 가이 없도다"이다. 어투가 생경하고 한자어를 빈번하게 사용하여 노래에서 지금의 정서와는 다른 시대적 분위기를 느낄 수 있다.

시간이 흐르면서 졸업과 관련된 새로운 노래들이 나왔고, 세대에 따라 즐겨 부른 노래도 다르다. 1967년의 영화 「언제나 마음은 태양 To Sir with Love」에 나오는 동명同名의 주제가와, 1976년에 한국과 홍콩이 합작한 영화 「사랑의 스잔나」의 주연 진추하가 작곡하고 노래한 **졸업의 눈물** Graduation

Tears을 들으며 아련한 향수에 빠지는 사람이 한둘이 아닐 것이다. 본명인 '이지은'을 노랫말에 넣어 아이유가 부른 **졸업하는 날** 2009이나 초등학교 교사이자 래퍼인 달지의 **다시 만날 때** 2018, 간디 학교의 교가인 **꿈꾸지 않으면** 등도 졸업식에 어울리는 노래다.

015B가 1991년 발매한 2집 음반에 수록된 **이젠 안녕**은 전문적으로 음악을 할 생각이 없던 그들이 음악과 진짜 안녕을 고하겠다며 만든 노래다. 하지만 그들은 여전히 음악을 하고 있고, 그들의 의도와 달리 **이젠 안녕**은 현재까지도 졸업식에서 가장 많이 불리는 노래가 되었다. 015B의 장호일씨의 말처럼 노래도 사람도 어찌할 수 없는 나름대로의 운명이 있나 보다.

2023년 2월, 코로나 이후 3년 만에 대면 졸업식이 열렸다. 마침은 시작의 다른 이름이고, 하나가 닫히면 또 다른 하나가 열린다. **이젠 안녕, 졸업하는 날, 다시 만날 때**의 노랫말처럼 안녕은 영원한 헤어짐이 아니니 나쁜 날보다 좋은 날이 많기를, 졸업하는 모든 이들의 진심이 세상에 닿기를 바란다.

그리운 강남 제비는 어디에

"꽃 피는 봄이 오면 내 곁으로 온다고 말했지. 노래하는 제비처럼"으로 시작하는 **제비처럼** 유승엽 작사·작곡은 1977년에 윤승희가 불러서 큰 인기를 얻은 곡이다. 봄의 전령사로 불리는 제비는 기상청에서 1923년부터 봄 도래의 지표로 삼아왔다고 한다. 그리고 우리는 이미 그 옛날 **흥부가**에 등장하는 은혜 갚은 제비를 기억하고 있다.

매년 봄이면 찾아오는 제비가 남다른 정감을 자아내서인지 종종 노래의 소재로도 사용되었다. 1929년에 발간된 『안기영 작곡집1』에 수록된 **그리운 강남**은 김형원이 작사하고 안기영이 작곡한 노래인데, 4분의 3박자에 5음 음계를 사용한 신민요다. "정이월 다 가고 삼월이라네. 강남 갔던 제비가 돌아오면은 이 땅에도 또다시 봄이 온다네. 아리랑 아리랑 아라리요 아리랑 강남을 어서 가세"라는 1절에서 보듯이, 제비가 돌아오는 것처럼 이 땅에 봄이 오길 바라는 마음을 '아리랑'이라는 후렴을 사용하여 표현했다. 1931년 이 노래는 안기영이 지휘하던 혼성 합창단 '성우회 聲友會'의 음반에까지 실렸다. 더 나아가 1932년에는 안기영 자신의 노래로, 1934년에는 김용환·왕수복·윤건영이 함께 부른 노래로, 1943년에는 김천애의 노래로도 음반에 수록되었다.

김서정 본명 김영환이 작사·작곡한 **강남 제비**에도 제비가 등장한다. 봄이 되어도 돌아오지 않는 임에 대한 그리움을 제비와 대비하여 표현한 이 노래는 1930년에 이애리수의 목소리로 처음 음반에 실렸다. 그 후 1931년에는 강금자와 강석연이 각각, 1932년에는 김연실과 이경설이 각각 음반으로 발매하였다. 1933년에 발매된 **방랑의 노래**는 **강남 제비**를 개사한 노래다. 안일파가 편곡하고 바이올린과 가야금 반주에 맞춰 채규엽이 노래했다. **강남 제비**는 비슷한 시기에 8번 정도 발매되어 그 인기를 입증했다. 게다가 봄이면 찾아오는 제비의 상징성 때문인지 이 노래와 **그리운 강남**은 독립운동가요로도 불렸다.

주변에서 흔히 볼 수 있던 제비가 2008년부터 15년 넘게 서울에서 관측되지 않는다고 한다.『조선일보』1964년 5월 24일 자에는「돌아온 제비들 결석이 많아요」라는 제목의 기사가 실렸는데, 이때부터 제비의 수가 서서히 줄어든 걸로 보인다. 이런 식이라면 관습적으로 등장하던 '봄이 오면 돌아오던 강남 제비'라는 표현은 전설로만 남을지도 모르겠다. 제비 개체 수의 감소가 우리의 생태계와 관련되는 일이라 우려된다. 4월 22일은 '지구의 날'이다. 지구의 날에 생각하노니, 우리는 이 지구를 지키고 그리운 제비를 다시 만날 수 있을까?

scan me!

강남제비
김서정 작사 작곡, 이애리수 노래, 1930

바람 불고 안개 자욱해도 사랑은 아름다워

세월이 흘러도 때로는 쉬이 잊을 수 없는 이름이 있다. 1950년대 활약한 가수 백일희가 그러하다. 흔히들 트로트 가수라고 칭하지만, 그녀는 박춘석이 번안하고 창작한 팝 계열 노래를 많이 불렀다. 아름다운 외모와 맑고 청아한 목소리로 지금까지도 누군가에게는 아련한 추억을 자아내는 가수로 기억되곤 한다. 1940년대 말부터 연주 생활을 한 박춘석이 데뷔 음반으로 1953년쯤에 발매한 **맘보 아리랑**을 백일희가 불렀다. 이 음반에는 '페기 리李'라는 예명으로 표기했지만, 이후에는 미국의 인기 가수 '페기 리 Peggy Lee'의 이름을 음차한 '백일희白一姬'란 이름으로 활동했다.

그녀가 부른 **사랑은 아름다워**는 여러 면에서 특기할 만하다. 이 노래는 1955년에 아카데미 주제가상을 받은 **Love Is a Many-Splendored Thing**의 번안곡으로, 원곡은 포 에이스Four Aces, 돈 코넬Don Cornell, 앤디 윌리엄스Andy Williams 등 유명 가수들이 여러 차례 노래한 인기곡이다.

이 노래를 주제가로 하는 동명 영화는 중국 태생 혼혈인 의사이자 작가 한수인Han Suyin이 1952년에 발표한 자전적 소설을 바탕으로 한 것이다. 우리나라에서는 「모정慕情」이란 제목으로 개봉해 큰 인기를 얻었고, 백일희가 노래한 **사랑은 아름다워**는 1956년경에 SP 음반 유성기 음반으로 발매되었다가 이후 **모정**이란 제목으로 LP 음반에 수록되었다. '사모하는 마음'의 '모정'이 모성애를 의미하는 '모정 母情'으로 오인되어 혼란을 일으키기도 했다.

영화는 홍콩의 병원에서 일하던 '한수인'과 6·25전쟁을 취재하러 온 미국인 종군기자 '마크 엘리엇'의 비극적 사랑을 다룬다. 마크가 6·25전쟁을 취재하러 한국에 갔다 전사했기 때문이다. 한수인이 그와 사랑을 속삭이던 언덕에 올라 "우리는 언제나 함께였고 진실로 아름다운 사랑을 누렸소"라는 마크의 목소리를 듣는 장면에서, 영화의 주제가가 울려 퍼지며 이야기가 끝난다. 이 세상에 태어나 단 한 번이라도 진심으로 누군가를 사랑했다면 그 추억으로, 그 사랑의 힘으로 험난하고도 허무한 삶을 버틸 수 있을지도 모르겠다. 영화의 주제가처럼 "사랑이 살아가는 이유"이기 때문이다.

영화에서 두 사람을 갈라놓은 것이 6·25전쟁이라는 것은 예사롭지 않다. 역사의 소용돌이에 휘말려 사랑하는 사람을 잃는 것처럼 끔찍한 일은 없다. 전쟁을 게임 정도로 여기는 발상은 위험하며, 누군가의 목숨을 담보로 얻는 평화는 진정한 평화라 하기 어렵다. 해마다 6월 25일이 되면 우리는 다시금 평화의 의미를 되새긴다. 미움과 폭력 대신 사랑이, 대립과 냉전 대신 이해가 깃들기를 바란다. 그리하여 언젠가 세상의 모든 갈등이 종식되고 부디 평화가 찾아오기를, 백일희의 **사랑은 아름다워**를 들으며 조용히 기원한다.

scan me!

사랑은 아름다워
백호(박춘석) 번안, 백일희 노래, 1956년경

그 많던 무궁화는 어디로 갔을까?

8월 8일은 '무궁화의 날'이다. 정부 공식 기념일은 아니나 우리나라를 대표하는 무궁화를 기념하기 위해 민간단체에서 2007년에 제정하였다. 숫자 8을 옆으로 눕히면 '무한대∞'모양이 된다. 그래서 시공간이 끝이 없다는 뜻의 '무궁無窮'과 연결하여 이날을 무궁화의 날로 정했다고 한다. 우리나라를 무궁화가 많은 땅이라는 뜻의 '근역槿域' 또는 '근화향槿花鄕'으로 지칭한 것은 상당히 오래되었다. 중국 고대 지리서인 『산해경』에 이미 우리나라를 상징하는 꽃으로 무궁화가 등장하니 그 연원이 깊다.

서양의 신식 음악인 창가가 유입되던 1890년대에 무궁화 관련 창가도 등장한다. 『독립신문』 1897년 8월 17일 자에는 '조선 개국 505년 기원절' 기념식에서 배재학당 학생들이 노래한 '무궁화 노래'의 가사가 수록되어 있다. "우리나라 우리 임군 황천이 도우사 임군과 백성이 한 가지로 만만세를 길게 하여 태평 독립하여 보세"의 노랫말은 윤치호가 지은 것이다.

"무궁화 삼천리 화려강산 대한 사람 대한으로 길이 보전하세"라는 현행 **애국가**의 후렴은 1910년대 창가에서 종종 보인다. 1910년 손봉호 편찬 창가집의 **애국가**, 같은 해 발간한 걸로 추정하는 손승용의 『창가집』 수록 **무궁화가**1과 **무궁화가**2에 이 후렴이 나타난다. 또한 1914년 만주 광성학교에서 발행한 『최신창가집』이나 1916년 호놀룰루의 『애국창가』에도 같은 후렴을 사용한 노래가 수록되어 있다. 이처럼 일제의 식민지로 전락한 1910년대부터 무궁화는 애국과 독립의 표상으로 노랫말에 쓰였다.

우리나라를 상징하는 꽃으로 자리매김한 무궁화는 이후에도 거듭 노래에서 활용되었다. "무궁화 무궁화 우리나라 꽃"의 **우리나라 꽃**과 "무궁 무궁 무궁화 무궁화는 우리 꽃"의 **무궁화 행진곡**은 대표적인 무궁화 관련 동요다. "꽃 중의 꽃 무궁화꽃 삼천만의 가슴에"로 시작하는 **꽃 중의 꽃**은 1957년 당시 공보실에서 기획한 새 노래 보급 운동을 통해 널리 알려진 노래다. 6·25전쟁 당시 종군 극작가단에서 활동하던 황문평이 1951년에 작곡한 노래가 뒤늦게 세상 빛을 본 셈이다.

2022년도에 산림청에서 실시한 '무궁화 국민인식도 조사'에 의하면 무궁화는 꽃나무 선호도 8위에 그칠 정도로 관심을 받지 못했다. 선호도가 낮은 이유로 응답자의 절반 이상이 흔히 볼 수 없기 때문이라고 하였다. 2022년을 기준으로 전국의 가로수 중 벚꽃 종류가 14.9%나 차지한 것과 달리 무궁화는 겨우 4.7%에 머물렀으니 그럴 만도 하다. 무궁화가 많아 그 옛날 무궁화 나라로 불리던 곳에 이 꽃이 자꾸 줄어드니 안타깝다. 그런데도 묵묵히 제 자리를 지키며 때 되면 여기저기서 피어나는 무궁화를 볼 때마다 괜스레 마음이 애틋해진다.

견우직녀의 사랑 노래

　은하수를 사이에 두고 동쪽 견우와 서쪽 직녀가 서로를 그리워하는 애절한 이야기가 견우직녀 설화다. 까마귀와 까치가 칠월칠석날 은하수에 다리를 놓아주면 두 사람은 일 년에 단 한 번 만날 수 있다. 그래서일까. 칠월칠석엔 종종 비가 내린다. 하늘이 그걸 아는 듯이 말이다. 전해지는 바에 따르면, 그날 내리는 비는 마주한 기쁨의 눈물이고, 다음 날 아침의 비는 이별의 슬픔으로 뿌려진 눈물이라 한다.

　이들의 애틋한 사랑이 널리 공감을 얻었기에 견우직녀 설화는 대중가요의 소재로도 활용되었다. 1934년 강석연의 **견우화**, 1935년 김복희의 **직녀의 탄식**, 1941년 고운봉의 **칠석의 정**과 백난아의 **직녀성** 등은 견우직녀의 설화를 다룬 광복 이전의 노래들이다. 이 중 백난아가 노래한 **직녀성**은 원래 박영호가 작사하고 김교성이 작곡한 것으로 광복 이후까지도 여러 차례 다시 발매될 만큼 크게 유행하였다. "오작교 허물어진 두 쪽 하늘에 절개로 얽어 놓은 견우 직녀성 / 기러기 편지 주어 소식을 주마기에 열 밤을 낮 삼아서 써놓은 글발이요"라는 2절의 노랫말에 직녀가 견우에게 전하는 간절한 그리움이 잘 나타나 있다. 본명이 오금숙인 제주도 출신의 백난아는 함흥에서 일하고 있을 당시 그곳에서 열린 콩쿠르에 출전하여 가수로 데뷔했다. 광복 후 작사가 박영호가 월북하는 바람에 한동안 본래 노랫말 그대로 노래할 수 없게 되자, 반야월이 '추미림'이란 예명으로 노랫말을 수정하고 2절과 3절의 순서도 바꾸었다.

현대의 대중가요에서도 견우직녀 설화를 종종 볼 수 있는데, 가장 큰 인기를 얻은 노래는 김원중이 1985년에 발표한 **직녀에게**다. 시인 문병란이 1976년에 발표한 시를 바탕으로 김형성이 통일의 염원을 담아 가곡풍으로 작곡한 것이 재외 교포들에게 먼저 인기를 끌었다. 문병란은 국내에서도 이 노래가 퍼지길 희망했는데, 국내의 정서에 맞게끔 통기타 가수 박문옥이 새로이 작곡한 **직녀에게**를 통해 결국 결실을 보았다. "이별이 너무 길다"로 시작하여 "연인아 연인아 이별은 끝나야 한다. 슬픔은 끝나야 한다. 우리는 만나야 한다"라는 견우의 절규로 끝나는 이 노래는 재회에 대한 비장한 의지와 신념을 담고 있다.

만나고 싶을 때 만날 수 없는 상황이 안타깝다지만 1년에 한 번이라도 만날 수 있으니 차라리 얼마나 좋은가. 하루의 만남을 위해 나머지 날들을 견디고 버틸 수 있으니 얼마나 다행인가. 이 세상에서 가장 슬픈 건 만날 수 없는 사랑, 기약 없는 이별이 아니겠는가. 중요한 것은 거리와 횟수가 아니라 마음이다. '기다린다'가 '사랑한다'의 다른 말이며, 우리를 살게 하는 것이 기실 그리움이라는 걸 견우직녀의 사랑은 알려준다.

한가위 보름달처럼

"어머니 송편은 손바닥 송편 아버지 잡수라고 만드신 송편. 할머니 송편은 조각 밤 송편 우리들 먹으라고 만드신 송편"이라는 동요 **송편**은 『동아일보』 1933년 10월 15일 자에 악보와 함께 실려 있다. 지금은 이 노래를 아는 이가 드물지만, 어머니와 할머니가 함께 송편을 빚는 정겨운 추석 풍경이 눈에 그려진다. 음악적으로는 4분의 4박자에 바장조, 16마디로 구성되어 있는데 비교적 쉽게 부를 수 있다.

현대 대중가요와 달리 광복 이전 노래에서는 추석을 소재로 한 것을 여럿 찾을 수 있다. 이춘풍이 작사하고 전수린이 작곡하여 이은파가 노래한 **추석**과, 이고범이 작사하고 김월신이 작곡하여 김성파·김윤심이 노래한 **추석타령**은 모두 1934년에 발매된 대표적인 추석 노래다. 다행히 음원이 남아 있는 이 노래들을 통해 1930년대 추석 풍경을 조금이나마 엿볼 수 있다. "쌀을 찧어 떡을 치고 실과實果 따서 곁들이니 추석놀이 잔칫상에 집집마다 웃음일세"라는 **추석**의 노랫말은 오늘날의 추석 상차림과 별반 다를 바 없다. 또한 추석이면 빼놓을 수 없는 줄다리기와 씨름이 **추석**과 **추석타령**에 모두 등장하는데, 지금은 안타깝게도 보존할 전통 놀이로 명맥만 유지하고 있어서 달라진 시대상을 감지할 수 있다.

음악적으로는 두 노래 모두 전통 가요에 바탕을 둔 신민요에 해당한다. 그 당시 표현을 빌리면 신민요가 '조선 냄새가 나는 노래'라서 신식 음악으로 유행한 재즈송이나 트로트보다 우리 고유의 풍속을 노래하기에 적합했을 것이다. **추석타령**은 "얼싸절싸"나 "에헤야"같은 조흥구를 통해 추석의 흥겨운 분위기를 자아내고 있다. 게다가 기생 출신의 이은파가 전형적인 민요 창법으로 노래한 것도 한몫했다. 이는 1930년대에 접어들어 '준비된 연예인'인 기생 출신 가수들이 본격적으로 대중음악계에 진출하여 신민요를 유행시킨 상황과도 맥이 닿는다.

갈수록 각박해지는 세상이다 보니 추석 본래의 의미가 점차 퇴색되고 있다. 그래도 "더도 말고 덜도 말고 한가위만 같아라"라는 말이 있듯이, 이날만은 풍요와 행운을 상징하는 보름달처럼 우리 마음도 둥글둥글하고 넉넉하면 좋겠다. 『조선일보』 1933년 10월 7일 자에 수록된 동시 **추석**에는 "오늘은 햇송편을 먹을 수 있죠. 그러나 수동이 울고 있어요. 돌아가신 어머니 생각난다고. 송편도 안 먹고 울고 있어요"라며 어머니 생각에 가슴 아파하는 이웃을 보듬어 안으려는 화자의 따뜻한 마음이 나타나 있다. 때로 명절이면 오히려 외로움을 느끼는 누군가가 있다. 부디 추석날만이라도 소외되는 사람이 없기를 달 보며 기원한다.

scan me!

추석
이춘풍 작사, 전수린 작곡,
이은파 노래, 1934,

추석타령
이고범 작사, 김월신 작곡
김성파·김윤심 노래, 1934

시가 노래고, 노래가 시였으니

'시는 뜻을 말한 것이고, 노래는 말을 길게 읊조린 것이다.'『서경書經』에 실린 "시언지詩言志, 가영언歌永言"이라는 구절은 시와 노래의 밀접한 관계를 보여주는 아주 오래된 기록이다. 광복 이전 대중가요 노랫말을 일컬어 '가요시'라 한 것은 작사가 대부분이 문인 출신이라는 사실에서 비롯된 바겠다. **동방의 태양을 쏘라**는 시와 **서울 노래**라는 유행가가 1934년 동아일보 신춘문예의 시와 유행가 부문에 모두 당선되면서 시인이자 작사가로 활동을 시작한 조명암이 대표적이다.

노래로 가장 많이 불린 시는 단연 김소월의 작품이다. 대중가요로 만들기에 적합한 정형성과 우리 심금을 울리는 서정성이 주효했을 것이다. 게다가 그의 시 한 편 모르는 사람이 없을 정도로 대중성을 지닌 것도 한몫했으리라. 관련 연구에 따르면, **진달래꽃**, **개여울**, **부모** 등 소월 시 59편이 대중가요로 불렸고, 300명 넘는 가수가 노래했을 만큼 소월의 시는 세월을 초월한 사랑을 받아왔다. 코미디언 서영춘의 형 서영은이 가장 많이 작곡했고 가수 최희준이 가장 많이 노래했다는 것도 눈에 띈다.

박인환의 시 **세월이 가면**이 노래로 태어난 순간은 영화의 한 장면 같다. 1956년 명동의 한 술집에서 박인환이 즉흥적으로 쓴 시에 이진섭이 곧바로 곡을 붙여 테너 임만섭이 그 자리에서 노래했다는 일화가 전한다.

그 직후 31세에 박인환이 사망한 일이 더해지면서 극적인 장면을 연출했다. "사랑은 가고 옛날은 남는 것"이라는 노랫말처럼, 그가 떠난 자리엔 시와 노래가 그의 이름을 대신해 남았다. 1956년 신신레코드에서 나애심의 목소리로 음반을 발매한 이후 현인, 최양숙, 현미, 조용필 등 수많은 가수가 다시 노래했다. 특히 1976년에 박인희가 가을을 닮은 목소리로 노래하여 대중의 큰 관심을 받았다.

그 밖에 1978년에 최헌 노래로 발매한 **순아**는 장만영의 시 **사랑**에 최주호가 곡을 붙인 것이고, 1980년에 '유심초'가 노래한 **어디서 무엇이 되어 다시 만나랴**는 김광섭의 시 **저녁에**를 모태로 한 것이다. 또한 1989년에 테너 박인수와 대중 가수 이동원이 함께 불러 화제를 몰고 온 **향수**는 정지용의 시로 김희갑이 작곡한 노래다.

2023년 4월, 가수 윤하가 '한국어를 사랑하는 연예인'에 선정되었다. 우리말로만 창작한 윤하의 **사건의 지평선**이 큰 인기를 얻은 것도 작용했을 것이다. "모국어는 영혼의 창"이라는 말처럼, 일제강점기에도 지켜낸 우리말을 갈고 닦는 것은 우리의 의무다. 울림 있는 우리말 노래가 '한글 지킴이'가 되어주리니, 더러 시가 노래가 되고 노래가 시가 되는 세상은 얼마나 아름다운가.

첫눈 오는 날엔

이별의 눈물처럼 비를 흩뿌리더니 그렇게 가을이 떠난 자리에 겨울이 찾아왔다. 겨울은 그 시작을 알리는 전령사로 첫눈을 보낸다. 흔히 낭만의 표상이라 하는 눈을 달갑지 않은 대상으로 느낄 때 어른이 된다지만 첫눈은 그래도 조금 다르다. 정호승의 시 **첫눈 오는 날 만나자**처럼 특별한 약속이 없는데도 첫눈을 보면 괜스레 설레기 때문이다. 잊지 않고 다시 찾아온 겨울의 인사에 어찌 화답하지 않으리.

동심, 순결, 사랑 등을 상징하는 눈은 대중가요의 단골 소재인데, 그중에서도 첫눈은 처음이라는 특별한 의미를 띠고서 최근까지도 노래에 곧잘 등장한다. 소중한 사람과 함께 첫눈을 기다리는 마음을 동화처럼 그린 슈퍼주니어의 **첫눈이 와**가 있기는 하나, 대체로 '첫눈'을 소재로 한 노래는 사랑하는 사람과 함께하지 못하는 상황을 첫눈과 견주어 그 아련하고도 그윽한 정감을 부각한다. 이정석의 **첫눈이 온다구요**는 첫눈을 보며 사랑하는 사람이 올지 모른다는 기대를 표현했고, 박정현의 **첫눈**, 엑소의 **첫눈**, 정준일의 **첫눈** 등은 "가슴 뛰게 아름다웠던 너와의 시간"을 떠올리게 하는 노래다.

유호가 작사하고 한상기가 작곡해서 나애심이 노래한 **초설**初雪은 감독 김기영이 연출한 동명 영화 주제가다. 1958년에 개봉한 이 영화의 필름은 전하지 않으나, '픽처 유성기 음반사진이나 그림이 있는 음반'을 소장한 분의 배려로 주제가 **초설**은 오늘날에도 감상할 수 있다. 영화배우 박암과 앳된 모습의 김지미가 음반 표지 윗부분을 차지하고 있고, 그 아래에는 나애심의 얼굴이 노래 정보와 나란히 배치되어 있다. 사랑하는 사람이 떠나고 홀로 맞이하는 첫눈을 '폐허에 내리는 눈'이라며 부재로 인한 결핍과 대비되는 첫눈의 인상을 쓸쓸하게 표현하고 있다.

임원직 감독의 1968년 영화 「흑화 黑花」의 주제가 **첫눈 내린 거리**는 이미자가 노래했다. 비슷한 시기에 개봉한 정소영 감독의 「미워도 다시 한번」의 기세에 눌려 영화는 크게 흥행하지 못했으나 주제가만은 인기를 얻었다. 1978년에 화가 천경자가 '이미자론論'에서 이 노래를 듣고 '그 처절한 애환이 내 가슴에 스며와 응어리져 있던 무언가를 툭 내려주고 밀려드는 쾌감이 오관을 돌아 그만 울고 싶어진다'라고 하였는데, 슬픔이 다한 후에 찾아오는 후련함을 적절히 표현했다.

첫눈 오는 날 함께할 수 없는 임 때문에 가슴 아픈 심정을 대중가요가 주로 그렸지만, 마냥 첫눈을 기다렸던 어린 시절로 돌아가 근심 걱정 잠시 잊고 해맑게 웃고 싶다. 세상에서 가장 순수하고 순결하게 웃고 싶다. 첫눈 오는 날엔.

scan me!

초설
유호 작사, 한상기 작곡, 나애심 노래, 1958

가을 초입에는 9월의 노래

 계절의 오고 가는 건 신기함을 넘어 때로 기적 같다. 비록 여름의 뜨거움이 남아 있더라도, 처서가 지나면 가을이 슬그머니 고개를 내밀어 아침저녁으로 시원한 바람이 불어온다. 절대로 가지 않을 듯한 여름도 9월에 접어들면 기세가 꺾인다. 높아진 하늘에서 청명한 기운을 느끼고 서늘해진 공기에서 가을 냄새를 맡는다. 무더위에 지친 몸과 마음도 활기를 되찾는다.

 더위를 날려주는 댄스음악이 울려 퍼지던 여름과 달리 가을에는 차분한 느낌의 발라드가 우리의 감성을 촉촉이 적셔준다. 가을의 초입인 9월을 소재로 한 윤종신의 **9월**, 임한별의 **9월 24일**, 임창정의 **구월** 등이 모두 발라드다. 1960년대에도 9월을 소재로 한 노래들이 여럿 발표됐다. 현미의 **9월의 노래**, 유주용의 **9월의 애인**, 쟈니리의 **9월의 사랑**, 패티김의 **9월의 노래** 등이 대표적이다.

 현미의 **9월의 노래**는 맥스웰 앤더슨이 작사하고 쿠르트 바일이 작곡해 1938년에 발표한 **September Song**을 이봉조가 번안·편곡·연주한 곡이다. 원곡은 뮤지컬 「니커보커 홀리데이」에 삽입된 이래로 프랭크 시나트라와 엘라 피츠제럴드 등 많은 가수가 다시 부를 정도로 유명하다.

유주용의 **9월의 애인**은 Come September라는 영어 제목과 "랄랄랄 로마 로마의 9월이 되면 찾아오는 사람"과 같은 노랫말 구절로 볼 때, 1961년에 개봉한 미국 영화 「Come September」의 주제가에 한국어 노랫말을 붙인 곡이 아닐까 한다. 아름다운 이탈리아를 배경으로 록 허드슨과 지나 롤로브리지다의 로맨스를 다루고 있는 이 영화도 9월이면 절로 떠오르곤 한다.

이희우가 작사하고 길옥윤이 작곡해 패티김이 노래한 **9월의 노래**는 지금도 찾아서 들을 정도로 특히 많은 이들이 사랑하는 노래다. 1967년 신세기 레코드에서 발매한 편집 음반에 처음 실린 이래로 패티김의 독집 음반에 여러 차례 수록됐다. 2021년 은퇴 기념 회견에서 패티김은 **9월의 노래**를 가수 생활 50년 동안 가장 애착을 지닌 노래라고 밝힌 바 있다. 가을의 문턱에서 느껴지는 쓸쓸한 사랑을 애절하게 읊은 이 노래의 압권은 2절 처음에 9월이 오는 소리 다시 들으면 사랑이 오는 소리"라며 낭독하는 부분이다. 버전에 따라 노랫말이 조금 다르긴 하지만 어느 경우든 낭독이 시작되면 숨죽인 채 귀 기울이게 된다. 자칫 밋밋해질 뻔한 노래를 특별한 울림으로 이끌어준 셈이다.

"쓸쓸한 거리를 지나노라면 어디선가 부르는 듯 당신 생각뿐"인 9월이다. 가을은 만남보다 이별이 어울리는 계절이라지만 가을의 노래를 들으며 가을이 오는 소리를 들으면 어디선가 그대가 내 앞에 와 있을 것만 같다.

5

우리의 기억 속으로,
고운 옛 노래와 함께 걷는 시간 여행.

그리운 이름과 멜로디가 당신을 기다립니다.

우리나라 최초의 캐럴, 파우스트 노엘

우리나라에서 발표된 첫 번째 캐럴 성탄 축하곡은 무엇일까? 현재까지 확인한 음반 기록에 따르면, 우리나라 첫 번째 캐럴은 1926년 윤심덕이 부른 **파우스트 노엘**이다. 한기주와 함께 도쿄음악학교 사범과를 졸업한 윤심덕은 임배세와 마찬가지로 우리나라 초기 성악가로 활동했다. 하지만 윤심덕은 단순한 성악가 이상의 의미를 지닌다.

1926년, 목포 부호의 아들이자 극작가였던 김우진과 함께 대한해협의 물거품으로 사라진 윤심덕! 그는 당시는 물론이고 2021년 현재까지도 사람들 입에 오르내리고 있다. 윤심덕은 '윤심득 尹心得'이라는 이름으로 발표한 곡까지 포함에 38곡 정도를 남겼다. 이 중 음원이 밝혀진 노래는 음반 세 장, 총 6곡이다. 제목만 남은 노래 등을 볼 때 그는 동요, 서양 민요, 일본 유행가 번안곡, 찬송가, 캐럴 등 다양한 노래를 불렀다. 특히 그가 죽기 전에 마지막으로 녹음한 **사死의 찬미**는 당시 크게 유행하면서 '유성기'를 대중에게 알리기도 했다. 윤심덕을 성악가를 넘어서 초기 대표 대중가요 가수로 보는 이유다.

그가 남긴 캐럴로는 **파우스트 노엘**과 **산타클로스**가 있다. **산타클로스**는 아직 음원이 발견되지 않아서 정확하게 어떤 노래인지 알 수 없다. 두 노래 모두 1926년에 발표되었으나 음반 번호상으로 **파우스트 노**

엘이 **산타클로스**보다 앞서니 **파우스트 노엘**이 현존하는 첫 캐럴 음반이다. 그 온전한 내용을 알 수 없다가 **파우스트 노엘** 음반을 유일하게 소장하고 있는 이경호 선생이 세상에 소개하였다. 결국 '파우스트'가 '퍼스트 first'란 뜻이라는 것과, "노엘 노엘 노엘 노엘 이스라엘 왕이 나셨네"라는 노랫말로 익숙한 **노엘** The First Noel 이라는 것이 밝혀졌다.

한국 캐럴의 역사도 어느덧 100년이 되어간다. 1920년대를 시작으로 광복 이후 1950년대, 60년대, 70년대까지 수많은 가수가 창작 캐럴과 번안 캐럴을 불렀다. 여기에 1966년 서영춘을 시작으로 "달릴까 말까"로 웃음을 자아낸 심형래의 **징글벨**처럼 개그맨들이 노래한 캐럴도 대거 등장했다. 오늘날에도 여전히 많은 가수가 캐럴을 만들고 부른다. 크리스마스마다 울려 퍼지던 반가운 캐럴들이 예전보다 덜 들리기는 하지만 여전히 우리의 겨울을 따뜻하게 밝혀준다. 크리스마스는 '온 세상이 함께하는 사랑의 시간'이라 했던가. 캐럴을 들으며 우리 마음에도 사랑이 피어나기를 바란다.

scan me!

파우스트 노엘(The First Noel)
윤심덕 노래, 1926

올드랭사인, 애국가에서 송년가까지

언젠가 삼일절 기념 특집 방송을 준비하면서 해당 프로그램의 작가가 내게 "3·1운동 때는 어떤 노래를 불렀어요?"라고 물었다. 그 질문에 정신이 번쩍 들었던 기억이 난다. 3·1운동 때 노래를 불렀을 법도 한데, 그에 대해선 한 번도 생각해 본 적이 없었기 때문이다. 그때부터 3·1운동 때 부른 노래의 단서를 찾기 시작했다. 그러다 찾은 책이 언론인 칼턴 왈도 켄달 Carlton Waldo Kendall이 1919년에 발간한 *The Truth About Korea*였다. 최근에 이 책이 『조선의 참모습』이란 제목으로 번역서가 나온 것도 확인했다.

> "비무장의 나이 든 남자와 여자, 젊은이들과 학생들의 행렬이 이어졌다. 그들은 올드랭사인 올드랑사드의 선율에 맞춘 애국가를 부르며 깃발을 흔들고 함성을 지르며 거리를 가득 메웠다."

3·1운동 당시의 상황을 그린 이 문장들을 찾고 감격했던 기억이 생생하다. **올드랭사인**은 1788년에 한 노인이 부르던 노래를 바탕으로 스코틀랜드의 시인인 로버트 번스 Robert Burns가 노랫말을 만들고, 윌리엄 실드 William Shield가 작곡한 곡으로 알려져 있다.

1900년대 우리나라에는 다양한 '애국가'가 존재했고, 이 중 **올드랭사인**의 선율에 현행 **애국가**와 유사한 노랫말의 **애국가**가 있었다. 이 **애국가**는 1907년에 발간된 『찬미가』라는 찬송가집에 실리기도 했다. 2012년에는 **올드랭사인** 선율의 애국가를 **독립군 애국가**란 제목으로 김장훈이 불러 발표했다. **올드랭사인**은 1940년에 개봉된 미국 영화 「Waterloo Bridge(애수)」뿐 아니라 여러 영화의 삽입곡으로 사용되었다. 지금도 송년회나 졸업식 등에서 자주 들을 수 있는 "오랫동안 사귀었던 정든 내 친구여"라는 노랫말의 **석별의 정**은 아동문학가 강소천이 **올드랭사인**을 번역한 것이라고 한다.

　올드랭사인은 1960년대와 70년대, 80년대 발매된 '캐럴' 음반 속 단골 노래이기도 했다. 번안한 여러 캐럴을 지나 마지막에 수록된 **송년가**가 바로 **올드랭사인**이기 때문이다. 쟈니브라더스·트윈폴리오·정여진·이선희·사랑과 평화 등이 모두 **송년가**라는 제목으로 이 노래를 불렀다. 이 중 트윈폴리오가 부른 **송년가**의 1절 노랫말은 "언제 다시 돌아오나 가버린 세월은 / 언제 다시 만나려나 헤어진 사람은 / 못 잊어서 기다리는 서글픈 마음 / 변함없는 그리움이 눈물에 젖네"다. 종종 그리운 사람들의 안부가 궁금해진다. 한 해의 끝자락에는 특히 그러하다.

까치설과 창작 동요 설날의 탄생

우리나라 최초의 창작 동요는 무엇일까? 인터넷에서는 종종 윤극영의 **반달**을 첫 창작 동요로 소개한 글을 볼 수 있다. 하지만 과연 그럴까? 10여 년 전, 나는 자료를 찾아 논문을 통해 이를 바로잡은 적이 있다. 그러나 인터넷에 퍼진 잘못된 정보는 여전히 자리를 지키고 있다.

'창작 동요'란 근대 이후, 작사자와 작곡자가 본인의 이름을 걸고 창작한 동요를 말한다. 지면에 공식적으로 발표한 연대가 기준이 되는데, 그에 따르면 우리나라 최초의 본격 창작 동요는 윤극영이 작사·작곡한 **설날**이다. 이 노래는 잡지『어린이』1924년 1월 호에 수록되어 있다. 같은 해 11월호에 실린 **반달** 윤극영 작사·작곡 보다 **설날**이 10개월 앞선 셈이다.

두 노래에 앞서『어린이』1923년 9월 호에 정순철의 **형제별**과 김용희의 **나븨**나비가 수록되긴 했으나 번안곡으로 추정되기에 창작 동요라 단정하기 어렵다. 그러므로 공식적으로 작사자와 작곡자가 적힌 창작 동요는 현재 **설날**이라 할 수 있다. "까치 까치 설날은 어저께고요, 우리 우리 설날은 오늘이래요"로 시작하는 그 노래 말이다. **설날**은 **반달**과 함께 우리나라 최초의 창작 동요집인 윤극영의『반달』1926에도 수록되었다.

윤극영은 **설날**을 만들게 된 동기를 직접 밝힌 바 있다. 매년 1월 1일에 아이들이 학교에 모여 1년의 학업을 시작하는 의식을 일본 노래인 **식가**式歌로 마무리하는 데에 신경질이 날 정도로 윤극영은 예민해졌다. 아이들을 위한 노래를 만들려고 고심하다 우리나라 고유의 풍속, 즉 설날에 빚어지는 일들에 중점을 두자 술술 풀렸다고 한다. 알다시피 섣달그믐을 '까치설'이라고 한다. 예부터 '까치'는 우리나라에서 길상吉祥의 상징으로 알려져 있다. 『동국세시기』에는 설날 새벽에 가장 먼저 듣는 소리로 그해 운수의 길흉을 점치는 청참聽讖 풍속이 나온다. 이때 '까치'소리를 들으면 그해는 운수 대통으로 여겼다.

총 4절로 이루어진 **설날**은 전통 놀이와 풍습을 들어서 가사를 만들었다. 노랑 저고리, 색동저고리, 절 받기, 널뛰기, 윷놀이 같은 시어는 분명 우리 민족의 설과 관련된 말이다. 음악적으로 4분의 4박자에 16마디로 이루어져 있는 **설날**은 다장조의 7음 음계를 사용했다. 새해가 되면 종종 **설날**을 떠올리며 동심童心을 생각한다. 나이가 들수록 지켜야 할 것은 동안童顔이 아니라 동심이라 했던가! 새해 첫날에는 동요 **설날**을 생각하며, 순수한 마음을 지키자고 다짐해 본다.

고복수의 타향 속 고향

설은 우리 민족 고유의 명절이다. 예전보다 덜하다고는 해도, 설이 다 가오면 누구나 자연스레 '고향'을 떠올리게 된다. 한국 대중음악사에서 '고향' 노래가 유독 많은 것은 환란과 부침이 많았던 우리나라의 역사와 무관하지 않다. 고향을 떠나 살아야 했던 수많은 사람들에게 '고향'이 위안의 공간이었기 때문이다. '고향'을 소재로 한 노래들은 대중음악 역사 초창기부터 꾸준하게 나왔다. 그중에서도 고복수가 1934년에 발표한 **타향**은 고향을 노래한 대표적인 곡이다. 처음 발매했을 때는 **타향**이었으나 노래의 첫 소절을 따라 사람들이 '타향살이'라고 불렀고, 급기야 제목도 **타향살이**로 변한 바로 그 노래 말이다.

1935년 잡지 『삼천리』에서 **타향**의 작사가 금릉인승응순은 자신이 노래를 짓게 된 배경을 술회한 바 있다. 고향을 떠난 지 어느덧 11년이 된 그는 가끔 향수에 젖어 고향을 그리워하다 처량한 마음에 눈물을 흘렸는데, 그 솔직한 심정을 그린 노래가 **타향**이라는 것이다. 그는 이 노래가 인기를 얻은 것이 자신처럼 표박漂泊 생활을 하는 사람이 많다는 걸 알려주는지라 마냥 좋지만은 않다고도 했다.

1934년에 발매된 음원을 바탕으로 총 4절로 이루어진 이 노래를 재현하는 과정에서, 2절과 3절 사이의 간주와 4절 이후의 후주에서 익숙한 선율을 감지하였다. 추가적인 자료 조사와 논문 작업을 통해 그 익숙한 선율의 정체도 밝혔다. 초기 미국 개척자들의 민요를 바탕으로 조 라이언스Joe Lyons와 샘 하트Sam C. Hart 등이 만든 **When It's Lamp Lighting Time in the Valley**였다. 1933년에는 미국의 배가본즈The Vagabonds가 이 곡을 음반으로 발표했고, 유럽에서는 '등lamp'이 '양초candles'로 바뀌어 캐럴로도 향유되었다. 원곡을 비롯해 미국과 유럽에서 유행한 이 노래들은 모두 '향수'를 주제로 하고 있다.

이 곡조에 가사를 얹은 우리 노래로는 **잔디밭**조금자 노래 1935년과 **산곡의 등불**김연월 노래 1935년이 있고, 1970년대에 박인희, 송창식, 은희 등도 **산속의 집** 또는 **산골짝의 등불**이란 제목으로 노래했다. **잔디밭**을 제외한 노래들은 대체로 '향수'를 주제로 했다. **타향**의 작곡자인 손목인은 "외국에서 접한 노래에 나일강변에서 부르던 그 어떤 시인의 심회를 생각"하며, "우는 마음으로 **타향**을 작곡했다"라고 했다. 그렇다면 노래를 작곡하면서 '고향'을 소재로 한 서양의 노래를 절묘하게 어우러지게 한 것은 의미심장하다. '향수'는 동서고금을 막론한 우리의 영원한 주제일지도 모르겠다.

한편, 노래의 인기 덕분인지 1937년에 오케 음반에서 **타향살이**가 다른 가수의 목소리로 발매되었다. 그 주인공은 이연신李燕信이라는 가수였지만, 이 노래 한 곡 외에는 다른 활동 기록이 거의 남아 있지 않아 현재 그 정체를 알기 어렵다. 비록 누구인지 정확하게 알 수 없으나 고복수의 **타향**이 품은 그리움은 그녀의 목소리를 통해 다시 한번 세상에 닿았다. 90여 년이 지난 지금, 우리는 다시 그녀의 이름을 불러 본다. 그렇게 노래는 잊힌 이름마저 품은 채 살아남는다.

scan me!

타향 살이
금릉인 작사, 손목인 작곡, 고복수 노래, 1934

도산 안창호의 거국행을 기억하며

독립운동가 도산 안창호 1878~1938는 교육자면서 철학자이자 사상가였다. 그리고 작사자였다. 지금까지 그가 작사한 독립운동 가요는 20곡이 훨씬 넘는 것으로 추정한다. 단정할 수 없는 이유는 당시 독립운동가들이 노래를 만들면서 대부분 자기 이름을 밝히거나 기록하지 않았기 때문이다. 그래도 후대 연구자들이 당시의 여러 기록과 증언을 통해 누구 작품인지 밝힌 덕분에 안창호가 작사한 노래들도 만날 수 있었다. 그중 대표곡이 **거국가**, **간다 간다 나는 간다**, **한반도 작별가** 등 여러 제목으로 알려진 **거국행**이다.

총 4절로 이루어진 **거국행**의 1절은 "간다 간다 나는 간다 너를 두고 나는 간다 / 잠시 뜻을 얻었노라 까불대는 이 시운이 / 나의 등을 내밀어서 너를 떠나 가게 하니 / 이로부터 여러 해를 너를 보지 못할지나 / 그동안에 나는 오직 너를 위해 일하리니 / 나 간다고 슬퍼 마라 나의 사랑 한반도야"다. 곡조는 이상준 1884~1948이 붙였다. 황해도 재령 출신의 그는 피어선 성경 학원에서 아코디언을 배우며 음악 활동을 시작했다. 독일 유학을 계획하기도 했던 이상준은 기차에서 우연히 안창호를 만나 유학 대신 민족 계몽을 위해 힘쓰리라 마음먹고 학교에서 음악을 가르쳤다.

안창호가 고국을 떠나기 직전에 지었다는 **거국행**은 『대한매일신보』 1910년 5월 12일 자에 처음 등장하였다. 당시 신문에는 안창호 대신 작자가 '신도新島'라고 기재되었으나, 이후 『신한민보』 1915년 11월 11일 자에는 안창호가 작사한 것으로 적혀 있다. 독립운동을 위해 설립한 만주 광성중학교에서 1914년에 발간한 『최신 창가집』과 1916년에 하와이에서 발간된 『애국 창가』에도 이 노래가 수록되어 있다. 춘원 이광수는 『도산 안창호』라는 전기傳記에서, 안창호가 거국행이라는 "슬픈 곡조를 남기고 마포에서 작은 배를 타고 장연에 이르러 거기서 청인의 소금배를 타고 청도로 향했다"라며, 이 노래가 여러 해를 두고 전국에서 유행했다고 하였다.

안창호는 자연과 음악과 미술을 사랑하는 것이 인격을 수련하고 품성을 도야하는 데에 큰 도움이 된다고 믿었다. 또한 이광수가 자신의 문학적 스승으로 톨스토이와 더불어 안창호를 뽑을 만큼 안창호는 문학에도 조예가 깊었다. 그래서 자연스럽게 안창호가 독립운동 가요도 작사한 걸로 보인다. 이 시기의 노래로 대중 강연을 할 때마다 **거국행**을 부르곤 한다. 이는 무관심 속에 방치되었던 독립운동 가요를 알려 기억하고 싶은 작은 마음의 발로다. 안창호는 '훈훈한 마음, 빙그레 웃는 낯'의 새 민족을 꿈꾸었다. 그의 바람처럼 부디 이 땅에 훈훈한 마음과 빙그레 웃는 낯이 넘실거리면 정말 좋겠다.

scan me!

거국행
안창호 작사, 이상준 작곡, 1910, 장유정·하림 노래, 2020

젊은 날의 추억, 리라꽃은 피건만

해마다 봄이 되면 형형색색 꽃도 꽃이거니와 꽃향기에 취하곤 한다. 그 중에서도 아까시나무와 라일락 향기가 압권이다. 예고 없이 찾아온 이런 꽃향기가 코끝을 스치면 마음은 제멋대로 울렁거리고 만다. 라일락이라고 하면 누군가는 "라일락 꽃향기 맡으면 잊을 수 없는 기억에"로 시작하는 이문세의 **가로수 그늘 아래 서면**을 떠올릴 것이고, 또 다른 누군가는 아이유의 **라일락**을 흥얼거릴지도 모른다.

라일락은 이름이 여럿이다. '수수꽃다리'라는 정감 가는 순우리말 이름으로도 통용되고, 이국의 여성 이름을 떠오르게 하는 '리라'도 있다. 영어로는 '라일락', 프랑스어로는 '리라'라고 한다. 한때 우리 대중가요에도 '리라꽃'이 자주 피었다. **리라꽃 비련**박재란 **리라꽃 피는 밤**남인수 **리라꽃 피던 밤**이미자 **리라꽃 필 때**윤인숙 **리라꽃 추억**백일희 등이 그 예다. 유명한 개사곡인 **베사메무초**에도 "리라꽃 향기를 나에게 전해다오"라며 리라꽃이 등장한다.

개인적으로 '임원林園'이 1938년에 발표한 **리라꽃은 피건만**을 좋아한다. 그런데 임원이라는 가수의 정체가 처음에는 불분명했다. **목포의 눈물**을 작곡한 손목인이 임원이라는 소문은 있으나 근거를 찾을 수 없었다. 정확하게 확인하고 싶은 마음에 2012년, 손목인 작곡가1913~1999의 아내 오정심 여사를 찾아갔다. 처음에 '임원'을 모른다고 하셨던 그녀는 노래가 흘러나오자 "손 선생 목소리 맞아"라며 반가워하셨다. 그러나 더 확실한 증거가 필요했다. 그렇게 또 시간이 흘러, 우연히 1930년대 자료 속 사진 한 장을 발견했다. 손목인이었다. 같은 사진에 임원과 손목인이라 각각 적힌 자료를 본 후에야 두 사람이 동일 인물임을 확신할 수 있었다.

이 노래의 원곡은 1930년에 발표한 독일 가요 **붉은 장미를 받아라** Nimm diese roten Rosen 다. 원곡의 장미가 리라꽃으로 바뀐 이유는 잘 모르겠다. 다만 '리라꽃은 피건만'이라는 개사곡의 노랫말에도 "장미의 꽃 그대를"이라고 해서 장미가 나오긴 한다. 장미꽃을 주며 사랑을 고백하는 원곡의 노랫말과 달리, **리라꽃은 피건만**은 리라꽃 피는 밤에 사랑을 속삭이던 임이 떠나자 그를 그리워하는 노랫말로 이루어져 있다.

향기는 때로 추억을 싣고 온다. 리라꽃의 꽃말은 '젊은 날의 추억'이다. 희한한 일이다. 젊은 날엔 그저 아팠는데, 지나고 보니 그 또한 아름다운 날들이었다. 그리고 또 시간이 흘러 어느 날, 오늘이 아름다운 날이라 추억할 수 있기를, 리라꽃 향기에 실려 오고 실려 갈 우리의 추억이 부디 아름답기를.

광고 음악의 대가 김도향

2022년 7월 23일에 대한민국역사박물관에서 조금 특별한 공연이 있었다. 1945년생인 김도향 선생이 지금까지 만든 광고 음악과, 그가 즐겨 듣고 부르던 추억의 팝송을 중심으로 한 공연이었다. 2013년부터 박물관은 '박물관 춤추고 노래하다'라는 제목으로 전시와 연계한 공연을 열고 있다. 김도향의 공연도 당시 박물관에서 진행하던 '광고, 세상을 향한 고백'이란 전시와 관련해 기획되었다.

1973년에 발표한 **줄줄이 사탕**을 시작으로 지금까지 광고 음악을 3,000여 곡 만들어 김도향은 명실공히 광고 음악의 대가 소리를 듣는다. 공연에서 그가 들려준 "아름다운 아가씨 어찌 그리 예쁜가요"아카시아껌, "이상하게 생겼네, 롯데 스크류바", "우리 집 화장지 뽀삐", "맛동산 먹고 즐거운 파티, 맛동산 먹고 맛있는 파티", "사랑해요 사랑해요 사랑해요 LG" 등 중장년층이라면 한 번쯤 들어봤을 광고 음악들이 우리를 잠시 정겨운 추억에 잠기게 하였다.

1970년에 '투 코리안스'로 데뷔한 김도향은 1971년에 발표한 **벽오동**으로 큰 인기를 얻으며 대중음악계에서 입지를 굳혔다. '벽오동 심은 뜻은'으로 시작하는 시조를 모태로 한 이 노래는 파격성과 실험성이 돋보이는 노래로 당시 대중에게 신선한 충격을 주었다. 영화 음악과 태교 명상 음악을 만들기도 했고, 한때 **항문을 조입시다**라는 노래로 '케겔Kegel 운동'을 대중적으로 알리는 데 이바지했던 그는 2019년에 **쓸쓸해서 행복하다**를 포함 11곡이 담긴 정규 음반 「인사이드INSIDE」도 발표했다.

그는 자신의 인생에 지각변동을 일으킨 노래라며 **다이애나**Diana, **오 캐럴**Oh Carol, **푸르고 푸른 고향의 잔디**Green Green Grass Of Home, **얼마나 아름다운 세상인가**What A Wonderful World 같은 추억의 팝송들을 정성스레 들려주었다. 감수성 예민하던 소년 시절, 라디오 너머로 흘러나오던 그 멜로디들이 그의 마음속에 씨앗처럼 뿌려졌고, 오랜 세월이 흘러 그의 음악을 이루는 뿌리가 되었다. 울림 있는 목소리는 세월을 결을 따라 공연장을 가득 메웠고, 그 순간만큼은 모두가 따뜻한 기억 속으로 잠시 여행을 떠나는 듯했다.

공연에서 재청再請 곡은 역시 그의 대표곡 **바보처럼 살았군요**와 번안곡인 **언덕에 올라**였다. 요즘 피아노를 다시 배우기 시작했다는 그는 100세까지 노래하고 싶다고 했다. 숨 쉬듯이, 말하듯이 노래하는 그의 공연이 울림을 주고 여운을 남긴 것은 그의 노래에서 관록과 연륜을 느낄 수 있었기 때문이기도 하다. 데뷔한 지 50년이 넘은 그는 여전히 도전하고 시도하며 나아가는 현역이었다.

미국으로 간 동요 가수 이순갑

이순갑 李順甲 은 누구일까. 광복 이전의 동요 가수를 떠올릴 때 흔히 이정숙과 서금영을 먼저 거론하지만, 그 못지않게 주목할 만한 사람이 있다. 동요 **할미꽃**과 **춤추세**를 노래했던 어린 소녀, 그리고 나중에 성악가로 성장해 미국으로 유학까지 떠난 인물, 그녀가 바로 이순갑이다.

1926년에 발매된 음반, 단편적인 기사, 학교 졸업 기록과 미국 신문 속 결혼 소식 등을 더듬다 보면, 잊힌 한 사람의 목소리와 생애가 조용히 모습을 드러낸다. 미국으로 간 동요 가수 이순갑! 낯설지만 아름다운 그녀의 여정을 따라가 본다.

그의 노래를 담은 음반은 현재까지 두 장이 확인된다. **속임**과 **잘자라** 등을 수록한 음반은 아직 발굴되지 않았으나, **할미꽃**과 **춤추세**를 담아 1926년에 발매한 음반은 실제 음원을 들을 수 있다. 피아노는 홍난파가, 바이올린은 홍재유가 맡았다. "뒷동산에 할미꽃 가시 돋은 할미꽃"으로 시작하는 **할미꽃**은 지금도 잘 알려진 동요고, **춤추세** 역시 익숙한 선율의 노래다. 오스트리아 민요 **오, 사랑스러운 아우구스틴** Oh, du lieber Augustin 에 새로운 가사를 붙인 곡으로, 우리가 "동무들아, 오너라"라고 부르던 노래다. 흥미롭게도, 이 곡은 1926년에 윤심덕도 다른 노랫말로 부른 바 있다.

가사지가 남아 있지 않아 정확하지 않지만, 음원에 귀 기울여 옮겨 본 **춤추세**의 1절은 이렇다.

> "노래하며 춤추고 손목을 맞잡고 발을 맞춰 이 봄을 이와 같이.
> 나비와 새들은 춤추며 노래해. 우리들도 다 같이 춤을 추자."

가사만으로도 봄날의 싱그러움과 어린이 특유의 천진함이 전해져 온다. 단편적인 기록을 더듬어 이순갑의 삶을 추적해 보았다. 1926년경 동요 음반을 녹음한 그녀는 이후 라디오 방송에서 종종 동요를 불렀고, 1934년에는 중앙보육학교현 중앙대학교를 졸업한 사실도 확인했다. **춤추세**를 녹음할 당시 그녀의 나이가 열두 살 정도였던 것으로 보아, 1914년생으로 추정된다.

어린 나이에 동요 가수로 출발한 이순갑은 이후 소프라노로 활동하며 무대의 폭을 넓혀 갔다. 1934년에는 일본 제국고등음악학교 성악과에 진학했고, 스물여섯 살이 되던 1940년에는 미국 시카고 음악 학교로 유학을 떠났다. 그녀가 미국에서 장학금을 받고 음악 공부를 하게 되었다는 사실은 『신한민보』 1940년 8월 1일 자에서도 확인할 수 있다. 같은 해 12월, 그녀는 미국에서 결혼 발표도 했다.

그녀에 대한 마지막 흔적은 『자유신문』 1946년 11월 1일 자에서 찾을 수 있었다. 윤심덕의 남동생이자 음악가인 윤기성이 미국에서 활약하고 있는 한국인 음악가의 예를 들면서 워싱턴에 있는 이순갑을 언급하였다. 이후 행적은 더 이상 찾을 수 없었으나 음악에 소질이 있던 어린이가 성악가로 성장하여 미국으로 유학까지 가게 된 행적을 더듬으며 가슴이 설렜다.

이순갑이라는 이름 앞에 '동요 가수'라는 수식어만 붙이는 것이 과연 충분할까. 어린 시절 동요 가수로 시작해 성악가로 성장하고, 마침내 그 시절 미지의 땅이었던 미국으로 용감히 건너간 그녀의 삶은, 한 사람의 재능과 열정이 어떻게 이어지고 피어났는지를 조용히 말해준다. 이순갑이라는 소녀가 어른이 되어가는 과정을 따라가다 보면, 자연스레 '어린이'라는 존재를 다시 바라보게 된다. 무한한 가능성을 품은 한 명의 어린이가 시대의 벽을 넘어 어디까지 자랄 수 있는지를 그녀는 몸소 보여주었다.

일제의 탄압 속에서도 어린이날을 만들고 지켜내려 했던 방정환의 마음이 떠오른다. 그의 바람처럼, 아이들이 자유롭게 꿈꾸고 노래할 수 있는 세상이기를. 오늘도 어딘가에서 이순갑처럼 맑은 목소리로 노래하고 있을 어린이들을 생각한다. 그 노래가 멀리 퍼져나갈 수 있도록 우리 어른들이 귀 기울일 차례다.

scan me!

춤추세
홍난파 피아노, 홍재유 바이올린, 이순갑 노래, 1926

이 풍진 세상에서 동무를 추억하며

"이 풍진 세상을 만났으니 너의 희망이 무엇이냐"로 시작하는 **희망가**는 애초에 노래의 첫 소절을 따서 제목을 **이 풍진 세상**이라고 하였다. 일본을 통해 들어온 이 노래는 식민지 조선의 시대 정서와 조응하면서 큰 인기를 얻었다. 일본에서 유행한 노래와 달리 **이 풍진 세상**은 허무에서 희망으로 이어지는 노랫말로 큰 호응을 얻어 1920년대 초반에 노래책과 음반에 자주 실렸다.

사실 이 노래의 원곡은 서양의 찬송가다. 한때 '가든 힘 Garden Hymn'이라는 선율명 tune 때문에, 작곡자가 '가든'으로 오해되기도 했으나, 이 노래의 실제 작곡자는 제레미아 잉갈스 Jeremiah Ingalls 다. 일본에서 **새하얀 후지산의 뿌리** 眞白き富士の根 또는 **시치리가하마의 애가** 七里ヶ浜の哀歌 라는 제목으로 알려진 이 노래는 1890년대『메이지쇼우카(明治唱歌)』에 **유메노소또** 夢の外 로 소개되었다. 1910년, 일본 즈시 逗子 의 중학생 12명이 탄 배가 전복되어 사망하는 사고가 발생하자 이를 추모하기 위한 노래로 일본에서 크게 유행하였다

우리나라에서는 박채선과 이류색 등이 처음 음반에 담을 때 전통 창법으로 이 노래를 불렀는데, 이는 외래 노래가 어떻게 토착화하는지 보여주는 좋은 예다. 이미 성악뿐만 아니라 기악으로도 다양하게 변주된 것을 봐도 당시에 이 노래가 얼마나 인기가 있었는지도 알 수 있다.

일본과 마찬가지로 우리나라에서도 이 노래가 추모의 노래로도 불렸다. '여학생들의 노래'라는 부제副題가 붙은 **동무의 추억**이 그것이다. 먼저 세상을 떠난 친구를 그리워하고 추모하는 노랫말은 영문학자이자 시인으로 알려진 이하윤이 작사했고, **눈물 젖은 두만강**으로 유명한 김정구의 누나 김안라가 벨칸토 bel canto 로 노래하여 1936년에 음반으로 발매했다. 국가와 시대를 넘나들며 노래 한 곡이 오랫동안 위로와 치유의 기능을 하였다.

2022년, 이태원에서 벌어진 참사는 전 국민에게 큰 충격과 슬픔을 안겨주었다. 있을 수도 없고 있어서도 안 되는 일 앞에서, 그 어떤 말도 그저 조심스러울 뿐이었다. 애도의 시간 동안 많은 것이 멈췄지만, 그 후 천천히 노래는 다시 시작되었다. 음악이 세상을 바꾸지는 못하더라도, 누군가에게는 분명 위로가 될 수 있으므로. 다정한 말 한마디가 누군가의 긴 밤을 건너게 하듯, 따뜻한 노래 한 소절도 아픈 마음을 감싸줄 수 있으므로. 그날을 기억하며, 슬픔을 함께 나누고픈 마음을 담아 **동무의 추억**을 다시 떠올려 본다.

동무의 추억 노랫말

너 간 곳이 어드메냐 사랑하는 우리 친구
새 울고 꽃 피는 그 봄은 다시 와
동산에는 나비 날고 시냇물은 흐르건만
가버린 동무야 무심도 하구나

뜰 앞에서 지는 낙엽 가엾다고 울던 네가
봄 오자 갈 줄야 꿈엔들 꾸었으랴
다시 못 올 그 나라로 우릴 두고 홀로 갔나
피려다 져버린 애처로운 꽃망울

네 무덤을 찾아오니 잔디 더욱 푸르구나

가을이 설어서 달을 보며 울던 너

찬 눈 덮인 이 속에서 한겨울을 지냈는가

너 잃은 우리들 헤어지는 봄이라

scan me!

동무의 추억(여학생들의 노래)
이하윤 작사, 제레미아 잉갈스 작곡, 김안라 노래, 1936

"날아라 새들아 푸른 하늘을"

"날아라 새들아 푸른 하늘을 / 달려라 냇물아 푸른 벌판을"로 시작하는 **어린이날 노래**는 윤석중이 작사하고 윤극영이 작곡한 대표적인 어린이날 노래다. 윤석중은 "1946년에 발표된 이 노래를 처음에 안기영이 작곡했으나 그가 월북하는 바람에 1948년에 윤극영이 다시 작곡했다"라고 회고했다. 하지만 그 이면에는 좀 더 복잡한 사정이 얽혀 있다.

1947년 2월에 '어린이날전국준비위원회'에서는 어린이날의 노래를 현상 공모했는데, 당선작이 없어 심사위원에게 작사와 작곡을 일임했다. 윤석중이 작사하고 안기영이 작곡한 **어린이날 노래**가 그것인데, 안기영은 나흘 동안 중앙방송국을 통해 노래를 지도했다. 그 결과 그해 5월 5일 어린이날 행사에서 이 노래를 부를 수 있었다. "작년에 제정된 어린이날 노래를 각 단체에 배부한다"라는 『경향신문』 1948년 4월 29일 자 기사로 보아 1947년과 1948년에는 안기영이 작곡한 노래가 행사에서 불린 듯하다. 본래 안기영이 작곡한 **어린이날 노래**는 사장조에 4분의 4박자인데, 윤극영이 작곡한 바장조에 4분의 2박자의 노래로 1949년에 대체된 것을 당시 신문에서 확인할 수 있다.

그런데 이보다 이전인 1946년에 '어린이날전국준비위원회'에서는 또 다른 **어린이날** 노래를 마련했다. 작사자와 작곡자가 명시되지 않은 채 『어린이신문』1946년 4월 27일 자에 수록된 이 노래는 사장조에 4분의 2박자로 진행되다 후렴에서 4분의 4박자로 바뀌는 것이 특징이다. "아름답다 우리 강산 삼천리강산 / 빼앗겼던 우리말을 찾은 동무야"로 시작해서 "무궁화 피고 피듯 씩씩한 동무 / 우리들 어린이날 만세 부르자"라는 후렴으로 이어지는데, 광복을 맞이한 기쁨을 끌어들여 어린이날을 기념하고 있다.

흥미롭게도 그즈음에 어린이날 관련 노래가 여럿 등장하여 어린이날을 기념했다. "이 세상 어린이가 서로 손을 잡으면"으로 시작하는 윤석중 작사, 정순철 작곡의 **어린이 노래**1947, '다른 하나의 어린이날 노래'라며 소개된 윤복진의 **오월의 노래**1950, "우리들은 새나라의 착한 어린이"로 시작하는 강소천 작사, 박태현 작곡의 **어린이날 노래**1952 등을 들 수 있다. 또 1925년부터 일제가 어린이날 행사를 금지한 1937년까지 "기쁘구나 오늘날 오월 일일은 / 우리들 어린이의 명절날일세"라는 **어린이날 노래**를 **조지아행진곡** 곡조에 얹어 매년 어린이날 행사에서 불렀다.

어린이 해방 선언문이 공표된 지도 어느덧 100년을 훌쩍 넘겼다. 해마다 오월이 되면 전국 곳곳에서 아이들의 웃음소리가 들리고 어린이날을 기념하는 다채로운 행사가 이어진다. 어린이의 행복을 꿈꾸었던 방정환의 바람처럼, 푸른 5월에는 어른과 아이 모두가 더 자유롭고 평등한 세상을 함께 상상할 수 있기를. 동심을 기억하는 마음이야말로, 우리가 끝내 지켜야 할 미래의 빛이니까.

노오란 샤쓰의 추억

'동남아 순회공연을 막 마치고 돌아온'이라는 유행어를 사용하여 유명 가수를 소개하던 때가 있었다. 세상이 달라져서 지금은 '세계 순회공연'정도는 운운해야 제격이지만 한때 이 유행어는 인기와 명성을 뜻하는 최고 찬사였다. 언제부터 시작했는지 단정할 수 없지만 1960년대 초반 인기 절정 가수 한명숙에게는 실제 상황이었다. 그가 1961년에 발표한 **노오란 샤쓰의 사나이**는 우리나라뿐 아니라 베트남, 태국, 대만 등에도 크게 알려졌다. 동남아 순회공연을 막 마치고 귀국한 그는 공항에 내리자마자 쉴 틈도 없이 곧바로 국내 공연장으로 이동해야 했다.

새로운 경향의 음악이 대중적으로 성공할지는 아무도 알 수 없다. 그런데도 도전하지 않으면 창조의 기쁨도 없다. 손석우가 작사하고 작곡한 **노오란 샤쓰의 사나이**는 여러 면에서 파격적이었다. 최고의 바이올린 연주자로 KBS교향악단에서 활동하던 김형진에게 반주를 부탁하는 등 당시로서는 실험적인 미국 컨트리 음악 맛을 내고자 온 힘을 다했다. 하지만 주변에서는 대중성이 없다며 극구 만류했는데, 맑고 청아한 음색에 젖어 있던 대중이 탁성에 가까운 한명숙의 음색을 좋아하지 않으리라 생각했기 때문이다. 게다가 "미남은 아니지만 씩씩한 생김생김 그이가 나는 좋아 어쩐지 맘이 쏠려"라며 남성에게 호감을 표현하는 여성의 적극적 태도가 시대 분위기와도 사뭇 어울리지 않았다. 그런데도 손석우는 음악적 고집을 굽히지 않았다.

한동안 반응이 없다가 몇 달이 지난 1961년 여름 무렵 흥행 조짐이 나타나기 시작했다. 결국 1962년 8월에는 음반 20만 장이 팔려나갈 정도로 대성공을 거두었고, 프랑스 샹송 가수 이베트 지로가 한국어로 녹음하기도 했다. 노래의 인기에 힘입어 한명숙은 1963년에 영화 「노란 샤쓰 입은 사나이」엄심호 감독에 엄앵란, 신영균과 함께 출연하기도 했다.

손석우의 음악적 열정은 노래 제목에도 스며들어 있다. 선율에 맞추고 강한 인상을 주려고 일부러 '노오란'이라 하고 '셔츠'라는 말이 억지스럽게 느껴져 '샤쓰'라 했다고 한다. '노란' 또는 '셔츠' 등으로 제목이 변형되어 사용되는 상황을 지목하여 손석우는 생전에 '노오란 샤쓰의 사나이'를 지켜달라는 간절한 심정을 필자에게 전하기도 했다.

노래가 유행하던 그 시절, 거리엔 정말 '노오란 샤쓰'가 넘쳐났다. 지금도 문득 마주치는 노란 셔츠 하나에 그 멜로디가 떠오를 때면, 한때의 감각이 다시 살아나는 듯하다. 그 시절을 물들였던 노래 한 곡은, 지금도 여전히 우리의 귀와 마음을 부드러운 노란 빛으로 물들이고 있다.

마라톤 영웅들의 노래

2023년 9월에 개봉한 영화 「1947 보스턴」은 1947년 보스턴 마라톤 대회에서 서윤복이 우승한 역사적 사건을 소재로 한 것이다. 역사적 사실과 다르게 영화는 미온적 태도를 보인 미군정청 때문에 미국 보스턴에 가기까지 갖은 고생을 하는 장면들과 운동복에 성조기가 아닌 태극기를 달기 위해 고군분투하는 모습을 연출하여 극적 긴장감을 고조시킨다. 그래서 달리기 장면이 영화 대부분을 차지하고 있는데도 관람 내내 지루함을 느끼지 못했다. 포기하지 않고 끝까지 달려 당당히 태극기를 가슴에 단 주인공의 모습은 깊은 감동을 주었다.

1936년 베를린올림픽에서 각각 금메달과 동메달을 수상한 손기정과 남승룡이 합심한 결과 서윤복이 보스턴 마라톤 대회 우승이라는 쾌거를 이루었다. 이는 광복 이후 남북 분단의 우려와 불안이 짙었던 우리 사회에 한 줄기 단비 같은 기쁨이었다. 1947년 4월 22일 『동아일보』에 "마라손 제패가 制霸歌를 일금 만원으로 공모"한다는 기사가 실린 것은 대회를 마친 후 불과 3일 만의 일이었다. 그만큼 우리 민족의 감격과 흥분이 대단했음을 보여준다.

5월 20일까지 노랫말을 공모한 결과 전국에서 응모한 작품이 170편에 이르렀으나 적합한 작품이 없어 심사위원으로 참여한 설의식이 직접 **마**

라손 제패가를 작사했다. "이 나라 아들의 줄기찬 얼과 힘 세계를 흔들어 날리는 태극기"로 시작하는 노랫말에 이유선이 곡을 붙인 **마라손 제패가**는 1947년 8월에 음반 취입까지 예고되었으나 그 음반이 실제로 발매되었는지는 지금 확인할 수 없다.

손기정이 금메달을 수상했던 1936년에도 이를 기념하는 노래가 제작되었다. 이고범이 작사하고 이기영이 작곡해서 '리라'가 노래한 **마라손 왕**이 태평레코드에서 음반으로 발매되었다. 콜럼비아레코드에서도 기념 음반을 발매했는데, 앞면에는 **우승의 감격**이란 제목으로 손기정의 연설이, 뒷면에는 채규엽이 노래한 **마라손 제패가**가 각각 수록되어 있다. "반도가 낳은 마라손의 두 용사 우승 빛나는 즐거웁다 이날이여"로 시작하는 **마라손 제패가**는 손기정과 남승룡의 메달 획득을 축하하는 내용으로 이루어져 있다. 일제의 탄압으로 결국 마라톤을 그만둔 손기정의 울분을 1947년에 서윤복이 풀어준 셈이니, 집념과 끈기로 지켜낸 태극기의 의미가 새삼 소중하게 다가온다.

2025년 4월, 신문 원본이 경매 시장에 등장하여 눈길을 끌었다. 1936년 베를린올림픽 마라톤 우승자 손기정의 우승 사진에 찍혀 있던 일장기를 지워버린 『조선중앙일보』 원본 신문이다. 승리 후에도 일장기를 하고 있던 탓에 월계관을 쓰고 고개를 숙이고 있는 손기정의 모습은 다시 봐도 가슴을 아프게 한다. 하지만 그가 '세상에서 가장 슬픈 우승자'만은 아니었다. 평생 평화의 가치를 소중히 간직하고 살아온 진정한 스포츠 영웅이기도 했다. 그 시절 신문 한 장은 조용하지만 강렬하게 당시의 현실을 전해준다.

scan me!

마라손 제패가
고세키 유지(古關裕而) 작곡, 채규엽 노래, 1936

백마고지 전투에서 피어난 노래

6·25전쟁의 치열한 전투 중 하나로, 많은 이들이 '백마고지 전투'를 기억한다. 국가보훈부 자료에 따르면 1952년 10월 6일부터 열흘 동안 일곱 번이나 고지의 주인이 바뀌면서 한국군과 미군은 3,500여 명, 중공군은 1만여 명의 사상자가 발생할 정도로 백마고지 전투는 치열했다고 한다. 그래서인지 이후 영화와 노래의 소재로도 활용되었다.

신세영의 **전선야곡**이 주요 장면마다 흐르는 영화 「고지전」2011은 백마고지 전투에서 모티프를 얻어 제작되었다. 이보다 한참 전인 1963년에는 김수길 감독의 영화 「백마고지」가 개봉된 적이 있는데, 동명의 영화 주제가 **백마고지**는 명국환이 노래했다. 이 노래는 "못다 핀 가슴에다 포탄을 안고 원수의 심장 깊이 벼락을 내려/ 태극기 높이 꽂은 민족의 영웅"이라며 '육탄 삼용사三勇士'를 추앙하고 있는데, 『조선일보』 1952년 10월 19일 자에서 이들의 활약상을 생생하게 소개하고 있다. 여기에는 백마고지의 재탈환을 위해 장렬히 산화한 강승우 소위와 안영권, 오규봉 하사를 추모하는 기사가 사진과 함께 실려 있다.

명국환의 노래 **백마고지**는 격렬한 전투 현장을 그리는 데 집중했고, 김용만이 부른 **추억의 백마고지**는 백마고지 전투를 회상하는 내용으로 이루어져 있다. 대도레코드사와 오스카레코드사에서 1960년대 초에 각각 발매한 10인치 LP 음반에 수록되어 있다. 이 중에서 **추억의 백마고지**는 총 3절의 노랫말로 구성되어 있다. 1절에서 "적진을 노려보며 달리던 소대장님"을 그리워하던 병사가 2절에서는 "만만세 외치면서 쓰러진 그 전우의 마지막 그 모습이 내 눈에 어린다"라며 죽음을 맞이한 전우 생각에 가슴 아파한다. 마침내 승리한 전투의 감동을 떠올리며 "영원히 잊지 못할 추억의 백마고지"라는 후렴으로 노래가 끝난다.

백마고지와 **추억의 백마고지**는 모두 4분의 4박자에 단조로 이루어져 있다. 군가풍의 노래 **백마고지**와 달리 **추억의 백마고지**는 트로트에 자주 등장하는 장식음으로 그 맛을 더하고 있어 음악적 색깔이 다르다. 그러면서도 두 노래 모두 그 어떤 승리도 쉽게 이루어지지 않는다는 걸, 결국 누군가의 희생 덕분이라는 걸 노랫말로 드러내고 있다.

피카소가 그린 **한국에서의 학살**이 6·25의 참상을 전 세계에 알려 평화의 소중함을 각인시켰듯이, 백마고지 전투를 그린 두 노래도 오늘날에는 결국 평온한 일상의 가치를 환기한다. 어느 호국보훈의 달 광고처럼, 우리의 모든 일상에 영웅들의 숭고한 희생과 헌신이 있음을 새삼 되새긴다. 전장에서 목숨을 바친 순국선열을 애도하며, 우리가 누리는 평범한 하루하루가 그러한 숭고한 희생 위에 있음을 잊지 않기로 한다.

6

맛있고, 즐겁고,
유쾌한 노래들이 넘치는.

다양한 시대의 색다른 풍경들을 놓치지 마세요.

풍각쟁이 오빠, 쿠바에 가다

2012년에 싸이가 노래한 **강남스타일**은 '한국 오빠', 정확하게는 '강남스타일의 노는 오빠'를 전 세계에 알리는 일대 사건이었다. 그러나 계보 없는 오빠가 어디 있겠는가! '노는 오빠'의 계보를 찾아 시대를 거슬러 올라가면 1930년대의 '풍각쟁이 오빠'를 만날 수 있다. 물론 '풍각쟁이 오빠'를 전후前後로 해서도 노는 오빠들이 있었다. 그중에서도 '풍각쟁이 오빠'가 유독 두드러지는 것은 그 오빠가 여전히 소환되고 부활하기 때문이다.

10대 후반의 박향림이 노래한 **오빠는 풍각쟁이**는 박영호 작사, 김송규 김해송 작곡으로 1938년에 발매되었다. 당시 음반 광고에서 "돌부처라도 무르팍을 치고 돌아앉을 익살 진진한 명랑 가요"라 소개한 만큼 이 노래는 웃음을 지향한 '만요 comic song'로 볼 수 있다. 노래 속 오빠는 술 마시고 놀기 좋아하고, 회사는 지각하면서 월급이 안 오른다고 짜증 내는 철없는 오빠다. 노래에서는 현실 남매의 모습도 보인다. 맛있는 것은 혼자 먹고, 여동생에게 심부름시키고 엄병떽하고, 극장은 혼자 가면서 여동생 편지를 훔쳐보는 그런 오빠 말이다. 노래에서 여동생은 콧소리와 "무어 뭐"라는 감탄사를 섞어가며 오빠를 '풍각쟁이'라고 놀리고 투정 부린다.

그런데 이 오빠가 결국 일을 냈다. 시대와 상관없이 끝없이 부활하더니 이번에는 해외로 갔기 때문이다. 2021년 11월 24일, 쿠바의 제2 도시 산

티아고데쿠바에서 'Electo Silva 국제합창작곡콩쿠르 2021'이 열렸다. 이 대회에서 한국인 작곡가 서지웅Jee Seo이 편곡한 **옵빠는 풍각風角쟁이** 영문명 Oppa Is a Free Spirit가, 다리아 아브루 페라우드Daria Abreu Feraud의 지휘로 연주되어 편곡 부문 1위에 올랐다.

쿠바 현지 합창단이 우리말 "난 몰라 난 몰라 난 몰라"로 화음을 쌓으며 부른 **오빠는 풍각쟁이**는 관객들에게 내내 감탄과 웃음을 안겨주었다. 정확하게 알고 싶은 마음에 편곡자 서지웅씨를 찾았고, 폴란드 크라쿠프에 살고 있는 그와 연락이 닿았다. 그는 "한번 들으면 절대 잊을 수 없는 매력적인 노래"라 **오빠는 풍각쟁이**를 선곡했고, "우리말의 맛을 살리면서도 합창의 특성을 잘 이용해 원곡의 해학성을 극대화하는 방향"으로 편곡했다고 한다. "더 이상 제거할 것이 없을 때까지 지워나간 마지막 수정 작업이 어려웠다"라고 말하는 그! 덕분에 풍각쟁이 오빠가 시대를 넘어 해외까지 갔으니 풍각쟁이 오빠도, 그 오빠를 부활시킨 오빠도 참 멋지다.

scan me!

오빠는 풍각쟁이
박영호 작사, 김송규(김해송) 작곡, 박향림 노래, 1938

서양인이 한국어로 취입한 첫 대중가요

블랙핑크의 **아이스크림**은 거의 전부 영어 가사로 이루어져 있는데, 태국인 멤버 리사가 그 안에서 유일하게 한국어 랩을 선보인다. 아이돌 그룹에서 한국말을 하고 한국어로 노래하는 외국인 가수를 보는 일은 이제 전혀 낯설지 않다. 어디 아이돌 그룹뿐인가? 텔레비전에는 한국말을 유창하게 하는 외국인들이 넘쳐난다. 국제화 시대, 무엇보다 한류가 대세인 세상에서 한국어의 위상은 높아졌다.

서양인이 한국어로 노래한 첫 번째 음반은 무엇일까? 부츠Florence E. S. Boots의 피아노 반주에 맞추어 루츠Lenore H. Lutz가 노래해 1931년에 발매한 **찬송가 53장 천성을 향함**과 **추수가**Korean Harvest Song 등이 있다. 이들이 노래한 것이 찬송가였다면, 버턴 크레인Burton Crane 1901~1963이 1936년에 한국어로 발매한 **다시 못 올 이 청춘**과 **술주정뱅이**는 서양인이 한국어로 취입한 첫 대중가요 음반일 것이다.

『조선일보』1935년 12월 19일 자에는 "레코드계의 이채異彩 서양인西洋人 조선어朝鮮語 취입吹入"이라며 버턴 크레인의 음반을 소개했다. 미국인 버턴 크레인은 1925년 일본에서 경제부 기자로 일하면서 극본을 쓰고 연극을 연출했다. 또한 당시 미국의 유명한 가수이자 배우였던 '빙 크로스비Bing Crosby'에 견주어 일본의 '빙 크로스비'로 불리며 일본어 음반을 취입하기도 했다.

버턴 크레인이 한국어로 노래한 **다시 못 올 이 청춘**의 원곡은 독일 노래 **Trink, trink, Brüderlein trink** Drink drink, brother drink 로, 술을 권하는 노래인 '권주가 勸酒歌'에 해당한다. 그는 "술 담배 정말 좋아. 세상에 없지 못할 것. 이것만이 없다면야 어떻게 살 것인가"라며 술을 예찬한다. 또 다른 권주가인 **술주정뱅이**도 버턴 크레인 자신이 일본어로 노래한 **酒がのみたい** 술 마시고 싶다 의 한국어 버전이다. 버턴 크레인이 작곡했다고도 하나, 원곡은 이미 제1차 세계대전 당시에 유행했던 전통적인 '술 노래'다. 핵심 노랫말인 "Drunk last night! Drunk the night before! 어젯밤 취했어! 전날 밤 술에 취했어!" 등은 제임스 조이스의 소설 『율리시스(Ulysses)』에도 등장한다.

서툰 한국어 발음이나 한국말로 노래하는 버턴 크레인의 노래는 웃음을 자아낸다. **다시 못 올 이 청춘**의 마지막 부분은 "예예 영자씨! 비루 Beer 를 가져와요. 오, 천사여! 이리로 앉으세요. 다시 못 올 이 청춘 흥겨웁게 놀아요. 가슴속이 탈 때까지 마음껏 마셔봐요"다. 2022년에 개봉한 영화 「어나더 라운드 Another Round 」는 "약간만 취하면 인생은 축제다"라는 말을 실험하는 중년 4인방의 이야기를 담고 있다. 당연한 말이지만, 적당한 술은 약일 수 있으나 지나치면 독이 된다. '환상'과 '환장' 사이의 거리는 그다지 멀지 않다.

scan me!

다시 못 올 이 청춘
버턴 크레인 Burton Crane 노래, 1936
원곡은 독일곡 Trink, trink, Brüderlein trink

대학 축제, 싸이 Psy가 싸이 한 날

"Long time no see huh? 오래간만이지 huh? 우리 다시 웃고 울고 지지고 볶고 Let's get loco" 싸이의 That That 중. 2022년, 코로나 대유행 이후 3년 만에 대학 축제가 대면으로 다시 열렸다. 한동안 고요하다 못해 적막했던 캠퍼스가 오랜만에 수많은 사람과 엄청난 함성, 고막을 울리는 음악 소리로 들썩였다. 그맘때면 어김없이 피는 장미꽃마저 만발하여 축제의 흥을 돋우었다.

그리고 그가 왔다. 대학 축제의 제왕으로 불리는 "타고난 광대 팔자" 9INTRO의 싸이 Psy! 코로나 이전에도 싸이가 오는 날은 학교 축제가 모두의 축제로 변했다. 싸이의 이번 출동이 유난히 반가웠던 건 몇 년 만에 모인 사람들이 마음껏 웃고 소리 지르며 자유를 만끽하는 그 풍경 때문이었다. 공연장으로 변한 학교 운동장뿐만 아니라 그 주변이 온통 사람들로 가득 차서 한 몸 비집고 들어갈 틈이 없을 정도의 진풍경이 벌어졌다.

2022년, 싸이는 "디지털 시대에 역행하는 정규 음반"인 「싸다9」를 발매했다. 9집 음반은 후배 가수들과의 협업이 돋보인다. 성시경·헤이즈·화사·Crush·TABLO가 피처링 featuring 에 참여했고, BTS의 슈가는 **That That**의 피처링과 프로듀싱까지 함께한 것에 이어 뮤직비디오에까지 출연했다. 그렇게 '싸이표' 음악이 세상 밖으로 나왔다.

싸이는 축제에서 **연예인**을 비롯한 기존의 인기곡들은 물론이고 **That That** 같은 신곡, 무한궤도의 **그대에게**와 이상은의 **언젠가는** 등 다른 가수의 인기곡들을 섞어 15곡 정도를 선보였다. 싸이 무대의 반은 관객이 꾸민다. 스피커를 통해 울려 나오는 싸이의 노랫소리만큼 관객의 함성과 노랫소리도 엄청났다. 방방 뛰며 노래를 따라 하고 소리를 지르고 손뼉을 치는 사람들 사이에서 나는 울컥해서 눈물이 날 지경이었다.

"너와 나 우린 감동이야. 감동이야. 너의 눈빛과 함성이 있는 곳이 내겐 바로 Home이야. 너와 웃고 울던 모든 순간이 내겐 봄이야"감동이야. 그랬다. 우리가 함께하는 그곳은 감격과 감동의 도가니였다. 비록 코로나가 사라진 것은 아니나 그 순간만은 코로나 이전의 시간으로 돌아간 듯한 착각마저 들었다.

그리고 축제가 끝났다. 영원한 것은 없고 우리의 함성은 여운만 남기고 사라졌다. 축제의 추억이 우리가 현실을 다시 살아가게 하는 힘이 되리라는 것을 안다. "우린 모두 처음 살아봐서 설레고 두렵"지만, "내일의 나에게 오늘보다 좋은 사람이길 바란"내일의 나에게다. 그렇게 살다 힘들어지면 축제의 추억을 꺼내 보기로 하자. "그 소중했던 기억들"Happier을.

해수욕장 풍경을 묘사한 이난영의 **바다의 꿈**

누가 뭐라 해도 7월은 여름이다. 해운대와 광안리 등 해수욕장들도 7월 1일이 시작하면 정식으로 개장하곤 한다. 코로나 대유행으로 문을 열지 못했던 해수욕장들이 2022년 7월, 3년 만에 개장하고 바다 축제도 열었다. 그렇게 바닷가는 여기저기서 모여든 사람들로 오랜만에 북적거릴 것이다.

부산 송도해수욕장이 1913년에 우리나라에서 처음 개장한 해수욕장이라고 한다. 100년 이상 긴 역사를 자랑하는 해수욕장 관련 기사는 1920년부터 본격적으로 등장한다. 1920년 8월 14일 자『동아일보』에 "원산해수욕장에는 각지에서 모여드는 피서객이 답지運至하여 극히 성황을 이룬다더라"라는 기사가 실려 있다. 또한 해수욕장에서 발생한 익사 사건 기사도 여럿 찾을 수 있다.

여름이면 그 당시 용어로 '욕객浴客'들이 해수욕장을 찾았는데 원산, 부산, 인천 월미도, 마산, 송도, 서호진, 군산, 송전, 포항, 여수, 무창 해수욕장 등 생각보다 많은 해수욕장이 있었다. 초기에는 선교사를 포함한 서양인들과 일본인들이 주로 해수욕장을 찾았고, 점차 우리 청춘 남녀들도 해수욕장을 찾았다.

이난영이 1939년에 발표한 **바다의 꿈**은 당시 해수욕장의 풍경을 실감 나게 그리고 있어서 일명 '해수욕장 풍경'이라고도 불린다. 10년도 훨씬 전에 이 노래에 매혹되어 그해 여름 내내 반복해서 들었던 기억이 생생하다. 이 노래를 처음 접했을 때는 일제강점기에 해수욕장이 웬 말인가 했다. 서른이 넘어서야 처음으로 해수욕장을 가 본 내겐 그 시절의 해수욕장이 낯설게 다가왔기 때문이다. 하지만 백 년 전이나 지금이나 사람이 살아가는 모습은 매한가지가 아니겠는가.

서양 대중음악의 영향을 받아서 형성된 대중가요 장르를 지칭하는 '재즈송'에 속하는 **바다의 꿈**은 스윙 스타일의 노래다. 창법에서는 재즈보다 트로트가 연상되지만, 이난영은 노랫말 대신 아무 뜻이 없는 후렴을 넣어서 부르는 '스캣(scat)'도 멋지게 구사하였다.

노랫말에서는 당시 해수욕장을 찾은 청춘 남녀의 패션도 엿볼 수 있는데, 모시 치마를 입은 아가씨와 와이셔츠를 입고 맥고 모자를 쓴 도련님이 등장하고 있다. 얼음 사탕, 아이스크림, 아이스 오렌지, 사이다, 아이스 멜론, 아이스 커피 등 해수욕장에서 먹는 음식을 나열하여 청량감을 느끼게 한다. 또한 노랫말에 담긴 '미역 냄새'와 '수박 냄새'는 마치 해수욕장에 온 듯한 착각마저 불러일으킨다.

그러고 보면 바다는 오감을 자극하는 곳인지도 모른다. 그 바다에서 우리는 어떤 꿈을 꾸게 될는지. 부디 그 꿈이 행복한 꿈이기를. 파도처럼 일렁이다 내일이면 물거품이 되어 사라질 한순간의 꿈일지라도.

조선물산장려가에서 '다누리호'까지

악보 하나를 앞에 두고 있다. 『조선일보』1926년 8월 30일 자에 실린 **조선물산장려가**다. 물산장려운동은 1920년대 초반 조만식·오윤선 등이 애국계몽 운동의 하나로 시작한 국산품 애용 운동이다. "남이 만든 상품을 사지 말자. 사면 우리는 점점 못살게 된다"라고 광고했던 물산장려운동은 평양을 시작으로 해서 전국적으로 확산하였다.

1926년에는 중앙번영회에서 '물산장려의 날'을 거행하면서 노래를 현상 공모했다. 80여 편 노랫말이 응모되었고, 이 중 당시 16살의 윤석중 1911~2003이 지은 **조선물산장려가**가 당선되었다. 이미 소년 문사文士로 이름을 알린 윤석중은 **조선물산장려가** 덕분에 다시 한번 천재 소년으로 신문에 소개되었다. 그리고 잡지 『어린이』에는 부상으로 받은 자개 책상과 함께 찍은 윤석중의 사진이 실리기도 했다.

조선물산장려가의 노랫말 중 그 취지가 가장 잘 드러난 3절을 소개하면 다음과 같다.

"조선의 동무들아 이천만민아 / 자작자급自作自給 정신을 잊지를 말고 / 네 힘껏 벌어라 이천만민아 / 거기에 조선이 빛나리로다 / 거기에 조선이 빛나리로다".

노랫말 심사위원으로 참여한 백우용·김영환·이상준 세 사람이 각각 이 노랫말로 작곡을 했는데, 최종적으로 피아니스트 김영환의 곡조가 채택되었다.

4분의 4박자, 10마디, 다장조로 이루어진 **조선물산장려가**는 높은 솔에서 솔로, 레에서 높은 솔로 진행하여 음정의 도약이 큰 것이 특징이다. 또한 점음표를 많이 사용하여 리듬감을 강조해 생동감이 잘 드러난다. 이 노래를 기생들에게 익히게 한 후, 일반인에게도 유행시킨다고 했는데, 실제 얼마나 많은 사람이 불렀는지는 알 수 없다. 언젠가 우연히 듣게 된 **조선물산장려가**는 다른 곡조의 노래였다. 어떤 할머니의 목소리가 웅얼거리며 나직이 흐르는데 노랫말이 윤석중의 **조선물산장려가**였다. 누구인지 그 정체를 알 수 없는 할머니가 부른 **조선물산장려가**는 음정의 도약이 크지 않아서 김영환이 작곡한 곡조와 달랐다. 앞으로 이 노래의 곡조는 더 알아볼 일이다.

국산품을 애용하자는 말이 무색한 시대를 살고 있다. 현재는 미용, 음식, 영화, 드라마, 음악 등 이른바 'K콘텐츠'가 전 세계적으로 각광을 받고 있다. 어디 그뿐인가? 지난 2022년 8월 5일에는 우리나라의 달 탐사선 '다누리호'가 BTS의 **다이너마이트** 동영상을 싣고 우주로 갔다. 우주 인터넷 장비를 실험하기 위해서인데, 이것이 성공한다면 우리는 우주에서 BTS의 음악 동영상을 받아보게 될 것이다. 격세지감은 이럴 때 쓰는 말이 아닐까.

정겨운 여름날의 풍경, 김정구의 **수박 행상**

코로나 대유행 이전인 2019년에 독립운동가요의 흔적을 찾아 중국 옌볜에 갔었다. 그곳에서 만난 조선족 어르신이 노래를 불러주셨는데, 내게는 익숙한 김정구의 **수박행상** 조명암 작사, 손목인 작곡, 1939 이었다. 아주 오래전에 라디오로 한국 전파를 잡았을 때 들어서 익힌 노래라 하셨다. 긴 세월 먼 거리를 돌아 만난 **수박행상**은 예상하지 못한 장소에서 오래된 친구를 만난 것처럼 반가웠다.

이 노래는 수박 장수가 익살스럽게 수박을 사라고 외치는 내용으로 이루어져 곡의 종명이 '만요漫謠'로 표기되어 있으나 음악적으로는 신민요풍이다. "야 이거 참 싸구나"라는 말로 시작하는 **수박행상**은 수박을 먹으면 어떤 효능이 있는지 해학적으로 풀어낸다. "노인네가 잡수시면 젊어지고 처녀총각 잡수시면 사랑이고, 목마를 때 잡수시면 시원하고 출출할 때 잡수시면 배가 부르고, 우락부락 잡수시면 아들 낳고 야금야금 잡수시면 딸을 낳는다"라며 매 절마다 "둥글둥글둥글"을 반복적으로 사용하여 노래의 재미를 추구했다.

수박은 이미 고려 시대에 들어왔다고 한다. 1920~30년대 신문에서도 관련 기사를 종종 볼 수 있다. 『동아일보』 1928년 7월 29일 자에는 수박을 가장 맛있게 먹는 방법으로 "아침 일찍 밭에 나가서 익은 것을 골라서 딴

후 칼로 베지 말고 밭 근처에 있는 돌에 때려 깨어 먹으면 물도 많고 신선하며 식전이므로 차기도 해서 비할 데 없이 맛이 있다"라고 소개했다. 지금은 범죄이지만 한때 '수박 서리'라는 말은 여름날 어느 시골의 정겨운 풍경과 더불어 떠오르는 단어이기도 했다. 누군가는 여름에 계곡물에 담가 두었던 수박을 시원하게 먹던 추억을 지니고 있을지도 모른다. 당시 기사에서는 수박 젤리를 비롯해 수박으로 만들어 먹을 수 있는 다양한 음식을 소개하는 한편 수박을 소화제이자 청량제라고 예찬했다.

광복 이후 **수박 행상**은 3절을 2절로 줄이고 노랫말도 약간 수정해 **수박 타령**이란 제목으로 다시 불렀다. 1절은 유사하지만, **수박 타령**의 2절에서는 "몸 아플 때 잡수시면 둥글둥글둥글 몸 풀리고 임 그리워 잡수시면 둥글둥글둥글 임이 오네"라고 노래한다. 김정구와 마찬가지로 만요에 특기가 있던 김용만도 이 노래를 자주 불렀다.

미국의 소설가 마크 트웨인은 수박을 "신이 내린 과일의 왕" 또는 "천사의 음식"이라고 말했다. 그만큼 수박에 여러 효능이 있다는 걸 의미한다. 수박의 꽃말은 '큰마음'이다. 입추와 말복이 지나고 아침저녁으로 바람결이 달라지면, 여름도 어느새 작별을 준비한다. 그러므로 가을의 문턱에 서 있다면, 수박 한 통으로 남은 더위를 달래고 큰마음으로 건강하게 여름을 마무리할 필요가 있다. **수박 행상** 한 곡 곁들여도 좋으리라.

담배 먹고 맴맴에서 담배 가게 아가씨까지

담배는 포르투갈어 '타바코tabaco'를 음역音譯한 '담바고'에서 유래한 명칭이다. 17세기 초에 담배가 이 땅에 도래했으니 어느덧 그 역사가 400년을 넘는다. 전래한 지 오래된 만큼 담배는 우리 사회와 경제뿐만 아니라 문화와 예술에까지 상당한 영향을 끼쳤다. 유몽인1559~1623이 1612년경에 쓴 『담파귀설膽破鬼說』은 담배와 관련된 초기 문헌으로 주목할 만하다. 이 책에는 부산항을 통해 전파된 담배를 일본 상인들이 우리나라 사람들에게 약으로 판매했고, 그것이 남녀노소의 기호품으로 자리 잡았다고 적혀 있다.

조선에서 1653년부터 13년 동안 거주한 네덜란드 선원 하멜은 『하멜 표류기』에서 여자들은 물론 네댓 살 되는 아이들도 담배를 피울 정도로 조선인들이 담배를 자주 피운다고 하였다. "고추 먹고 맴맴 담배 먹고 맴맴"이란 동요가 나온 데도 이러한 배경이 작용했다. 1898년 엘리 바 랜디스는 『미국 민속 학보』에 "담배 먹고 맴맴"을 "Smoke tobacco, hot, hot"이라 번역하며 이 동요의 노랫말을 소개하기도 했다. 동요에 담배가 등장하는 것이 비교육적이어서 달래로 바꿔 부른 지도 한참 되었다.

송창식이 작사·작곡해서 1986년 발표한 **담배 가게 아가씨**는 담배를 소재로 한 대표적 대중가요다. 원래 명동에 있던 와이셔츠 가게의 어여쁜 아가씨가 실제 대상이었으나 노래 부르기에 적합하게 담배 가게 아가씨로 바꿨다고 한다. 아가씨를 마음에 둔 청년의 기개를 "아자자 아자자"와 같은 의성어를 곁들여 재미있게 노래한 것이 인기를 끈 요인이다. 최근까지도 여러 가수가 노래했을 뿐 아니라 2012년 동명 뮤지컬로 제작되기도 했다.

담배 가게 아가씨가 아가씨를 흠모하는 청년의 목소리로 이루어져 있다면, 1939년 이난영이 노래한 **담뱃집 처녀** 조명암 작사, 손목인 작곡는 담배를 사러 오는 샐러리맨에게 반한 처녀의 목소리로 이루어져 있다. 그 남성이 오지 않으면 어디가 아픈가, 늦잠을 자나, 담배를 끊었나, 돈이 없나 하며 상상하다 정작 그가 나타나면 수줍어하는 처녀의 모습을 실감 나게 그리고 있다.

그 시절, 담배는 기호품이자 삶의 여유였고, 때로는 설렘의 매개이기도 했다. 하지만 시대는 변했고, 담배는 점차 거리에서, 일상에서, 그리고 노랫말 속에서도 사라져가고 있다. 이제 **담뱃집 처녀**나 **담배 가게 아가씨** 같은 노래는 하나의 문화사적 흔적으로 남게 될지도 모른다. 연기처럼 흩어져버린 그 시절의 감정들을 기억하며 우리는 다시 한번 노래 속 한 장면을 떠올린다. 골목 어귀 작은 가게, 스쳐 지나간 마음 한 조각, 그리고 노랫말 속의 그 시간.

scan me!

담뱃집 처녀
조명암 작사, 손목인 작곡, 이난영 노래, 1939

쿨함은 그대로 부담감은 '제로'

　한때 익숙한 선율에 몽환적인 플럭pluck 사운드와 세련된 비트가 어우러져 묘한 쾌감을 불러오는 뉴진스 **제로**가 유행하였다. 2023년 4월에 공개된 뉴진스의 싱글 음원 **제로**는 발매 열흘 만에 뮤직비디오 조회 수가 천만 뷰를 넘길 정도로 대중의 관심을 끌었다. "코카콜라 맛있다"라는 노랫말에서 짐작할 수 있듯이, **제로**는 코카콜라의 뮤직 플랫폼인 '코크 스튜디오'가 뉴진스와 협업해서 만든 광고 음악이다. 40초 내외의 짧은 길이로 이루어진 기존의 광고 음악과 달리, 2분 36초 길이의 **제로**는 일반적인 대중가요의 형식을 따르고 있다.

　한국 코카콜라의 공식 홈페이지에 따르면 미국에서 1886년에 처음 만든 코카콜라가 우리나라에서는 1968년부터 정식으로 생산, 판매되었다고 한다. 그런데 광복 이전에도 코카콜라 관련 기사를 찾을 수 있다. 『조선일보』 1930년 10월 12일 자 기사에는 코카콜라 회사의 회장이 호화로운 선박을 타고 여행 중이라고 적혀 있다. 『조선일보』 1938년 4월 18일 자에는 수년 동안 불치의 폐병으로 고생하던 이규희란 사람이 코카콜라를 복용하고서 병이 나았다는 기사가 실려 있다. 지금으로서는 납득하기 어렵지만, 코카콜라를 '세계 최고 폐장肺腸 강장제'로 소개하고 있어 흥미롭다.

오랜 역사를 지닌 코카콜라는 '다리 세기 놀이'의 노래에도 등장했다. 다리 세기 놀이는 두 사람 이상이 마주 보고 앉아 다리를 서로 엇갈려 끼운 채 노래를 반복하며 다리를 하나씩 빼다가 마지막에 남은 다리의 주인이 벌칙을 받는 놀이다. **제로**에 차용된 노래의 원래 가사는 "코카콜라 맛있다. 맛있으면 또 먹어. 또 먹으면 배탈 나"로 시작하는데, 그다음 부분은 지역마다 조금씩 다르다. 이 노래는 아이들을 중심으로 1990년대에 널리 유행했다. 전래 동요가 시대의 흐름을 반영하여 변모된 셈이다.

"코카콜라 맛있다"로 시작하는 노래 이전에 다양한 노랫말의 '다리 세기 노래'가 전국적으로 분포했다. "이거리 저거리 각거리 청사 맹건 도맹건"처럼 여러 단어를 의미 없이 연결해 부르는 노래가 있는가 하면, "고모네 집에 갔더니 암탉 수탉 잡아서 저희들만 먹고요. 우리 집에 와 봐라. 물 한 모금 안 준다"라는 노래도 있다.

이처럼 다양한 다리 세기 노래들을 기반으로 해 뉴진스의 **제로**가 출현하였다. 하늘 아래 새로운 것은 없다고 했던가! 중요한 것은 기존의 감성을 어떻게 낯설게 해 새롭게 제시하는가이다. 신복고 newtro 라는 말처럼 **제로**는 기성세대의 향수를 자극하는 노랫말을 신세대도 공감할 수 있게끔 창출한 것이다. 그나저나 뉴진스의 노래처럼 인생도 "쿨 cool 함은 그대로 부담감은 제로"면 얼마나 좋을까.

식욕 폭발 주의, 맛있는 노래 열전

장맛비와 무더위가 번갈아드는 여름에는 잘 먹어 몸을 보양해야 한다. "음식에 대한 사랑보다 더 진실한 사랑은 없다"는 조지 버나드 쇼의 말처럼, 음식 노래를 들으며 잠시나마 즐거운 상상에 빠지는 것도 뜨거운 여름을 견딜 수 있는 한 방법이리라.

1938년에 발매한 김해송의 **선술집 풍경**과 이규남의 **눅거리 음식점**에는 먹음직스러운 음식이 잔뜩 이어진다. 곱창, 너비아니, 추탕, 선짓국, 뼈다귓국, 매운탕, 장국밥, 설렁탕, 육개장, 비빔밥, 빈대떡, 개피떡, 수수팥떡, 인절미, 녹두죽, 보리죽, 콩나물죽, 시래깃국 등을 통해 광복 이전 서민들의 음식 문화를 엿볼 수 있다.

광복 이후에는 더욱 다채로운 음식 노래의 향연이 펼쳐진다. 라면을 노래한 악동뮤지션의 **라면인 건가**를 비롯해 우동, 칼국수, 막국수, 냉면, 쌀국수 등 웬만한 면 요리는 모두 노래 소재가 된다. 박향림의 **오빠는 풍각쟁이** 1938에 등장한 궁중 떡볶이가 DJ DOC의 **허리케인박** 1996에서 신당동 떡볶이로 이어지는 데서는 유구한 떡볶이의 역사를 확인할 수 있다. 옆구리가 터지지 않게 잘 말아줘야 하는 '더 자두'의 **김밥**을 포함해서 순대와 만두, 어묵 등의 분식도 노래에서 왕왕 맛볼 수 있다.

고급 음식으로 취급하는 간장게장, 전복, 장어도 노래에 출현해 눈길을 끈다. "너에게 좋은 것만 주고픈 마음"을 담은 영탁의 **전복 먹으러 갈래**와 "밥 도둑 맘 도둑"인 간장게장에 설레는 마음을 표현한 캔의 **내 사랑 간장게장**이 대표적이다. 그래도 몸보신에 좋은 것으로 닭 요리만 한 것이 없으니, 다양한 요리 방식으로 우리 앞에 전개된다. 런치백의 **치킨은 살 안 쪄요 살은 내가 쪄요**, "영계백숙 오오오오"라는 후렴으로 유명한 **영계백숙**, 기관지 강화와 피부 미용에도 좋다고 하는 하현곤팩토리의 **삼계탕** 등이 그것이다. 치킨은 역시 맥주와 함께할 때 빛을 발하는 법이다. 김진호의 **치맥**이 잠이 오지 않는 여름밤에 생각나는 것이라면, 안소미의 **치맥**은 스트레스받는 날 기분 전환에 필요할 것이다.

음식이 등장하는 노래는 대체로 경쾌하고 발랄한 분위기의 '코믹송comic song'이다. 듣고만 있어도 군침이 돌고 미소가 절로 번지며 없던 기운이 솟는다. 더운 날씨에 입맛이 없을 때는, 음식 노래를 들으며 건강하고 행복한 여름날을 보내기로 한다. 맛있는 음식 노래를 듣는 일은 살은 찌지 않으면서도 기분을 유쾌하게 만든다. 혹시 이 글을 읽자마자 식욕이 폭발했다면 그건 당신 책임이다. 그럴 때는 그냥 믿기로 하자. '맛있게 먹으면 0칼로리'라고.

영화 「밀수」에서 다시 듣는 그때 그 노래

진실을 알리고 진심을 전하기까지 얼마의 노력과 시간이 필요할까? 류승완 감독의 영화 「밀수」는 춘자 김혜수와 진숙 염정아의 우정과 의리를 다룬 '버디 무비'로도 읽을 수 있다. 다방 마담과 해녀들까지 마음을 모아 함께 난관을 헤쳐 나가는 모습에서는 사회적 약자인 여성들의 연대 의식도 엿볼 수 있다.

해녀들의 활동 무대인 바닷속 풍경에서 청량감을 맛볼 수 있는 이 영화의 시대적 배경은 1970년대다. 영화 내내 흘러나오는 노래들 덕분에 보는 재미에 더해 듣는 재미가 쏠쏠한데, 이 영화에서 음악감독으로 데뷔한 장기하의 선곡은 주효했다. 바다 장면이 나올 때마다 어김없이 흐르는 김트리오의 **연안 부두**. 그 외에도 수많은 노래들이 1970년대 감성을 불러내며 영화 속 분위기를 더욱 풍성하게 만든다.

화려한 색의 재킷과 나팔바지를 온전히 한 벌로 입는 대신 상의와 하의를 엇갈리게 나눠 입은 장면은 춘자와 진숙의 남다른 우정을 상징적으로 보여준다. 그들이 "믿어도 되나요 당신의 마음을 / 흘러가는 구름은 아니겠지요"라며 각자 흥얼거리는 최헌의 **앵두**는 오해로 생긴 둘 사이의 균열을 예고하기도 하고, 진실 앞에서 갈등하는 심정을 대변하기도 한다. 이처럼 주요 장면마다 나오는 노래는 영화의 흐름과 잘 어우러져 깊은 묘미를 자아낸다.

영화에서 울려 퍼지는 펄시스터즈의 **님아**, 김추자의 **월남에서 돌아온 김상사**, 김정미의 **바람**은 모두 신중현이 작사하고 작곡했는데, 음악성이 뛰어나 1970년대 초반까지 큰 인기를 얻었다. 하지만 1975년의 가요 정화 운동과 대마초 파동으로 된서리를 맞아 크게 위축된 대중음악 분야에 록 트로트가 막 자리를 잡는다. 송대관의 **해 뜰 날**을 시작으로 **연안 부두**, **앵두**, '나미와 머슴아들'의 **행복**과 **미운 정 고운 정** 등은 탄탄한 기본기를 바탕으로 한 음악성에 대중성마저 확보한 노래들이다. 영화 개봉 이후 이 노래들에 대중의 관심이 집중되었으니, 영화의 파급력과 대중음악의 강한 생명력을 새삼스레 느낄 수 있다.

영화의 대미를 장식한 박경희의 **머무는 곳 그 어딜지 몰라도**는 1978년 제7회 동경 국제가요제에서 동상을 받은 노래다. 비장함을 풍기는 이 노래는 삶은 여전히 고단하고, 진심을 전하는 일은 쉽지 않더라도 이 길을 계속 가야 한다고 말하는 듯하다. "이상하지. 살아있다는 건, 참 아슬아슬하게 아름다운 일이란다"라고 한 최승자 시인의 시구절이 떠오른다. 힘들더라도 계속 이 삶을 살아가야 하는 이유이기도 하다. 영화 「밀수」에서처럼 우정과 의리로 함께할 든든한 친구가 있다면 가능할지도 모르겠다.

전통과 현대가 어우러진 '전주세계소리축제'

2023년 9월 15일부터 24일까지, 전주에서는 '전주세계소리축제'가 열렸다. 2001년에 시작된 이 축제는, 신종플루로 한 해 건너뛴 2009년을 제외하고 매년 이어져 온 세계적인 음악 축제다. 제22회를 맞은 2023년에는 11개국이 참여했으며, '상생과 회복'을 주제로 총 108회의 공연이 펼쳐졌다.

'전주세계소리축제'라는 이름에서 보듯이, 이 축제의 큰 축은 '소리'로 대표되는 전통음악과 '세계'가 가리키는 '월드뮤직'이다. 전통이 나아갈 길은 '원형의 보존' 또는 '변형의 추구'라는 두 가지 방향성을 지닌다. 전통음악을 원형 그대로 계승하는 일이 중요한 만큼 변형을 통해 시대에 적응하는 것도 의미 있는 작업이다. 변형은 전통을 우리 곁에서 살아 숨 쉬게 하는 한 방법이기 때문이다.

명창 김일구, 김수연 등의 '국창열전 완창 판소리'와 젊은 소리꾼 이봉근과 김율희의 '라이징 스타 완창 판소리'가 전통의 보존과 계승을 보여주는 것이라면, 전통과 현대를 신명 나게 엮어내는 '악단광칠', 전통음악을 재즈, 록 등으로 독특하게 변주하는 '블랙스트링', 다양한 타악 연주로 세계에서 주목받고 있는 김소라 등은 변형의 예다. 어니스트 헤밍웨이의 작품을 판소리로 창작한 이자람의 **노인과 바다**는 판소리에 현대적 숨결을 불어 넣어 그 외연을 확장한 것이다. 경기 소리꾼 이희문은 관객을 들었다 놨다 하며 폐막 공연을 흥겨운 춤판으로 만들었다.

다채로운 음악의 만남은 그 성공 여부를 떠나 음악의 경계를 허무는 중요한 시도다. 시대에 따라 전통음악이 탈바꿈을 시도하거나 새로운 음악이 들어와 뿌리내리는 데 성공한 사례는 많을 뿐만 아니라 그 내력 역시 깊다. 가야금과 바이올린처럼 전통 악기와 서양 악기의 협연을 의미하는 선양합주鮮洋合奏는 이미 1930년대 음반에서도 확인할 수 있다. 전주시립교향악단이 연주하는 개막 공연에서는 판소리꾼과 오페라 가수가 함께 무대에 올랐고, '경기전慶基殿의 아침'이라는 공연에서는 바로크 시대를 대표하는 건반악기 하프시코드harpsichord와 우리의 거문고, 단소가 어우러져 고아한 맛을 자아냈다.

전통과 현대, 이질적인 요소들이 뒤섞이고 서로 스며들어 새로운 음악으로 거듭나듯, 축제 역시 저마다 다른 빛깔의 사람들이 공감하고 소통하며 하나가 되는 장이 될 수 있다. 철학자 미하일 바흐친의 '카니발'이론을 빌리지 않더라도 축제란 본디 권위를 무너뜨리고 관객이 주인이 되어 한바탕 흐드러지게 노는 일 아니겠는가. 2023년의 전주세계소리축제는 그 본질을 회복하고 다시 도약을 준비하는 첫걸음이었다.

모두가 천사라면 얼마나 좋을까

예고 없이 어떤 노래가 불쑥 찾아올 때가 있다. 최근 문득문득 떠오르는 노래는 가수 전영이 1983년에 발표한 **모두가 천사라면**이다. 노랫말이 재미있어서 어린 시절에 흥얼거리곤 했던 노래다. "세상 사람들이 모두가 천사라면 날개가 달려 있겠지. 푸른 하늘 위로 새처럼 날은다면 얼마나 재미있을까. 세상 사람들이 모두가 천사라면 비행기도 필요 없는데. 우리 오빠처럼 뚱뚱한 사람들은 어떻게 날아다닐까"라는 익살스러운 내용이다. "하하하" 웃음소리가 소절마다 덧붙여 흥겹고 경쾌한 느낌을 자아낸다. 천사가 되어 하늘을 날아다니는 사람들의 모습이 떠올라 노래를 들으며 혼자 낄낄대곤 했다.

박건호가 작사한 이 노래는 원래 외국곡이다. 원곡은 스위스 출신의 아코디언 연주자 베르너 토마스 Werner Thomas가 1957년에 작곡한 **The Duck Dance** 오리 춤다. 이후 **Bird Song** 새 노래과 **Bird Dance** 새 춤 등의 다양한 이름으로 불렸고, **Chicken Dance** 닭 춤란 제목으로 가장 잘 알려져 있다. 월트 디즈니 레코드에서 발매한 것을 포함하여 전 세계적으로 140개 이상의 버전이 약 4,000만 장 이상의 음반으로 제작됐다. 결혼식이나 축제 등에서 즐거운 분위기를 조성하는 데 이 노래와 춤을 곧잘 사용했다. 닭 모양 탈을 쓰고 날갯짓을 흉내 내는 '닭 춤'과 함께 유행하기도 했다.

영국의 4인조 그룹 '더 트위츠The Tweets'가 이 노래를 편곡해 1981년에 발표한 **The Birdie Song**새 노래은 같은 해 영국 싱글 차트에서 2위를 차지할 정도로 큰 인기를 얻었다. 노래 제목에 걸맞게 새 모양의 탈을 쓰고 연주하여 세간의 주목을 받았다. 2000년에 영국의 한 음악 사이트가 '역대 가장 짜증 나는 노래'로 이 노래를 선정하긴 했으나, 아이들까지 따라 부를 정도로, 세계 여러 나라에서 유쾌한 웃음을 자아냈다.

세상 곳곳에서는 여전히 전쟁과 무력 충돌이 이어지고 있다. 총성과 폭격이 멎지 않는 그 땅에서, 고통받는 이들의 삶은 끝나지 않은 비극을 말해준다. 전쟁이 남긴 상처는 물리적 피해를 넘어 마음속 깊은 증오로도 이어진다. 그 여파는 지구촌 곳곳에서 증오 범죄로까지 번지고 있다. 그래서일까. 그런 세상 속에서 역설적으로 **모두가 천사라면**이라는 노래가 떠오르곤 한다. "천사의 마음 갖고 싶어. 그렇게 될 수 있다면. 천사의 노래 부르면서 끝없는 사랑 간직하리"라는 후렴처럼, 날개가 없어도 천사의 마음을 품을 수 있다면 얼마나 좋을까. 1971년 존 레넌이 발표한 **이매진**Imagine 역시 지금 이 순간에도 여전히 유효한 평화의 노래다. "죽이거나 죽을 이유가 없어요. 종교도 없을 거예요. 모든 사람이 평화롭게 살아가는 세상을 상상해 봐요." 2025년의 우리는, 그러한 세상을 꿈꾸고 있다.

빈대떡 신사의 꿈

지역에 따라 다르긴 하지만 빈대떡은 대표적인 명절 음식이다. 비 오는 날이면 괜스레 떠오르는 음식이기도 하다. 오랜 역사 덕분에 민속 음식으로 자리 잡은 빈대떡은 특히 광복 이후에 상당한 인기를 얻었다. 『경향신문』 1947년 6월 28일 자 기사에서는 손님으로 미어터지는 빈대떡집을 소개했고, 『동아일보』 1956년 1월 20일 자 기사에서는 "저녁이라도 되어보면 어느 거리고 늘어만 가는 빈대떡집에 가는 곳마다 초만원을 이룬다"라며 서울의 뒷골목 풍경을 묘사했다. 보통 1970년대 청년 문화의 상징으로 청바지, 통기타, 생맥주를 들곤 하지만, 가수 양병집은 "생맥주는 어쩌다 큰돈 생기면 모를까, 비싸서 잘 먹지 못했다"라며 종로에서 빈대떡을 안주 삼아 막걸리를 마셨다고 회고했다.

빈대떡 하면 으레 한복남의 **빈대떡 신사**를 떠올린다. 그런데 이 노래에 대해서는 잘못 알려진 것이 여럿 있다. 1990년대 신문들에서 한복남이 1943년에 이 노래를 데뷔곡으로 발표했다고 언급한 것에서 빚어진 오류로 보인다. 하지만 친필 악보에는 1946년 5월 20일에 작곡한 것이라 적혀 있다. 『국도신문』 1950년 4월 12일 자에 이 노래의 음반 광고가 처음 등장한 것으로 보아 이 노래는 이때 비로소 공식 발표된 셈이다. 게다가 광고에 부기된 음반 회사의 주소지를 통해 항간에 알려진 것과 달리 한복남이 도미도레코드사를 부산이 아닌 서울 종로구 와룡동에 설립하였음을 알 수 있다. 또한 『연합신문』 1950년 2월 26일 자 광고에 따르면, 그의 데뷔 음반은 아세아레코드에서 발매한 '저무는 충무로'다.

친필 악보에 "요릿집 문 앞에서"와 "돈 없으면 대폿집에서 빈대떡이나 사서 먹지"라고 적힌 대목이 처음에 발표된 음반에는 "요릿집 문밖에서"와 "돈 없으면 집에 가서 빈대떡이나 부쳐 먹지"로 바뀌어 오늘에 이르렀다. 이후 친필 악보대로 녹음한 음반도 발매되는 등 현재 여러 버전의 **빈대떡 신사**가 존재한다. 처음 발표된 노래는 스윙 리듬으로 전개되다가 "돈 없으면"부터는 왈츠 리듬으로 변한다. 1절이 끝나면 스윙 리듬으로 다시 돌아오는 등 한 곡에서 다채로운 리듬을 번갈아 사용하여 음악적으로 흥미로운 시도를 보여준다.

이 노래는 돈이 없는데도 요릿집에 가서 허세를 부리는 이의 모습을 해학적으로 그려 웃음을 자아내나 한편으로는 가난한 시절의 아픔도 배어난다. 88올림픽을 앞둔 1980년대 초반 한국식생활개발연구회가 외교관 부인들에게 시행한 설문조사에 따르면, 빈대떡은 산적, 구절판, 불고기 등을 제치고 좋아하는 한국 음식 1위를 했다. 김밥과 떡볶이 등이 세계적 인기를 얻는 가운데 빈대떡이 케이푸드로 부상할 날이 올까? 지금 이 순간에도 어딘가에서는 빈대떡을 부치며, 오래된 노래에 담긴 따뜻한 꿈을 나누고 있을 것이다.

scan me!

빈대떡 신사
백운악 작사, 양원배 작곡, 한복남 노래, 1950

일확천금의 꿈을 그린 노래

실현 가능성이 적거나 전혀 없는 헛된 기대나 생각을 비꼬아 '꿈도 야무지다'라고 한다. 이 야무진 꿈을 재밌게 풀어낸 작품이 1937년에 오케음반회사에서 발매한 **백만 원이 생긴다면**이다. 노랫말이 웃음을 자아내는 '만요漫謠'에 해당하는 이 노래는 **눈물 젖은 두만강**으로 유명한 김정구와, **연락선은 떠난다**로 이름을 알린 장세정이 함께 부른 것이다.

남편 역의 김정구와 아내 역의 장세정은 밥상 앞에서 백만 원이 생기면 뭘 할지 상상의 나래를 펼친다. 아내가 금비녀와 보석 반지를 입에 올리자, 남편은 비행기도 사자며 맞장구를 친다. 곧이어 그랜드 피아노까지 들먹이는 아내를 향해 남편은 돌연 태도를 바꿔 욕심이 많다며 핀잔을 주기에 이른다. 있지도 않은 돈을 두고 부부가 공상에 심하게 잠긴 것인데, 남편의 말에 서운해진 아내는 마침내 울면서 사 달라고 투정을 부린다. 옥신각신하느라 "가정 대전大戰 폭발" 직전에 이른 부부는 "아서라 헛소리에 헛꿈 꾸다가 보리밥 비지찌개 다 식어 버렸네"라는 조롱에 이내 현실로 돌아오며 노래를 마친다.

그 당시 쌀 한 가마가 13원 정도였으니 백만 원이 얼마나 큰 돈인지 짐작할 수 있다. 그런데 백만 원으로 만족이 안 되었나 보다. 1940년에 김정구와 장세정은 **명랑한 부부**에서 노다지를 캐어 천만 원이 생기면 뭘 할지

다시 공상에 빠진다. 두 노래 모두 손목인이 작곡했는데, "학도야 학도야 청년 학도야"로 시작하는 **학도가**의 익숙한 선율이 **명랑한 부부** 간주에 삽입되어 있어 특이하다. **명랑한 부부**에서 아내가 멋쟁이 양장과 구두를 사 달라고 하자, 남편은 한술 더 떠 세계 일주를 하자고 응수한다. 급기야 돈 생기면 버림받을까 염려하는 데까지 이른 아내를 어여쁜 당신이라며 남편이 안심시킨다.

일확천금의 꿈은 비록 가능성이 희박하나 그것을 상상하는 동안만큼은 미소 지으며 행복할 수 있다. 예나 지금이나 우리가 공상에 빠지는 이유이기도 하다. 잠시 환상에 빠지는 것만으로도 팍팍한 현실을 견딜 수 있으니 말이다. 이 노래들은 암울한 식민지 시기에도 일상을 살아야 했던 소시민의 꿈을 보여준다.

2023년 말 기준으로 찾아가지 않은 로또 당첨금이 521억 원에 달한다고 한다. 누군가에게는 헛된 꿈이 누군가에게는 찾아가지 않은 꿈이라 할 수 있다. 종종 둥근 달을 보면 소원을 빌고 싶다. 그리고 그때 빌어야 할 우리의 소원은 어쩌면 일확천금의 꿈이 아니라 일상의 소소한 행복일지도 모르겠다. 그 행복들이 모이고 쌓여 우리를 넉넉한 마음의 부자로 만들어 줄 테니 말이다. 그러므로 둥근 달을 보며 소원을 비노니, "여러분, '마음' 부자 되세요."

scan me!

백만원이 생긴다면
남초영 작사, 양상포 작곡, 김정구·장세정 노래, 1937

새로운 트로트 여제의 탄생

2023년 12월 시작한 TV조선의 「미스트롯3」가 2024년 3월에 막을 내렸다. 대한민국에 새삼 불어닥친 트로트 열풍은 유사한 오디션 프로그램을 양산했고, 그에 따라 새로운 트로트 가수도 여럿 등장했다. 그러면서 트로트의 세대교체가 자연스레 이루어졌다. 해를 거듭하면서 실력자들이 더는 없지 않을까 생각했는데, 세상은 넓고 고수는 많았다.

「미스트롯3」이 더욱 관심을 끌었던 건 역대 최연소 '진眞'이 탄생했기 때문이다. 주인공은 2008년생 정서주다. '리틀 이미자'라는 별명을 얻은 그녀는 이미 유튜브에서 트로트 커버 곡으로 유명한 '트로트 샛별'이다. 2022년 음반 「꽃들에게」를 발매하여 정식 데뷔하였는데, 20만 명을 훌쩍 넘긴 유튜브 구독자 수를 기록하고 있을 정도로 인기가 높다. 어린 나이에 어울리지 않게 목소리가 애절한데, 거기에 그치지 않고 힘차고 다부져서 암팡지기까지 하다.

마지막 결승전에서 이미자가 특별한 무대를 선보였는데, 여든이 넘었는데도 목소리가 여전히 맑고 청아해서 보는 이에게 감동을 선사했다. 그러면서도 수줍어하며 노래를 잘 부르지 못하였다며 아쉬워하는 모습에서 대가의 완벽주의와 겸손함을 느낄 수 있었다. 이미자가 정서주에게 왕관을 씌워주는 대목은 트로트 신구 세대의 교체를 상징적으로 보여주는 역사적인 장면이었다. 두 사람이 나란히 한 무대에 서 있는 모습을 보고 있자니 감회가 남달랐다.

정서주가 노래하는 모습을 볼 때마다 이난영이 떠올랐다. 광복 이전 수많은 노래로 큰 인기를 얻으며 '유행가 계의 큰언니'로 불린 이난영이 겹쳐 보였다. 정서주가 **목포의 눈물**을 부를 때는 마치 이난영이 환생한 듯 착각을 일으켰다. 작곡자 박성훈은 이난영 목소리의 매력을 '앓는 소리'로 표현했는데, 정서주의 노래에서 그것을 감지할 수 있었다. 진성과 가성에 콧소리가 절묘하게 어우러진 데다가 파장이 짧고도 가는 바이브레이션이 독특한 미감을 자아냈기 때문이다.

이난영에서 이미자로, 그리고 다시 정서주로 정통 트로트의 계보가 이어진다고 하면 과장된 것일까? 언제부터인가 과도한 감정 표현을 트로트의 맛인 것처럼 간주하곤 하지만, 사실 초창기 트로트의 매력은 절제의 미학에서 찾을 수 있다. 슬프지만 비탄에 빠지지 않는 애이불비哀而不悲에서 울림이 배가되기 때문이다. 때로는 자극적이지 않은 담백한 목소리에 절로 귀를 기울이게 되는데, 정서주의 목소리가 그러하다. 반복해서 들어도 쉬 질리지 않는 그런 목소리 말이다. 끼 부리지 않는 순백의 첫눈 같은 목소리가 대중의 마음을 토닥여 줄 것이다. 연륜이 쌓이면서 그녀의 목소리는 더욱 깊어지리라. 앞으로가 더 기대되는 이유이기도 하다. 새로운 트로트 여제가 그렇게 탄생하였다.

그대에게 바라는 건 밤양갱

초콜릿 세상이 동화처럼 펼쳐지는 영화 「웡카」2024년 1월 31일를 관람했다. 그 옛날, 영화 「노팅 힐」에서 로맨스의 정수를 보여준 '휴 그랜트'는 이번 영화에 소인족으로 출연하여 "움파룸파 둠파디두"라는 중독성 강한 주문과 우스꽝스러운 춤으로 귀여움을 한껏 발산하였다. 초콜릿이 서양의 대표 간식이라면 그에 필적할 만한 한국의 대표 간식은 무엇일까?

할머니와 밀레니얼 세대를 합친 신조어 '할매니얼'이라는 말이 등장한 가운데 약과와 꽈배기 같은 예전의 간식도 유행하여, 약과와 꽈배기의 소비량이 이전에 비해 대폭 증가했다고 한다. 초콜릿, 약과, 꽈배기는 달콤하다는 공통점을 지니는데, 여기에 또 하나를 더해야겠다. 바로 양갱이다. 2024년 4월 현재, 편의점에서 양갱의 매출이 전년도 같은 시기 대비 100%나 늘었을 정도로 인기다.

눈에 띄지 않아도 양갱은 100년 넘게 묵묵히 우리 곁을 지키고 있는 간식 중 하나다. 그러던 양갱이 폭발적으로 존재감을 드러내게 된 것은 순전히 이 노래 덕분이다. 장기하가 만들고 비비가 노래한 **밤양갱** 말이다. 왈츠풍의 경쾌한 리듬에 비교적 단순한 선율, 맑은 음색의 비비 목소리가 귀에 살포시 와닿는 이 노래는 '이지 리스닝 Easy Listening'음악으로 볼 수 있다.

무심히 음악을 듣노라면 다디단 사랑이 몽글몽글 피어날 것 같지만 노랫말은 전혀 그렇지 않다. "너는 바라는 게 너무나 많아"라며 이별 통보를 받자, "내가 늘 바란 건 하나야 한 개뿐이야 달디단 밤양갱"이라며 진심을 몰라주는 것에 대한 야속한 심정을 드러낸다. 이별을 다룬 노래인데도 괜스레 기분이 좋아지는 것은 "달디달고 달디달고 달디단 밤양갱 밤양갱"과 같은 언어유희가 주는 재미 때문이다. 그 재미에 빠져 노래를 따라 부르다 보면 리듬을 놓치고 발음마저 꼬여 혼자 키득거리게 된다.

밤양갱 인기의 가장 큰 수혜자는 물론 가수 '비비'다. 실력이야 이미 정평이 나 있으나 그녀가 이토록 대중의 큰 사랑을 받게 된 것은 이 노래 덕분이기 때문이다. 이 노래로 수많은 밈 meme 도 쏟아져 나왔다. 공군이 제작해 유튜브 채널에 올린 **BOMB양갱** 영상은 조회수 250만 회를 훌쩍 넘겼고, AI를 이용하여 아이유, 장기하, 박명수 등의 목소리로 노래한 **밤양갱**도 뜨거운 반응을 불러왔다.

비비는 가시가 돋친 밤송이 안에 달콤한 밤이 들어 있는 것에 빗대어 소박하고 진실한 사랑을 표현한 노래가 **밤양갱**이라고 했다. "중요한 건 초콜릿이 아니라 함께 나누는 사람들"이라는 영화 「윙카」의 대사처럼, 우리가 바라는 건 대단한 무엇이 아니다. 그저 부드러운 말, 따뜻한 미소, 그리고 밤양갱 하나면 충분하지 않은가.

여름의 열정이 노래를 만날 때

이상 기후로 전 세계가 몸살을 앓는 중에 언제부턴가 여름이면 숨이 턱턱 막히는 폭염과 열대야가 이어지고 있다. 여름이 더운 건 당연하지만, 때로는 일상생활조차 버거울 만큼 무덥다. 그래서인지 여름엔 유독 신나는 노래가 많이 들려, 축축 처지는 마음에 활력을 불어넣는다. 듀스의 **여름 안에서**, DJ DOC의 **여름 이야기**, 쿨의 **해변의 여인**, 유엔의 **파도**, 인디고의 **여름아 부탁해** 등 여름 노래 덕분에 잠시나마 더위를 잊곤 한다.

여름의 뜨거움이 젊음의 열정과 닮아서일까? 여름은 단연 젊은이들의 계절이다. 이복본과 백우선이 함께 불러 1936년 빅타음반회사에서 발매한 **여름은 부른다**는 이번에 처음 공개하는 노래다. 당시 광고에 '재즈송'으로 소개된 이 노래는 젊음과 여름을 연결하여 경쾌한 느낌을 자아내고 있다.

원곡은 미국 남북전쟁 막바지였던 1865년에 헨리 클레이 워크가 작곡한 **조지아 행진곡** Marching Through Georgia 이다. 이걸 모리스 스미스가 편곡해 1916년 컬럼비아사에서 음반으로 발매한 적이 있다. 그 때문인지 **여름은 부른다**의 작곡자가 '스미스'로 잘못 표기되어 있다. **조지아 행진곡**의 곡조는 1900년대 수많은 독립운동 가요에 사용됐을 뿐 아니라 1925년 **어린이날 노래**에 쓰일 정도로 우리나라에서도 유명했다. 친숙한 선율과 흥겨운 리듬이 **여름은 부른다**와 같은 여름 노래에도 적합했을 것이다.

음반 가사지가 없어 음원을 들으며 노랫말을 채록해 보니, 여름날의 활기를 경쾌하게 그리는 내용으로 이뤄져 있다. 1절에서 "앞뜰과 뒷산의 꽃 빛은 찬란코 우거진 녹음방초 여름의 향기"라며 약동하는 여름의 분위기를 드러내고, 2절에서 "칠팔월 염천에 찌는 폭염도 젊은이 피보다는 오히려 차대"라고 해서 젊은이의 열정을 강조하고 있다. "랄랄라 여름은 유쾌한 때 랄랄라 젊은이들의 시절 산으로 바다로 뛰어나가자 여름은 우리들을 부르는 도다"라는 후렴으로 젊은이의 계절인 여름을 생동감 있게 표현했다.

2024년 7월, 2세대 걸그룹 '카라'가 I DO I DO의 디지털 음원을 발표하며 완전체로 돌아왔다. "한여름처럼 달콤한 이 Tastes 내 마음처럼 새롭게 일렁이는 Wave 소란하게 벅차도록 번져오는 Place 이대로 Forever"라며 여름날의 행복한 메시지를 담은 카라의 노래를 들으며 뜨거운 태양 아래 녹아내리는 마음을 다잡아 본다. "인생은 여름처럼 사랑과 기쁨으로 넘친다"라는 시인 칼릴 지브란의 말처럼, 그 뜨거움을 삶의 열망으로 만들어 보리라. 신나는 여름 노래를 들으면서 말이다.

scan me!

여름은 부른다
김춘수 작사, 이복본·백우선 노래, 1936
원곡은 조지아 행진곡(Marching Through Georgia)

7

세월 속에 묻혀 있던 노래,
잊힌 이름들을 하나하나 불러냅니다.

사라진 멜로디를 다시 듣고,
잊힌 순간을 새롭게 마주하는
발견의 설렘과 놀라움을 함께 나눠주세요.

우리나라 최초의 아리아, 윤심덕의 디아볼로

1926년, 윤심덕이 부른 **디아볼로**는 우리나라 사람이 남긴 최초의 오페라 아리아 음반으로 확인된다. "디아볼로"를 반복하는 후렴이 인상적인 이 노래는 음반에 '쩌아부로'라는 이름으로 표기되어 있어 처음에는 그 실체를 파악하는 데 어려움이 있었다. '쩌아부로'에서 '디아볼로'를 떠올리기란 쉽지 않았기 때문이다.

윤심덕의 삶과 노래를 좇던 중, 경주의 한국대중음악박물관에 그녀의 음반이 소장되어 있다는 사실을 알게 되었다. 박물관의 배려로 그 어디에도 공개된 적 없던 윤심덕의 노래를 접할 수 있었다. 유성기 음반 SP 한 장은 앞뒤로 각각 한 곡씩 총 두 곡이 실리곤 한다. 박물관에 소장된 음반에도 **디아볼로**와 **추억**이 앞뒤에 수록되어 있다. 그 중 **추억**은 '렉처콘서트 Lecture Concert'무대에서 선보인 이래로, 2020년에 음반 「경성야행 京城夜行」에도 새롭게 편곡하여 수록하였다. 그러다 어느 날 다시 보게 된 노래가 **추억**의 음반 앞면에 수록된 **디아볼로**였다.

디아볼로의 원곡을 추적해 나가는 과정은 뜻밖의 발견과 놀라움의 연속이었다. 추적 끝에 밝혀낸 사실은 이 노래가 프랑스 작곡가 다니엘 오베르 1782~1871 가 만든 3막 오페라 코미크 Opéra comique **프라 디아볼로** Fra Diavolo 속 아리아라는 점이다. 극작가 외젠 스크리브 1791~1861 가 대본을 쓴

이 오페라는 프랑스의 나폴리 점령에 맞서 싸운 게릴라 지도자 디아볼로본명 미켈레 페차 1771~1806의 삶을 그린 작품이다. 1830년 1월 28일, 파리의 '살레 벤타두르Salle Ventadour'에서 초연한 이 작품은 이후 영국과 미국 등지에서도 공연되며 오베르의 대표작으로 자리 잡았다. 윤심덕이 노래한 **디아볼로**는 총 3절로 이루어져 있는데, 1절의 노랫말은 다음과 같다.

"바위에 우뚝 섰는 그 무서운 사람은 한 손에 총을 들고 위엄을 보인다. 모자는 눌러쓰고 얼굴은 안 보이지만 번쩍이는 그의 옷은 바람에 펄펄펄. 무서워. 세상이 무섭다고. 그리울손 그의 이름은 디아볼로 디아볼로 디아볼로"

1절에 공포를 자아내는 디아볼로의 모습을 그려볼 수 있다. 그러나 2절과 3절에 이르면, 그는 여성 앞에서 연약한 인간으로서의 모습을 보이고, 훔친 재산을 가난한 이들에게 나누어주는 의적義賊으로 변모한다. 강인함과 따뜻함을 함께 지닌 디아볼로의 이중적인 모습이 절묘하게 담겨 있는 셈이다.

윤심덕은 자신의 동생 윤성덕의 피아노 반주에 맞춰 이 곡을 노래했다. 유성기 음반 특유의 거칠지만 진솔한 사운드 속에서 그녀의 목소리가 살아 숨 쉰다. **디아볼로**는 그래서 더없이 소중한 노래다. 결국 이 노래가 담긴 음반은 우리나라 사람이 부른 최초의 오페라 아리아 음반으로서의 가치를 지닌다.

scan me!

쩌아부로(디아볼로)
윤심덕 노래, 1926

'아리랑보이즈', 보이그룹의 원조를 찾아서

2022년의 어느 일요일에 조금 특별한 경험을 했다. 코로나 때문에 개최하지 못하다 2년 반 만에 열린 BTS의 콘서트를 온라인으로 접속해서 관람한 것이다. 단순히 공연 실황만을 관람한 것이 아니라 앱을 설치하고 회원 가입을 하고 온라인 표를 예매하는 등 몇 가지 절차를 거쳐야 했다. 코로나 대유행 이후 각종 비대면 장치와 반강제적으로 친해진 게 도움이 되었다. 함께 접속한 관객들과 댓글로 소통하면서 이전과는 전혀 다른 새로운 공연 문화를 경험할 수 있었다. BTS의 노래를 듣고 그들의 진솔한 이야기를 들을 수 있었던 약 2시간 40분은 그들의 노래처럼 "추운 겨울 끝을 지나" 만난 위로와 치유의 시간이었다.

BTS와 같은 보이그룹을 1930년대에도 만날 수 있으니, 그 역사가 꽤 길다. 1935년 즈음에 등장하는 각 음반 회사의 '리듬보이즈'가 대표적이다. '콜럼비아 리듬보이즈', '포리돌 리듬보이즈', '오리엔탈 리듬보이즈'는 노래의 후럼이나 화음을 맡아 이른바 '서브 보컬[助唱]'로 음반에 그 목소리를 실었다. 하지만 그들의 정체를 구체적으로 알 수는 없다. 이와 달리 1939년에 결성된 '리듬보이'는 이복본·송희선·김해송·박시춘으로 그 구성원을 확인할 수 있다. 『조선일보』1939년 9월 30일 자에는 "여태껏 조선에서는 시험해 보지 못한 '리듬보이'의 출연이 있어 이채를 띠고 있다"라고 이들을 소개했다. 우리나라 보이그룹의 본격적인 시작이었다.

1940년에 '아리랑보이즈'로 이름을 바꾼 이들은 연기·노래·춤·연주 등 다방면에 걸쳐 맹활약을 펼쳤다. 네 명을 중심으로 구성되었으나 가끔 멤버가 바뀌기도 했던 '아리랑보이즈'에서, 이복본은 프랑스 가수 겸 배우 모리스 슈발리에 Maurice Chevalier 를 능숙하게 흉내 냈고, 가수이자 작곡자로 명성을 떨렸던 김해송은 하와이안 기타 연주에 특출난 재능을 보였다. 검증된 음악인들이 모였으니 그 상승효과도 컸다. "소리를 사랑하고 춤을 즐기고 기쁨을 풍기고 웃음에 사는 아리랑고개 형제단 兄弟團"으로 소개된 아리랑보이즈는 "설움과 근심 걱정에 찌들어 웃음을 잃은 대중에게 웃음과 노래를" 제공했다.

아리랑보이즈와 BTS! 비록 그 시공간의 틈은 상당하지만, 이들이 춤과 노래를 선보여 웃음과 눈물로 대중을 위로한 점은 닮아있다. 어려운 상황에도 삶은 계속되리니, 이들의 춤과 노래가 있어 아직은 견딜 만하다. 그러므로 "Life goes on"*빌보드 핫100 1위에 오른 BTS의 노래 제목 이다.

봄날의 청춘을 예찬한 노래, 청춘 리듬

　청춘의 리듬은 어떤 것일까? 예나 지금이나 청춘을 소재로 한 노래들은 차고 넘친다. 그 많은 노래 중 김용환이 1936년에 발표한 **청춘 리듬**은 익숙한 선율인데도 지금까지 거의 알려지지 않은 청춘 노래다. 그 당시 유성기 음반SP의 앞면과 뒷면에 한 곡씩 총 두 곡의 대중가요가 실리기에, **청춘 리듬**도 **청춘의 추억**과 한 음반의 앞뒤 면에 수록되어 있다.

　앞면에 실린 **청춘의 추억**이 흘러간 청춘을 그리워하는 노래라면, 뒷면 수록곡인 **청춘 리듬**은 봄날의 청춘을 예찬하는 노래다. "만인 절찬의 명작, 김용환 군의 위력"이란 제목의 음반 광고에는 "재즈송의 제왕帝王 편篇. 우리도 이제는 이러한 노래를 불러 봅시다. 다년간 고심의 대히트 반盤, 포리돌리듬보이(즈)의 조창助唱. 이것이야말로 전무후무의 재즈송의 레코드 대왕大王 편篇!!"이라 적혀 있다. 두 노래 모두 서양 곡을 원곡으로 한다. **청춘의 추억**의 원곡은 **포에마** POEMA 이고, **청춘 리듬**의 원곡은 **스테인 송** Stein Song 이다.

　우리나라에서 **우정의 노래** 또는 **축배의 노래**로 알려진 **스테인 송**은 미국 메인대학교 University of Maine 의 노래다. 이 학교의 학생이었던 링컨 콜코드 Lincoln Colcord 가 1902년에 작사한 것인데, 1930년에 루디 발레 Rudy Vallée 가 노래한 버전이 대중적으로 큰 인기를 얻었다. 원곡의 노랫말이

"모교를 위해 축배를 들자"라는 내용인 것과 유사하게 현재 우리나라에 알려진 '스테인 송'의 노랫말도 "우정을 위하여 우리 다 함께 이 잔을 드세나"라는 내용으로 이루어져 있다. 반면에, '청춘 리듬'은 "춤을 추어라 춤을. 아! 노래를 불러라. 때는 좋구나 봄이요, 우리들은 청춘일세. 실버들을 휘어잡아. 야! 봄을 메고요, 흘러가는 청춘을 노래하세. 노래하잔다. 라라라 라라라"1절로 이루어져, 상대적으로 청춘 예찬에 더 집중하고 있다.

'청춘 리듬'이 무엇이라고 정의 내릴 순 없지만, 2022년 3월, 나는 청춘 리듬을 듣고 보았다. 뮤지컬 「청춘 재즈, 당신의 노래」에서 재즈 1세대의 라이브 연주를 관람한 것이다. 베이스를 담당한 전성식님 외에 평균 연령 78세인 김준, 김수열, 최선배, 신관웅, 임헌수님의 연주는 노련과 현란과 아름다움이 공존하는 최고의 연주였다. 열정이 있는 한 청춘이라는 것을 몸소 보여준 그들에게 내가 유달리 감탄하고 감동한 것은, 작년 한 해 동안 재즈 1세대를 면담하며 그들의 삶과 음악 사랑을 익히 알고 있기 때문이기도 했다. 공연을 관람하며 나는 그들의 청춘 리듬이 부디 오래 지속되기를 기원했다.

scan me!

청춘 리듬
김용환 노래, 1936
원곡은 Stein Song

잊힌 노래, 윤심덕의 음반 두 장이 돌아오다

아주 오랫동안 윤심덕을 생각했다. 근대 초기 연예인으로서 그녀가 짊어진 삶의 무게가 종종 아프게 다가왔기 때문이다. 그녀의 인생과 노래를 재구再構하기 위해 자료를 찾아 헤맸다. 그러던 어느 날 학교로 전자우편이 도착했다. 윤심덕의 미공개 음반 두 장을 소장하고 있다는 어르신의 편지에 설렘과 흥분이 교차했다. 음반 두 장이 더 발견되어 윤심덕 음반의 번호, 제목, 원곡의 정보 등을 다시 정리할 수 있었다. 이번에 공개하는 음반 두 장에는 **어여쁜 샥시**색시와 **방긋 웃는 월계꽃, 동무들아 오너라, 뎃쑴**옛꿈과 **기러기**가 실려 있다.

어여쁜 색시의 원곡은 마이클 아르네 Michael Arne 가 작곡한 **The Lass with the Delicate Air** 1762이다. **방긋 웃는 월계꽃**의 원곡은 괴테의 시를 인용하여 슈베르트가 만든 **들장미** 1815이다. 이 노래의 한국어 가사는 윤심덕의 남동생인 윤기성이 붙였고, 여기에 소개하는 모든 노래의 반주는 윤심덕의 여동생인 윤성덕이 담당했다. 흥미로운 것은 **방긋 웃는 월계꽃**이 끝나고 우리나라에서 **동무들아 오너라**로 알려진 노래가 이어진 점이다. 오스트리아의 **오! 사랑스러운 아우구스틴** O du Lieber Augustin 1679을 원곡으로 하는데, 윤심덕은 지금과 다른 노랫말로 불렀다. '봄바람'과 '꽃'이 등장하는 것은 확인했으나 음질 상태가 좋지 않아 아직 온전하게 옮겨 적지 못했다.

또 다른 음반에 수록된 **옛꿈**의 원곡은 슈베르트의 **보리수**1827이고, **기러기**의 원곡은 스티븐 포스터Stephen Foster가 작곡한 **Massa's in de Cold Ground**1852이다. 윤심덕의 노래는 "원산석양遠山夕陽 넘어가고 찬 이슬 올 때 구름 사이 호젓한 길 짝을 잃고 멀리 가"로 시작해서 우리가 익히 알고 있는 **기러기**윤석중 작사와 노랫말이 달랐다. 이제까지 확인한 목록에 따르면 윤심덕이 발매한 음반 수는 20장, 40곡이다. 그런데 이번에 공개된 음반 두 장에 도합 5곡이 실린 것을 확인했으니, 실제로 윤심덕이 발표한 노래는 41곡인 셈이다.

이번에 공개된 음반 속 노래들은 모두 서양 곡을 원곡으로 한다. 음반을 통해 벨칸토bel canto로 노래한 성악가 윤심덕의 참모습을 볼 수 있었고, 그녀의 예술적 역량도 새삼 절감하였다. 배우로도 활동했던 그는 가수로서 가곡, 찬송가, 동요, 대중가요 등을 모두 아울렀던 대중문화계의 '디바Diva'였다. 과거는 종종 여러 얼굴로 말을 걸어오곤 한다. 그리고 지금 윤심덕이 다시 말을 걸어왔다.

우리나라 첫 영화 해설 음반, **저 언덕을 넘어서**

무성영화 시절의 변사는 스타였다. 변사는 화면에 맞춰 혼자서 여러 역을 연기하여 관객을 웃기고 울렸다. 당대 기록에서도 "변사의 호好, 불호不好는 곧 그 영화관의 운명을 좌우할 정도"라고 하였으니, 한창때 변사의 위상을 짐작할 수 있다. 비록 변사가 근대에 새롭게 등장한 직업이지만, 그렇다고 이전에 그와 유사한 직업이 없었던 건 아니다. 조선 후기 거리에서 소설을 읽어주며 청중을 들었다 놨다 했던 '전기수傳奇叟'에서 그 흔적을 찾을 수 있다.

초기 변사 중에서 김덕경은 으뜸이었다. 그 이전에도 변사라 할 만한 사람들은 몇 있었으나 변사가 본격적으로 언급된 것은 김덕경부터라 할 수 있다. 『매일신보』1914년 6월 9일 자에서는 '예단일백인藝壇一百人'의 98번째 인물로 그를 소개하며, "연약한 아녀자의 음성도 짓고 웅장한 대장부의 호통도 능한" 그를 "조선 변사 계에 첫째 손가락"으로 꼽았다. 그때 그의 나이 24세였다.

광복 이전에 발매된 유성기 음반에는 노래뿐 아니라 이야기도 많이 담겨 있다. 영화 해설 음반은 대표적인 이야기 음반이었다. 영화 해설 음반 중 현재까지 목록으로 확인할 수 있는 첫 번째 것은 1926년에 발매된 **저 언덕을 넘어서**다. 이 음반은 김덕경의 목소리가 실려 있는 유일한 음반이

나 실물이 나오지 않았었다. 그러다가 윤심덕의 음반과 더불어 이 음반을 소장하고 계신 소장자 덕분에 김덕경의 목소리를 확인할 수 있었다.

저 언덕을 넘어서는 1920년에 미국에서 개봉한 영화 「Over the Hill to the Poorhouse」의 후반부 내용을 일부 담고 있다. 형이 어머니를 양로원으로 보낸 것을 알고 격분한 동생의 대사를 변사가 해설을 곁들여 연기했다. 극적인 분위기를 강조하기 위해 '단성사' 극장의 관현악단이 음악을 담당했다. 앞·뒷면을 통틀어 대여섯 곡 정도가 배경음악으로 흐르는데, 그중 슈만의 **트로이메라이** Träumerei 와 오펜바흐의 「천국과 지옥」 중 서곡에 나오는 **캉캉**이 확연히 들렸다.

음반 한 장, 음악 한 곡의 역사와 정보를 확인하는 데 짧게는 몇 시간, 길게는 수십 년이 걸린다. 수많은 퍼즐 조각을 하나하나 맞추며 그림을 완성해 가는 것은 고되고 막막하면서도 재밌고 의미 있는 일이다. 이 세상에 혼자서 할 수 있는 일은 많지 않다. 내가 연구하고 글을 쓸 수 있는 것도 수많은 사람들의 관심과 도움 덕분이다. 그분들께 감사의 마음을 전한다. "혼자 가면 빨리 가고 함께 가면 멀리 간다"라는 말을 믿는다. 우리의 동행이 햇살이 되고 바람이 되고 물이 되어 저 언덕 너머에 꽃밭이 펼쳐지기를 소망한다.

종이로 만든 음반, '금조표 특허 레코드'

'금조표[金鳥印] 특허 레코드'가 있었다. 그 상표로 발매된 조선어 음반이 지금까지 우리나라에서 딱 한 장이 발견되었을 정도로 귀하다. 그런데 그런 음반을 이 지면 덕분에 세 장이나 더 만났다. 전설처럼 전해지던 음반들을 직접 보고 만질 수 있었던 건 평생에 다시 올 수 없는 행운이었다.

이번에 발견된 금조표 특허 레코드는 10인치 음반 한 장과 7인치 음반 두 장이다. 10인치 음반에는 백운선과 김월선이 함께 노래한 **노래가락**이 앞·뒷면에 실려 있고, 7인치 음반 한 장에는 **개성난봉가**와 **양산도**가, 다른 한 장에는 **병신난봉가**, **경복궁타령**이 수록되어 있다. 7인치 음반에 실려 있는 노래들은 모두 백운선과 김금련이 함께 불렀다. 음반 세 장에 모두 민요가 실려 있는 것도 특기할 만하다.

백운선, 김월선, 김금련은 모두 당대의 명창이었다. 셋 중에서 가장 많은 음반을 남긴 백운선은 하규일에게 사사하였다. 본명이 순향純鄕인 백운선은 1919년에 기적妓籍에 이름을 올린 후로 서른 살 넘어서까지 활동하며 뛰어난 춤과 노래로 인기를 얻었다. 김월선과 김금련의 목소리가 실린 음반의 실물이 발견된 것은 이번이 처음이다. 이번 음반의 발견으로 김월선과 김금련의 목소리를 확인하게 되었으니, 음반들의 가치가 크다. 여러 정황을 종합하건대 이번에 발견된 음반들은 1926년에 발매된 것으로 추정한다.

금조표 특허 레코드에 대한 좀 더 자세한 정보는 일본 자료에서 찾을 수 있다. 1909년 무렵에 일본에서 수입 음반을 팔았던 사카이 긴조酒井欽三가 1925년부터 금조표 레코드를 발매했다. '엽서 음반'과 '부채 음반'과 같은 별난 음반도 제작했던 그는 종이 위에 천연 수지shellac를 얇게 발라 만든 음반을 판매했다. 7인치를 기준으로 볼 때, 이 음반은 무게가 18g 정도로 상당히 가볍다. 비교적 이른 시기에 적은 수의 음반을 발매하기도 했지만, 금조표 특허 레코드를 보기 힘든 이유를 알 만하다. 종이 재질이라 오랜 세월 동안 살아남을 수 없었기 때문이다. 그런데 이는 어떤 면에서 감사한 일이기도 하다.

무분별하게 버려진 CD 음반이 환경오염의 주범이 되었다는 말도 들린다. 한 설문조사에서 "K팝의 활동이 환경오염을 일으킬 경우 그들의 상품을 구입하겠는가?"라는 질문에 82.7%가 "구입하지 않겠다"라고 답했다고 한다. 2022년, 남성 아이돌 그룹 '빅톤'은 환경을 고려해 실물 음반 대신 앱에서 작동하는 '플랫폼 음반'을 발매했다.

이제는 '영원히 남기기 위한 매체'보다는 '지나간 것을 기억하게 해주는 매체'가 더 필요한 시대인지도 모른다. 그 시절 종이 위에 한 장 한 장 정성을 담아 눌러 찍은 소리는 비록 영원하지 않았지만, 그만큼 더 소중했다. 언젠가 다시 사라질 것을 알면서도 누군가 남긴 작은 흔적 덕분에 우리는 오늘, 오래전의 노래를 다시 들을 수 있었다. 바로 이 점에서, 종이 음반은 오래된 미래다.

조선에 온 **마이 블루 헤븐** My Blue Heaven 의 변주들

조지 휘팅 George A. Whiting 이 작사하고 월터 도널드슨 Walter Donaldson 이 작곡한 **마이 블루 헤븐** My Blue Heaven 은 1927년에 처음 음반으로 발매된 이래로 현재까지 수없이 재생되는 노래다. 폴 화이트맨 Paul Whiteman 과 그의 악단이 연주하고 빙 크로스비 Bing Crosby 등이 노래한 버전 version 과 진 오스틴 Gene Austin 이 노래한 초기 버전이 유명하고, 이후로 수많은 가수와 밴드가 연주했다.

광복 이전에 발매된 노래 중 이 노래의 번안곡으로 총 6곡을 찾았다. 가사지와 음원이 발견되지는 않았으나, 1929년에 홍문희가 발표한 **푸른 하늘** 청공 과 1935년에 김연월이 발표한 **청공** 은 마이 블루 헤븐의 번안곡이다. 비록 음원은 발견되지 않았으나, 음반 가사지에 따르면 김해송이 1936년에 발표한 **청공** 도 **마이 블루 헤븐**의 번안곡임을 알 수 있다. 1935년에 권영걸이 발표한 **즐거운 내 살림**은 음원과 가사지를 통해 **마이 블루 헤븐**의 번안곡임이 확인된다.

그에 비해 1935년에 오리엔탈합창단이 발표한 **여로의 황혼**은 제목만으로는 **마이 블루 헤븐**의 번안곡인지 짐작하지 못했다. 최근에 발견된 음반의 음원을 듣고 나서야 이 노래가 **마이 블루 헤븐**의 번안곡이라는 것을 알았다. 음반에는 '스츄와드 김'과 '로쓰 최'란 이름이 더 적혀 있는데, 음원을 들어보면 실제로 스츄와드 김이 노래를 이끌고, 로쓰 최가 "랄랄라"로 화음을 맞췄다. 이 음반을 발매한 포리돌 음반회사의 전속 가수 등을 고려할 때, 스츄와드 김은 김용환으로, 로쓰 최는 최창선으로 추정할 뿐이다. 원곡과 마찬가지로 **마이 블루 헤븐**의 번안곡들은 가정이나 고향을 행복이 넘치는 곳으로 묘사하고 있다.

이러한 노래들이 원곡에 충실한 번안곡이라면 최근에 발견한 강석연의 **에로를 찾는 무리**는 원곡과 다른 노랫말로 이루어져 있다. 1932년에 발표된 이 노래는 당시 음반 광고를 위해 제작한 음반 소책자 덕분에 곡조가 **마이 블루 헤븐**이라는 것을 알았다. 추파를 던지는 모던걸과 모던보이에게 "젊은 홍안紅顔 백발 되면 양로원이 제격이오"라며 교훈적인 내용으로 끝나는 이 노래는 번안곡의 상상력에 제한이 없다는 것을 알려준다.

이처럼 1930년대의 번안곡들은 그 자체로 '창작'의 또 다른 이름이었다. 원곡의 선율에 자신만의 감정과 이야기를 덧입혀 새로운 삶을 불어넣는 일. 어쩌면 그것이야말로 가장 오래된 방식의 '노래하는 상상력'일지 모른다. 영국의 대중음악 학자 키스 니거스Keith Negus는 '창의적 복제와 모방의 영감'이라는 강연에서 음악가들은 언제나 다른 음악가의 음악을 복제했다며, 원전과 복제의 결합은 변환을 낳는다고 했다.

창작자의 권리는 당연히 지켜져야 하며, 그에 대한 논의는 앞으로도 계속되어야 한다. 다만 시대를 건너온 옛 노래들이 말해주는 것은 분명하다. 새로운 것을 만든다는 건 때로, 오래된 것을 듣는 법부터 다시 배우는 일일지도 모른다고. 그래서 우리는 가끔, 잊힌 노래 한 가락에서 미래의 창작이 움트는 순간을 목격하게 된다.

scan me!

여로의 황혼
김운탄 작사, 오리엔탈 합창단 노래, 1935
원곡은 My Blue Heaven, 1927

미국인이 주목한 달아 달아

1896년 7월 24일, 미국의 인류학자 앨리스 플레처는 자기 집에서 한국인이 노래한 **단가**, **애국가**, **매화타령**, **달아 달아** 등을 녹음했다. 노래를 부른 이희철과 안정식 등은 관비 유학생으로 일본에 갔다가 갑신정변 후에 미국으로 간 학생이었다. 이들은 당시 주미 공사였던 서광범과 미국 교육청에서 일하던 안나 톨만 스미스의 도움으로 하워드대학교에 입학했다. 하워드대학교가 1896년에 발간한 연차 보고서에는 "가난한 한국인 7명이 입학하였기에 직간접적으로 도왔다"라는 설명과 함께 학생들의 사진이 실려 있다.

이듬해인 1897년에는 안나 톨만 스미스가, 1898년에는 또 다른 미국인 엘리 바 랜디스가 『미국 민속 학보 the Journal of American Folklore』에 한국의 전래 동요를 다룬 논문을 각각 게재했다. 의사이자 성공회 선교사인 엘리 바 랜디스는 1890년에 한국에 들어와 무속을 비롯한 한국 문화를 연구한 인물이다. 앨리스 플레처, 안나 톨만 스미스, 엘리 바 랜디스가 공통으로 다룬 노래 중 하나가 **달아 달아**였다.

플레처가 녹음한 **달아 달아**의 음원, 미국 스미스소니언 박물관에 소장된 **달아 달아**의 수기手記 악보, 그리고 스미스가 남긴 **달아 달아**의 악보는 음악적으로 거의 같다. 하지만 이것이 오늘날 우리가 익히 알고 있는 선율과 달라서 **달아 달아**의 고형古形일 것으로 추측한다. 노랫말은 뒷부분이 저마다 조금씩 다르나, "달아 달아 밝은 달아 이태백이 놀던 달아 / 저기저기 저 달 속에 계수나무 박혔으니 / 옥도끼로 찍어내고 금도끼로 다듬어서 / 초가삼간 집을 짓고 양친 부모 모셔다가 / 천년 만년 살고 지고"라는 앞부분은 예나 지금이나 비슷하다.

노랫말에 등장하는 시선詩仙 이태백은 술에 취해 물에 비친 달을 잡으려다 호수에 빠져 죽었다고 한다. 사실 여부와 무관하게 이 이야기가 '이태백이 놀던 달아'라는 상투어를 낳아 오늘에 이르렀다. 랜디스는 "한국인들은 달 속에 계수나무가 있고 그 아래 흰토끼가 앉아서 절구에 선약仙藥을 찧거나 나무를 베어서 쓰러뜨리는 상상을 한다"라고 **달아 달아**를 설명했다. 그러면서 조선 왕조 이전부터 한국의 여성들이 대를 이어가며 아이들에게 이 노래를 가르쳐 후대에 전했다고 서술했다.

한가위 하면 역시 보름달이 가장 먼저 떠오른다. 달 탐사선 '다누리'마저 날아오른 시대에 달에 토끼와 계수나무가 있다고 믿는 이들은 없을 것이다. 그래도 한가위가 되면 보름달에 소원을 빌며 잠시 설레고 행복해지기로 한다. 한가위는 그래도 되는 날이므로.

'낭랑좌娘娘座'에서 '소녀시대'까지

K-pop에서 걸그룹의 행보가 활발하다. 2022년, 2007년 데뷔해 15주년을 맞이한 소녀시대가 5년 만에 정규 7집 음반 「포에버 원Forever1」으로 돌아왔다. 제시카가 탈퇴한 후 8인 체제로 바뀐 소녀시대의 이야기는 여전히 흥미롭다. 이제는 각자 소속이 다른 그들이 의기투합해서 신보를 낸 것은 놀람을 넘어 감동으로 다가왔다.

'소녀시대' 데뷔 당시 10대였던 소녀들은 어느덧 30대 여성이 되었다. 최근 한 예능 프로그램에서 그간 소녀시대 멤버들이 어떤 시간을 보냈는지 짐작할 수 있었다. 각자 가수로, 배우로, DJ로 활동하며 성숙과 성장의 시간을 보냈다. 데뷔곡이었던 **다시 만난 세계**는 이번 음반의 제목이자 타이틀곡인 팝 댄스곡 **포에버 원**FOREVER 1과 자연스럽게 이어진다. 두 곡의 작곡가가 소녀시대의 여러 곡을 작곡한 켄지KENZIE여서 음악적으로도 연결되고, 공감과 연대를 표현한 노랫말도 중첩된다.

걸그룹의 뿌리를 찾아 시대를 거슬러 올라가면 소녀가극단 '낭랑좌娘娘座'를 만날 수 있다. 『조선중앙일보』 1936년 3월 11일 자에 "유행 가수로서 예명藝名을 날리던 나선교를 비롯하여 박옥초, 김소파, 마현숙, 조영숙, 권서추, 권보추 등은 금번 낭랑좌라는 악극단을 조직하고 4월 11일 경에 제1회 공연을 한다는 바, 이 극단의 특색은 단원을 여자에게만 한하는 것으로 조선에서는 첫 시험인 것이다"라고 했다. 실제로는 낭랑좌 이전인 1920년대에 이미 다국적 소녀가극단이라 할 수 있는 '대련소녀가극단'을 비롯해 '여자동광단', '개성소녀가극단' 등이 있었다. 이 시절의 소녀가극단은 춤·노래·연극을 모두 아울렀던 단체이긴 하나, 여성으로만 이루어졌다는 점에서 오늘날 걸그룹과 연결된다.

'낭랑좌'가 중요한 것은 여성 구성원들이 주도적으로 참여했기 때문이다. 일본의 소녀가극단에서 노래와 춤을 배워온 나선교는 당시 인터뷰에서 **춘향전**과 **방아타령**같은 고전 예술을 악극으로 만들고 싶다는 포부를 밝히기도 했다. 그 시절의 소녀가극단이나 오늘날의 걸그룹을 '인형 되기'라며 부정적으로 바라보는 시각도 있지만 중요한 것은 주체성이다. 작사와 작곡 등에도 참여하는 등 적극적으로 새 이야기를 써 나가는 '소녀시대'에 기대를 거는 이유이기도 하다. 그러니 소녀여, 소녀시대여, 영원하시라.

문자보급가, 노래로 문맹을 넘다

1930년 12월 5일 자 『조선일보』 지면에는 신춘문예 공고와 함께 특별한 광고가 실렸다. "문화사업의 근본책인 문맹 퇴치와 한글 운동"을 위한 '문자보급가'와 '한글기념가'의 현상 공모였다. 이 중 '문자보급가'는 오늘날의 한글 교실에 해당하는 '문자 보급반' 생도들이 함께 부를 노래이므로 3절 이내로 구성해야 한다는 조건이 붙었다.

공모 결과는 1931년 1월 2일 자 『조선일보』에서 발표되었다. 1등은 없었고, 이은희의 **문자보급가**가 2등에 당선되었다. 총 3절로 구성된 이 노래는 문맹 퇴치 운동의 대표 구호였던 "아는 것이 힘, 배워야 산다"를 후렴으로 삼고 있다. 1절은 "맑은 시냇가에는 고기 잡는 소년들, 일할 때 일하고 배울 때 배우세"라는 가사로 시작하는데, 이 노래는 소년, 소녀, 아버지, 어머니까지 모두가 일할 때는 일하고, 배울 때는 배우자고 독려한다. 당시 심사위원으로 참여했던 염상섭은 **문자보급가**를 선정하며, "조선 사람의 한글이 환갑에 첫아들"이라는 말로 그 감회를 전했다. 글을 읽고 쓰는 능력이 너무나 당연한 지금과 달리, 당시에는 대부분의 사람이 한글을 배운 적조차 없었던 현실이 반영된 표현이었다.

그 밖에도 여러 편의 '문자보급가'가 지면을 통해 소개되었다. 선외가작選外佳作으로 선정된 박봉준의 작품은 음악가 김형준에게 의뢰해 '아리랑'선율에 맞춰 작곡되었다. 당시 활발하게 전개된 문자보급운동의 하나로 제작된 노래는 그 자체로 교재이자 구호가 되었다. 문자보급운동이 사회적인 반향을 일으키면서 1931년 7월에는 『한글 원본』이라는 교재를 10만 부 더 인쇄하였고, 문자보급반의 수업도 하루 3회로 확대하였다. 글자를 배우려는 열의와, 그것을 돕는 제도적·문화적 지원이 맞물려 커다란 물결이 형성된 것이다.

이후 1937년, 빅타 음반회사는 **문자보급가**를 정식 음반으로 발매하였다. 동요가수 진정희가 이 곡을 불렀는데, 문맹 퇴치의 의지를 담은 노래가 음반으로 기록되었다는 점에서 특별한 의미를 지닌다. 광복 이후에도 **문자보급가**가 계속 불렸다. 나운영의 『어린이 노래책』1947, 김학성의 『노래모음』1950 등 해방공간의 교육용 노래책에도 이 노래가 실려, 글을 배운다는 행위 자체가 곧 나라를 일으키는 일이라 생각했던 그 시절의 정서를 고스란히 전한다.

1930년대 초, 우리나라의 문맹률은 70%를 넘었다. 그러나 학교 교육과 함께 신문사의 문자보급운동, 그리고 이런 노래의 힘이 더해져 그 수치는 점차 낮아졌다. 당시 사람들의 가슴에 새겨진 **문자보급가**와 같은 노래는 단순한 선율을 넘어, 한 시대를 움직이는 실천의 도구가 되었다. 말과 글, 그리고 노래는 세상을 바꾸는 힘이 있다. **문자보급가**가 바로 그 증거다.

우리나라 첫 여성 싱어송라이터, 김정숙金貞淑

작가 버지니아 울프 1882~1941 는 수필집『자기만의 방』에서 "만약 셰익스피어에게 재능 있는 누이가 있었다면 그 누이가 셰익스피어 같은 위대한 작가가 될 수 있었을까"라는 물음을 던진다. 그러면서 그 누이가 여자이기 때문에 성공하지 못했을 것이라고 단정한다. 누이는 학교 근처조차 갈 수 없어 교육받지 못했을 것이고 10대를 벗어나기도 전에 사랑 없는 결혼을 했을 것이며, 자유로운 외출이 허락되지 않아 타인의 삶을 알지 못해 작가로서 안목을 기를 수 없었을 것이라고 설명한다. 버지니아 울프는 여성에게 필요한 것으로 상당한 액수의 돈, 자기만의 방, 자기 생각을 정확하게 표현할 수 있는 용기를 들었다. 여성이 창작하는 데 필요한 조건을 말한 셈이다.

과거 우리나라 대중음악사에서 여성 작사가와 작곡가가 드문 이유도 다르지 않다. 창작을 위한 기본 조건을 갖출 수 없다 보니 여성이 작사하고 작곡하는 일은 쉽지 않았다. 20여 년 전 대중음악 관련 기사를 조사하느라 신문을 읽다가 여성이 작사·작곡을 하여 직접 노래까지 한 음반의 광고를 발견했고, 그때의 기쁨은 아직도 생생하다. 1934년에 발매된 이 음반에는 김정숙金貞淑이 노래한 **외로운 나그네**와 **가신님에게**가 실려 있는데, 이 중 **가신님에게**는 김정숙이 작사·작곡하고 노래까지 부른 곡이다.

비록 한 곡뿐이지만 여성 싱어송라이터의 탄생을 알리는 신호탄이었다. 실제로 당시 음반 광고에서는 김정숙을 일러 "송도松都가 낳은 희세稀世의 미인"이라며 "예술가 자신이 작사·작곡을 하여 부른 가반歌盤은 실로 처음"이라 했다. **가신님에게**는 떠난 임에 대한 미련과 그리움 애상적인 선율로 표현한 노래다. "끊어진 기타나마 줄을 골라서 임이여 보내소서 그대의 노래"라는 마지막 부분에서 노래 속 화자의 미련은 절정에 다다르며, 여기에 가늘고 얇은 김정숙의 미성이 노래의 슬픔을 더했다. 그를 더 알고 싶어 자료를 찾아 헤맸으나 더 이상의 신상 관련 자료는 나오지 않았다. 그는 어디로 갔을까?

2022년, 여성 싱어송라이터 방의경의 독집 음반인 「내 노래 모음」1972 발매이 모 경매 사이트에서 1,600만 원이 넘는 가격에 낙찰됐다. 발매되자마자 방송과 판매가 금지되었던 희귀 음반이다. 2022년 10월에는 여성 싱어송라이터 '시와'의 단독 공연 「숨 쉬는 시간」에 다녀왔다. 읊조리듯 건네는 그의 노래에 마음이 차분해졌고 따뜻한 노래에서 위로받았다. 사라진 김정숙은 수많은 여성 싱어송라이터에게서 새로 태어난다. 영감이 되고 숨결이 되고 노래가 되어서.

가신님에게 노랫말

1. 언제나 오려시나 가신 님이여 바라도 기다려도 아니 오시네
손목 잡고 그 옛날 놀던 동산에 봄은 다시 왔다고 꽃이 핍니다

2. 지나간 그 시절 찾을 길 없어 외로운 이 내 마음 울고만 있네
끊어진 기타나마 줄을 골라서 님이여 보내소서 그대의 노래

음반 속 우리나라 최초의 축구가, 훗도쏜루

2022년, 카타르 월드컵의 화려한 막이 올랐다. 개회식 공연에서는 BTS의 정국이 부른 **드리머스** Dreamers가 큰 호응을 얻었고, 노래 중간에 카타르의 가수 파하드 알쿠바이시가 등장해 정국과 함께 노래하며 분위기를 고조시켰다. 아랍 지역에서 처음 열리는 월드컵 덕분에 지구촌은 한동안 축구 열기로 들썩거렸다.

삼국시대에는 '축국蹴鞠'이라 불리는 축구와 비슷한 놀이가 있었다. 하지만 근대적인 의미의 축구는 개화기 때 시작했다. 1901년 3월 21일 시드니 파커 Sidney J. Parker가 인천에서 영국 잡지 편집자에게 보낸 글에서 언급한 '축구팀'이라는 표현이 가장 이른 축구 관련 기록으로 여겨진다. 공식적인 기록은 아니지만, 1882년 인천항에 상륙한 영국 군함의 승무원들이 지루함을 달래기 위해 공을 찼다는 이야기도 전해진다. 이를 우리나라 근대 축구의 시작으로 보기도 한다.

긴 역사를 자랑하는 축구는 우리나라에서 이미 오래전에 인기 있는 구기종목으로 자리 잡았다. 광복 이전의 신문에 축구 관련 기사가 많은 것도 그러한 이유다. 축구와 관련된 노래들도 있는데, 1923년에 발매된 **훗도쏜루**가 가장 이른 시기에 취입된 음반으로 보인다. '풋볼 football'을 일본식으로 발음한 **훗도쏜루**는 박채선과 이류색, 두 명창이 민요 창법으로 부른 노래다.

음질이 좋지 않아 음원만으로는 정확한 가사를 파악하기 어렵지만, 다행히 1920년대 초반 노래책에 **축구가**란 제목의 같은 노래가 실려 있어 그 전모를 파악할 수 있다. 총 3절로 이루어진 노랫말은 '엄파이어Umpire', '비긴Begin', '하프 풀백Half FullBack' 등의 영어 표현을 그대로 사용하고 있어 이채롭다. 공을 주고받는 모습을 "기묘奇妙한 연락連絡으로 이리저리 제친다"라고 한 것, 공을 차는 사람을 "비호飛虎와 같이 나는 듯이 차는 자 누구냐? 용감勇敢하다. 하프 풀백이로다"라고 표현한 것, 날아가는 공을 "반공중半空中에 높이 솟아 비상천飛上天"이라며 실감 나게 묘사한 것 등이 재미있고 인상적이다. 노래 마지막에는 남성 목소리로 "잘한다"라는 추임새가 나와서 흥을 돋우고 있다. 영어와 한자어가 섞인 노랫말에 민요 창법과 추임새가 어우러지니, 전통과 근대가 뒤섞인 묘한 감흥이 일었다.

축구가 음반이 발매된 지 어느덧 100여 년의 세월이 흘렀다. 그 옛날 민요로 축구를 노래했던 시절을 떠올리며, 월드컵 개막식 무대에 선 한국 가수의 모습을 보고 격세지감을 느꼈다. 그가 부른 **드리머스**의 노랫말처럼 모든 이들의 꿈이 이루어지길 소망한다. 더 나아가, 노래가 닿는 곳마다 온 세상이 손에 손잡고 하나가 되는 꿈을 꾸어본다. 우리는 모두 이 지구에 잠시 머물다 가는 여행자가 아니겠는가. 그렇게 우리는 그저 같은 사람들이기에 함께 걸어간다면 그 길 위에 어김없이 꽃 한 송이 피어날 것이다.

scan me!

훗도쏏루(축구가)
박채선·이류색 노래, 1923

축구, 상하이, 그리고 '코리안재즈밴드'

1927년 신문 속 라디오 프로그램에 '선샤인재즈밴드'와 '경성재즈밴드'라는 이름이 등장하긴 하지만, 본격적인 의미의 우리나라 최초의 재즈밴드는 '코리안재즈밴드 Korean Jazz Band'다. 그리고 코리안재즈밴드가 탄생하는 데 있어 축구는 중요한 구실을 했다. 색소폰과 만돌린 등의 악기를 연주하던 부잣집 아들 백명곤이 조선축구단을 이끌고 중국 상하이로 원정 갔을 때 재즈 악기와 악보를 구매하여 귀국 후 코리안재즈밴드를 결성했기 때문이다.

수십 년 전, 이 밴드의 모습을 담은 사진을 처음 발견했을 때의 기쁨이 지금도 생생하다. 다소 미심쩍은 점이 있었으나, 확인한 자료에 따라 당시 이 밴드가 1926년에 결성한 것으로 보았다. 그러다 2019년, 상하이에서 개최된 국제학술대회 발표 논문을 준비하면서 재즈 관련 자료를 다시 전수조사했고, 그제야 코리안재즈밴드의 정확한 결성 시점이 1928년이었음을 알게 되었다. 백명곤이 조선축구단을 데리고 상하이에 간 것이 1928년 1월이고, 코리안 재즈밴드 관련 기사도 그 이후부터 나오기 때문이다.

『중외일보』1928년 7월 30일 자에서 코리안재즈밴드가 주최한 여름 콘서트를 소개하며, "재즈의 새로운 곡조와 춤출 듯한 기분은 더위에 지친 독자 여러분에게 새로운 용기를 주기에 넉넉할 줄로 믿는 것이외다."라고 호평했다. 『조선일보』 1928년 12월 21일 자에는 코리안재즈밴드가 "가장假裝하고 연주하여 이채로웠다"라는 기사와 함께, 고깔모자에 광대 복장을 하거나 동물 형상의 탈을 쓴 연주자의 사진도 게재되었다. 이철, 홍재유, 홍난파, 최호영, 박건원 등으로 이루어진 이 밴드 덕분에 당시 '모던걸'과 '모던보이' 사이에서 재즈가 하나의 유행이자 열망이 되었다.

하지만 이를 바라보는 곱지 않은 시선도 존재했다. 작가 이서구는 1929년 잡지 『별건곤』에 서울을 중심으로 형성된 재즈 취미를 '현대인의 병적 향락 생활'이라고 조롱하는 글을 실었다. 그는 "멋을 부리려고 악사들이 가장假裝까지 한다"라며, "어느 악단이나 가장 얌전한 피아니스트마저 흥이 오르면 건반 위에서 손끝이 난무亂舞를 시작하고 고갯짓, 허릿짓에 이어 종국에는 엉덩잇짓까지 나온다"라고 부정적인 시선을 드러냈다. 이러한 시선에도 재즈 열풍은 한동안 계속되었고, 그 영향을 받아 '재즈송'이란 대중가요 장르도 출현하였다.

우연은 운명처럼 다가와 인연이 되곤 한다. 2022년 카타르 월드컵에서 우리 축구 국가대표팀은 16강이라는 값진 성과를 이뤄냈다. 그 감동은 시간이 흘러도 여전히 또렷하다. 땀과 노력, 하나 됨의 기쁨, 기다림이 주는 설렘, 그 모든 순간은 우리에게 '꺾이지 않는 마음'의 의미를 다시금 되새기게 했다. 그렇게 보면, 100년 전 축구공 하나가 재즈의 시작을 불러왔던 그때처럼, 축구는 지금도 우리 삶에 잊을 수 없는 울림을 남긴다.

8

한 곡의 노래는 하나의 시대를 품고,
한 장의 음반은 역사의 단서를 남깁니다.

낯설지만 분명히 존재했던 목소리들을 지금 다시 듣습니다.
음악의 지층 속을 걷는 탐험에 여러분을 초대합니다.

캐럴은 사랑을 싣고

캐럴은 언제 우리나라에 들어왔을까? 찬송가가 이 땅에 들어올 때 캐럴도 소개되었을 것이다. 노래는 이미 들어왔을지라도 음반에 수록된 최초의 캐럴은 1926년에 발매되었는데, 윤심덕이 노래한 **파우스트 노엘**First Noel과 **산타클로스**가 대표적이다. 1934년에 '요한'이라는 가수가 부른 **고요한 밤 거룩한 밤**과 **참 기쁘다** 기쁘다 구주 오셨네도 특기할 만하다. 지금까지 '요한'의 정체는 밝혀지지 않았는데, 음원을 들어본 바로는 가수 김정구의 형인 김용환으로 추정한다. 작곡가와 가수로도 활동한 그는 기독교 집안에서 출생하여 '요한'이라는 세례명을 받았고, '용환'이란 이름도 세례명에서 비롯되었기 때문이다.

광복 이후에도 캐럴은 다양하게 제작되고 향유되었다. 당대 인기 가수들은 누구나 한 번쯤 캐럴을 불렀다고 해도 과언이 아니다. 그중 이미자의 **고요한 밤**과 남진의 **고요한 밤**, 나훈아의 **화이트 크리스마스**와 배호의 **화이트 크리스마스** 등을 비교하며 감상하는 것도 재밌다. 대체로 이들이 노래한 캐럴은 트로트 창법이 도드라져 들을수록 친숙해서 정겹다. 우리나라 사람들이 직접 창작한 캐럴도 등장했다. 거의 잊힌 노래가 되었으나, 1960년대 발매된 **추억의 크리스마스** 이철수 작사, 한복남 작곡, 송민도 노래나 **크리스마스의 밤** 유노완 작사, 전오승 작곡, 김정애 노래 등이 대표적이다.

고정숙, 고재숙의 쌍둥이 자매로 구성된 '바니걸스'가 1974년에 발표한 **지난해 본 산타할아버지**는 여러 가지로 흥미로운 캐럴이다. 이 곡은 토미 코너Tommie Connor가 작사, 작곡해서 13살의 소년 지미 보이드Jimmy Boyd가 1952년에 노래한 **I Saw Mommy Kissing Santa Claus**의 번안곡이다. 제목에서 보듯이, 그의 노래는 산타와 엄마가 키스하는 것을 목격한 아이가 아빠에게 이르겠다는 내용으로 이루어져 있다. 이 노래는 발표 당시 보스턴에 있는 가톨릭교회의 비난을 받았고, 보이드가 대교구를 만나 해명한 후 금지령이 해제되었다고 한다. 이후 여러 가수가 불렀는데, 마이클 잭슨이 '잭슨 5'시절이었던 1970년에 발표한 것이 특히 유명하다. 보이드의 노래는 산타가 아빠일지 모른다는 가능성만 열어두었으나, 바니걸스의 노래에서는 엄마와 뽀뽀한 산타가 "정말 우리 아빠 같아요"라고 해서 불필요한 오해를 미리 차단했다.

크리스마스는 온 세상이 함께하는 사랑의 날이다. 괜스레 설레는 것은 어쩌면 그리운 이에게 연락이 올지도 모른다는 기대와 희망 때문이기도 하다. 이날만은 미움을 잠시 내려놓고 서로서로 안부를 묻고 인사를 건네기로 한다. "메리 크리스마스"라고.

scan me!

고요한 밤 거룩한 밤
요한 노래, 1934

안중근을 노래하다

2022년 12월, 의미 있는 영화 한 편을 보았다. 안중근을 소재로 한 뮤지컬 영화 「영웅」윤제균 감독이다. 익히 알려진 이야기일지라도 어떻게 구성하느냐에 따라 감동과 여운이 전혀 다르게 다가온다는 것을 새삼 느꼈다. 연기와 대사, 장면이 잘 어우러진 건 물론이고 적절하게 삽입된 노래들이 영화의 극적 효과를 강화했다.

독립운동가요로 분류되는 노래 중 안중근과 관련된 노래들이 있는데, 그중 세 곡 정도를 거론할 수 있다. 안중근이 직접 지은 곡으로 알려진 **안중근의 노래**일명 장부가와 **안중근 옥중가**, 그리고 안중근을 도와 하얼빈 의거에 참여했던 우덕순이 지은 **우덕순의 노래**다. **안중근의 노래**와 **우덕순의 노래**는 『대한매일신보』 1910년 2월 18일 자에 처음 실렸다.

안중근과 우덕순은 이토 히로부미를 저격하기 전 김성박의 하얼빈 거처에서 의기가 북받쳐 격렬하고 절실한 마음을 담은 노래를 지어서 주고받았다. 『대한매일신보』에 소개된 **안중근의 노래**가 "대장부 세상에 처함이여, 그 뜻이 크도다 / 시세가 영웅을 만듦이여, 영웅이 시세를 만들도다 / 천하를 응시雄視함이여, 어느 날에 성공할꼬"로 시작해서 "만세 만세여 대한 동포로다"로 끝난다면, **우덕순의 노래**는 "만났도다 만났도다 원수 너를 만났도다"로 시작해서 "오늘부터 시작하여 하나둘씩 보는 대로 내 손으로

죽이리라"로 끝난다. 두 노래 모두 일제를 적대시하고 의기충천하여 거사를 이루겠다는 의지를 드러냈다.

안중근의 노래가 노랫말만 전해지는 것과 달리 **우덕순의 노래**는 동요 **주먹 쥐고 손을 펴서**로 알려진 곡조에 얹어 널리 불렀다. 안중근이 옥중에서 지어 불렀다는 **안중근 옥중가**는 그의 고종 6촌 동생 곽희종이 공개한 자료를 바탕으로, 노동은 교수가 2015년에 소개하면서 세상에 알려졌다. "적막한 가을 강산 야월 삼경에 슬피 울며 날아가는 저 기러기야"로 시작하는 이 노래는 안중근이 거사 후 붙잡혀 뤼순 감옥에 있을 때의 답답한 심정과 단호한 결의를 드러낸 것이다.

여전히 혼란스럽고 불안한 국내외의 정치·경제 상황을 보니, 안중근이 바라던 평화가 멀게만 느껴진다. 그가 감옥에서 쓴 미완성의 『동양평화론』에 이런 구절이 나온다. "청년들을 훈련해 전쟁터로 내몰아 많은 귀중한 생명이 희생당하는 일이 날마다 그치지 않고 있다. 사람은 누구나 살기를 원하고 죽기를 싫어하는데, 청명한 세상에 이 무슨 광경이란 말인가. 이런 생각을 하면 마음이 몹시 아프다"라고. 그 말이 여전히 유효해서 마음이 아프다. 부디 그가 바라던 평화의 기운이 온 세상에 넘실거리는 날이 어서 오면 좋겠다.

그때 그들은 그것을 재즈라 불렀다

구체적인 실체 파악 없이 우리나라에서 연주된 첫 번째 재즈라고 간혹 언급되는 곡이 있다. 1926년에 '연악회 研樂會'가 연주한 **수음로상행진곡** 樹陰路上行進曲 이 그것이다. 사실 이 곡은 미국인 에드윈 골드먼 Edwin Frank Goldman 이 작곡한 **온 더 몰** On the Mall 이다. 1920년대 당시 '몰 mall'이 '나무가 줄지어 있는 산책로'를 의미하면서 '수음로 樹陰路'로 번역된 것으로 보인다. 또한 '온 더 몰 On the Mall'의 '온 on'이 '위에'라는 뜻으로 해석되어 '수음로상 樹陰路上'이라 표기한 걸로 보인다.

온 더 몰의 작곡자인 에드윈 골드먼은 뉴욕시 센트럴파크에 새로 개장한 '나움버그 밴드셸 Naumburg Bandshell'이라는 공연장에서 1923년 9월 29일에 이 곡을 초연했다. 당시 관객들이 환호와 휘파람 등의 반응을 보여 큰 인기를 얻었고, 이후 미국뿐만 아니라 전 세계적으로 이 곡이 유행했다.

재즈의 중요한 요소인 즉흥연주나 재즈적인 화성을 사용하지 않았기에 오늘날의 관점에서는 이 곡을 재즈로 간주하기 어려울 수 있다. 우리나라에 이 곡을 처음 선보인 연악회는 1922년에 홍난파가 서양 음악을 교육하고 보급할 목적으로 창설했는데, 주로 서양의 고전 음악이나 가곡, 민요 등을 연주했기 때문에 재즈 밴드와 거리도 멀다.

그런데도 **수음로상행진곡**을 우리나라 첫 번째 재즈 연주곡으로 지칭한 것은 재즈에 관한 지식이 높지 않았던 당시 시대상을 반영한다. 즉 이 곡을 '현악합주'라고 지칭한 신문 기사도 있지만, '재즈'로 명명한 기사도 있기 때문이다. 『조선일보』 1926년 2월 11일 자 기사에서 이 곡을 '웃음거리의 속곡俗曲'이라는 설명과 함께 '재즈'로 소개하였다. 서양 대중음악을 지칭하거나 그 영향을 받아서 형성된 일군의 대중음악을 광복 이전에 우리나라에서는 '재즈' 또는 '재즈송'이라고 통칭하기도 했다. 장르 인식이 분명하지 않았던 초기 대중음악의 한 풍경이다.

1929년에는 미국 재즈의 패왕이라 불린 폴 화이트먼Paul Whiteman의 음반이 직수입되는가 하면, 루이스 프리마Louis Prima가 작곡하여 1936년에 발표한 스윙 재즈의 대표곡 **Sing Sing Sing**은 1939년에 손목인의 목소리로 발표되기도 했다. 김해송의 하와이안 기타 연주에 매료되어 음악의 길로 들어선 손석우는, 김해송이 슈베르트의 **미완성 교향곡**을 재즈로 편곡해 스캣을 넣어가며 무대에서 노래했다고 증언하였다. 또 트럼펫 연주자 현경섭은 재즈 음악가 베니 굿맨Benny Goodman이 출연한 영화 「할리우드 호텔Hollywood Hotel」을 관람한 1939년 6월 26일 자 일기에 "나는 끝까지라도 그 사람들의 흉내를 조금이라도 한번 내 보겠다"라며 재즈를 향한 열정을 술회했다.

그 시절 '재즈'는 오늘날 우리가 아는 그것과는 조금 달랐다. 재즈가 무엇인지 정확히 알 수 없어도, 낯선 리듬과 새로운 악기 소리만으로도 사람들은 그것을 '재즈'라 불렀다. 특히 당시 신문에서 이 낯선 음악을 '웃음거리의 속곡'이라 표현한 것은 재즈가 고급 예술이라기보다 대중적인 흥밋거리로 받아들여졌던 당시의 인식을 보여준다. 장르의 경계가 불분명했던 시절, 한국 대중음악은 그렇게 새로운 소리를 흡수하며 변화해 갔다. 그 낯설고도 신선했던 순간은 어쩌면 지금도 누군가의 마음속에서 조용히 되살아나고 있을지 모른다.

상하이에서 울린 삼일절의 노래를 찾아서

1920년 3월 1일 중국 상하이 징안쓰루靜安寺路 올림픽대극장에서 대한민국 임시정부 주최로 제1회 삼일절 기념식이 열렸다. 일본영사관의 간섭으로 점차 그 규모가 작아지긴 했지만 일제강점기 내내 삼일절은 상하이 교민들에게 크리스마스나 설날보다도 기쁜 날이었다.

당시 기념식의 사진들과 관련자들의 증언을 종합해서 삼일절 행사의 전반적인 모습을 그려볼 수 있다. '독립만세'라 적힌 휘장이 무대 위 벽면에 드리워져 있고, 그 양옆으로 커다란 태극기가 꽂혀 있었으며 천장에는 만국기가 가볍게 흔들렸다. 그곳에 모인 사람들은 함께 삼일절 노래를 불렀고, 안창호와 조소앙 등 독립지사들도 연설로 삼일절을 경축하고 독립의 의지를 다졌다. 기념식 당일 밤에는 매번 '경축연예대회慶祝演藝大會'를 열어서 암울한 시절의 우리 교민들을 잠시나마 웃게 해주었다. 그 대회는 상하이 교민들의 초등교육 기관인 인성학교仁成學校 학생들이 주축이 되어 율동과 합창, 연극 등으로 꾸려졌다.

기억하는 사람에 따라 삼일절 기념식에서 부른 **삼일절가**의 노랫말은 조금씩 다르다. 1923년부터 매년 상하이의 삼일절 기념식에 참석했다고 하는 김명수가 기억하는 **삼일절가**는 다음과 같다. "참 기쁘구나 삼월 하루 독립의 빛이 비쳤구나 / 금수강산이 새로웠고 이천만 동포가 기뻐한다 / 만세 만세 만세 만세 우리나라 우리 동포 만세 / 만세 만세 만세 만세 대한의 독립이 만만세라"라는 노랫말인데, 곡조는 미국의 찬송가 작곡가 로버트 로리 Robert Lowry 가 1864년에 만든 **Shall We Gather at the River?** 강에서 모일까요? 에서 따왔다.

현재 가장 널리 알려진 기념가는 "기미년 삼월 일일 정오"로 시작하는 **삼일절 노래** 정인보 작사, 박태현 작곡 다. 인터넷에는 이 노래가 1946년 문교부 장관 안호상의 의뢰로 만들어졌다고 서술되어 있다. 하지만 안호상이 문교부 장관이 된 건 대한민국 정부가 수립된 1948년이다. 실제로 삼일절 노래 등의 가사를 현상 모집한 것이 1949년이고, 1950년이 되어서야 **삼일절 노래**가 공식 기념가로 제정되었다. 이후, 이 노래 외에 **삼일운동의 노래**나 **삼일절가** 등의 다른 삼일절 노래들은 거의 불리지 않게 되었다.

다시 상하이다. 1920년대 인성학교의 학생들은 삼일절 새벽이면 교민들이 사는 골목골목을 돌며 노래를 부르고 만세를 외쳤다. 그들은 어두운 시대의 아침을 열고자 작은 목소리로, 그러나 뜨거운 마음으로 노래했다. 그 옛날 상하이의 삼일절은 눈물과 웃음이 뒤섞인 축제의 날이었다. 매년 삼일절이 다가오면, 문득 그 노래가 울려 퍼지던 순간이 떠오른다. 멀리서도 분명히 들리는 것처럼 말이다. "만세 만세 만세 만세, 대한의 독립이 만만세라."

잊힌 봄의 노래, **봄 아가씨**

2016년에 개봉한 「해어화解語花」는 마지막 기생의 이야기를 다룬 영화다. 기생을 욕망의 화신으로 그리면서 애초에 기대했던 예인藝人으로서의 기생 면모가 제대로 드러나지 않았으나 영화에서 음악을 만나는 일은 즐거웠다. 영화의 주제가 격인 **사랑 거짓말이**는 김상용1561~1637의 시조를 정가 앙상블인 '소울지기'가 2014년에 발표한 곡이다. 이것을 영화에서 한효주소율 역가 정가의 맛을 잘 살려 불렀다.

영화에 나오는 노래 중 **봄 아가씨** 남풍월 작사, 문호월 작곡는 의성어와 의태어를 적절히 사용하여 봄의 생동감을 화사하게 표현한 노래다. 원래 이 노래는 이난영이 1935년에 발표한 유성기 음반에 **목포의 눈물**과 함께 수록되어 있다. **목포의 눈물**이 큰 인기를 얻어서인지 **봄 아가씨**는 상대적으로 잘 알려지지 않았는데, 영화에 등장해 반가움을 더했다.

1961년 이난영이 이 노래를 다시 녹음할 때는 유광주가 개사한 노랫말로 불렀다. 1970년 김시스터즈가 발표한 음반 「어머니를 추모한 김시스터즈 가요집」에도 유광주가 개사한 **봄 아가씨**가 수록되어 있다. 현재 가수들은 원곡과 개사곡의 노랫말을 뒤죽박죽으로 섞어 정체불명의 **봄 아가씨**를 부르기도 한다. 심지어 유광주가 개사한 노랫말조차도 '싱둥생둥 싱둥'이 '심금심금심금'으로 바뀐 채 영화 「해어화」에 등장하여 원곡의 생기 넘치는 느낌을 제대로 살리지 못했다.

원곡과 달리 유광주 개사곡은 2절과 3절의 순서가 바뀌어 있고 그 내용도 조금 달라져 있다. 원곡의 음반 가사지에는 2절이 "왜 왔느냐 이 봄아 원수의 봄 / 피지 마라 저 꽃아 밉상의 꽃 / 시냇물 소리만 졸졸졸졸졸졸 / 봄 아가씨 가슴은 갈팡질팡갈팡"이라 적혀 있다. 그런데 유광주 개사곡에는 "왜 왔느냐 이 봄아 원수의 봄 / 피지 마라 저 꽃아 진달래꽃/참새들 소리만 삐리리 삐리 삐삘리 삘리리 / 봄 아가씨 가슴은 떵동땡동땡동"이라고 되어 있어 어감과 분위기의 차이를 느낄 수 있다.

　봄의 생기를 표현할 수 있다면야 어떻게 부르든 상관없겠으나 원곡에서 '원수의 봄'이라 하고 '밉상의 꽃'이라 한 이유가 궁금하기도 하다. 하긴 봄이 그렇다. 마음이 싱숭생숭 들떠 때로 갈팡질팡한다. 그렇더라도 3월로 건너가는 바람결에는 싱그러운 미나리 냄새가 풍긴다"는 박목월의 시 **3월로 건너가는 길목에서**의 구절처럼, "엄청나고도 착한 일을 하고 싶다. 나만이 할 수 있는 일을 하고 싶다." 나도 그런 마음이 든다. 봄에는 유독, 더욱 그렇다.

독립의 꿈을 던지다, 야구 노래의 기원

우리나라에 야구라는 경기가 처음 들어온 시기를 1900년대 초로 보는 데에 이견이 없을 것이다. 지금까지 가장 오래된 야구 노래는 1909년 7월 22일 자 『황성신문』에 실린 **야구단운동가**로 보인다. 유학생 야구단이 사용한 운동가라는 설명과 함께 전체 5절의 노랫말이 소개되었는데, 1절은 "무쇠 골격 돌 근육 소년 남자야 / 애국의 정신을 분발하여라 / 다다랐네 다다랐네 우리나라에 / 소년의 활동 시대 다다랐네"이며, 후렴은 "만인萬人 대적對敵 연습하여 후일 전공戰功 세우세 / 절세絶世 영웅英雄 대사업이 우리 목적 아닌가"다. 이 노랫말은 **소년남자가**라는 제목으로 『대한매일신보』 1909년 7월 24일 자와 『신한민보』 1911년 2월 15일 자에도 실려 있다.

이 노래의 노랫말과 곡조는 독립운동가요 모음집인 『최신창가집』에서 확인할 수 있다. 1914년 발간된 이 창가집은 북간도 소재 광성중학교에서 사용한 음악 교재인데, 일제 간도영사관에 압수되었다가 1996년에서야 세상 빛을 보게 되었다. 여기에는 제목이 **야구**로 바뀌어 수록되어 있다. 안창호 작사와 이상준 작곡으로 알려진 이 노래는 야구 노래이면서 독립운동가요로 당시 널리 불렸다는 점에서 의의가 있다. 부점 리듬 점 8분음표 뒤에 16분음표을 사용해서 활기차고 역동적인 느낌을 준 것이 특징이다.

광복 이전의 야구 노래로 몇 곡을 더 언급할 수 있다. 홍난파가 1916년 발간한 『통속창가집』의 **야구전** 野球戰, 이상준이 1918년 발간한 『최신창가집』의 **야구가**, 김재덕이 1921년 발간한 『대중보음풍영월 신식창가집』의 **야구가** 등이다. 홍난파의 **야구전**은 4분의 2박자에 부점 리듬을 사용한 노래이고, 이상준이 작사한 **야구가**는 헨리 워크 Henry Clay Work 1865년에 작곡한 **조지아 행진곡** Marching Through Georgia 의 곡조를 빌린 것이다. 이 노래의 곡조는 당시 찬송가와 독립운동가요로 여러 차례 사용되었다.

야구가 단순한 스포츠를 넘어 '독립의 꿈'을 담았던 그 시절의 노래는 오늘날에도 묵직한 울림으로 다가온다. 청년의 체력을 단련하고 애국심을 고취하고자 만든 야구 노래는 곧 나라를 되찾겠다는 다짐의 외침이었다. 오늘날에는 경기장의 응원가로 익숙한 야구 노래들이, 사실 그 시작부터 독립의 열망과 청년의 기백을 담아 불렸다는 사실을 기억하는 것만으로도 깊은 감동을 준다. 시대는 바뀌었지만, 그 응원의 목소리는 여전히 이어지고 있다.

독일에서도 울려 퍼진 **처녀총각**

강홍식의 **처녀총각** 범오 작사, 김준영 작곡은 지금도 봄이 되면 어디선가 들려오는 노래다. 민요 **홍타령**에 착안해 만들었다는 이 노래는 1930년대 중반 트로트의 인기를 압도한 이른바 신민요 시대의 신호탄 구실을 했다. 우리 고유의 민요에서 출발한 신민요는 기존 민요와 달리 작사자 또는 작곡자가 명확한 것이 특징이다. 당대인들이 신민요를 좋아한 이유는 다른 대중가요 장르보다 '조선 냄새'가 강했기 때문이다.

이제는 많은 사람이 알고 있는 것처럼, 이 노래를 부른 강홍식은 배우 최민수의 외할아버지다. 1935년 잡지『삼천리』의「인기 가수의 생활과 예술, 연애」라는 면담 기사에 따르면, 강홍식은 16세 때 평양고등보통학교 시절 미술 선생님과 싸우고 일본으로 건너가 최승희보다 먼저 이시이 바쿠石井漠에게 현대무용을 배웠다. 일본에서 배우로 활동했던 호방한 기질의 그는 귀국하여 배우로 인기를 구가하는 한편 대중가요 가수로도 활동했다. 처음에는 노래 부르기에 서툴러서 독일인 녹음 기사에게 여러 번 지적을 받기도 했다. 하지만 그는 포기하지 않고 만나는 음악인마다 붙들고서 노래 배우기를 간청하는 피나는 노력 끝에 결실을 보았다. 1934년에 발매한 **처녀총각**은 1년여 만에 오늘날의 밀리언셀러에 해당하는 3만 장의 음반이 팔릴 정도로 인기를 얻었다.

이 노래는 1940년대 일본에서 **쓰키노한토** 月の半島라는 노래로 소개되었으며, 광복 이후 북한에서는 **새봄을 노래하네**라는 제목으로 개작되어 불렸다. 또한 1960년대에는 독일에까지 알려졌다. 서울대 음대생인 최정환이 백합의 '릴리 lily'와 '꽃 화 花'를 결합한 '리리화 LILIFA'란 이름으로 독일에서 활동하며 1965년 **처녀총각**을 독일어와 한국어 두 가지 버전으로 음반에 실었다. 독일어 제목은 **밤에 속삭이는 바람**이란 의미의 **빈트 바이 나흐트** Wind bei Nacht 인데, 이 노래를 포함해서 한국의 노래를 유럽에 소개했다는 점에서 그녀의 활약이 돋보인다.

처녀총각의 1절과 2절은 봄을 맞아 설레는 젊은 남녀의 마음을 경쾌하게 노래하고 있다. 반면에 3절과 4절은 짝을 찾지 못해 한숨 쉬며 신세타령하는 처녀와 늙은 총각의 처지를 묘사하고 있다. 은은하게 불어오는 봄바람에 누구는 설레고, 누구는 신세를 푸념한다. 최근 들어 결혼 건수가 조금씩 증가세를 보이긴 하지만, 점점 많은 이들이 결혼을 필수로 여기지 않는다. 그런데도 누군가의 결혼 소식이 들릴 때마다 봄 햇살처럼 마음이 환해질 때가 있다. 계절이 돌고 노래가 흐르는 한 **처녀총각**은 시대를 넘어 또 다른 누군가의 봄노래가 될 것이다. 그렇게 **처녀총각**은 부활하리니, 독일에서 리리화의 목소리로 다시 태어났던 것처럼 말이다.

scan me!

빈트 바이 나흐트(Wind bei Nacht)
리리화(LiLiFa) 노래, 1965
원곡은 **처녀총각** 범오 작사, 김준영 작곡, 강홍식 노래, 1934

대중음악사 첫머리에 스며든 **부모은덕가**

　지금은 거의 부르지 않는 **부모은덕가**는 민요풍 창가인데 간혹 외국곡으로 잘못 소개되기도 했다. 이 노래는 산보다 높고 바다보다 깊은 부모님의 은혜에 보답하자는 1절과 2절, 반포지효反哺之孝라는 고사를 활용하여 부모님에 대한 효도를 강조하고 있는 3절, 고생하신 부모님의 은덕을 잊지 말고 갚자는 4절과 5절로 이루어져 있다.『신한민보』1910년 10월 12일 자를 비롯해『최신창가집』1914,『애국창가』1916 등의 여러 노래책에 수록될 만큼 인기를 구가했으며, 독립운동가요로도 불렸기 때문에 노랫말에 등장하는 '부모'를 '조국'으로도 읽을 수 있다.

　이 노래의 작사가인 안창호는 학도들에게 노래 부르기를 권고하고 장려한 인물로 유명하다. 자연과 미술뿐만 아니라 음악을 사랑하는 것이 인격을 수련하고 품성을 닦는 데 도움이 된다고 믿었기 때문이다. **부모은덕가**의 작곡자에 대해서는 한참 동안 김인식으로 추정하거나 미상인 채로 비워두었다. 하지만 음악가 김인식과 김형준의 대담을 다룬 잡지『신가정』1934년 3월호의 기사를 근거로 정사인이 이 노래를 작곡했다는 사실을 알아냈다.

　바장조에 4분의 4박자, 오음계로 이루어진 이 노래는 '효'를 주제로 한 만고불변의 호소력 있는 노랫말과 친숙한 선율, 안창호의 적극적인 독려

등으로 자연스럽게 당대인의 인기를 얻은 것으로 보인다. 이러한 점은 이 노래처럼 효도를 주제로 한 **친親의 은恩**이라는 학교 창가와 대비해 보면 더욱 뚜렷이 드러난다. 일제 주도로 1910년에 편찬한 음악 교과서『보통교육창가집』에 수록된 **친의 은**은 관제적 성격을 다분히 지닌다는 점에서 **부모은덕가**와 차이가 나기 때문이다.

새롭게 출현한 문화가 혼종적인 성격을 당연히 지니는데도 우리나라 대중음악의 시작을 말할 때는 전통의 단절과 외래문화의 이식만 강조하기도 한다. 대중가요를 '작사·작곡자가 창작해 대중매체를 통해 유통된 일련의 노래'라고 정의한다면, **부모은덕가**는 대중가요로 보아도 손색이 없다. 더구나 이 노래는 유성기축음기라는 근대 매체를 통해 유통되기도 했다. 일본축음기상회에서 '닙보노홍'이라는 상표를 달고 1913년에 **부모은덕**이란 제목의 음반으로 발매되었고, 1923년에는 **부모의 은덕가**란 제목으로 재발매되었다.

부모에 대한 효도라는 계몽적이고 교훈적인 내용의 노래라도 충분히 대중성을 확보할 수 있다는 것을 이 노래가 실증적으로 보여주고 있다. 외래 가요의 번안곡이 아닌 우리나라 사람이 창작한 민요풍 노래에서 대중음악 초기의 모습을 헤아려 보는 건 의미가 있다. 어버이날, **부모은덕가**를 다시 들으며 우리 대중음악의 뿌리를 떠올렸다. 잊힌 창가 속에도 우리 음악의 깊은 뿌리와 정서가 살아 숨 쉰다.

scan me!

부모의 은덕가
청년회원 노래, 1923

경부철도노래에 담긴 서글픔과 의지

기차는 멀리 떠나기도 하지만 돌아오기도 하고, 기차역에서는 사람들이 만나기도 하지만 헤어지기도 한다. **기찻길 옆 오막살이**에서는 아기가 잘도 자고, **은하철도 999**는 어둠을 헤치고 힘차게 달린다. 소나무가 안타까운 마음으로 간이역을 바라본다고 여겨 단숨에 창작했다는 이규석의 **기차와 소나무**는 어떠한가. 손인호의 **비나리는 호남선**, 안정애의 **대전부루스**, 김수희의 **남행열차**, 한영애의 **완행열차**, 다섯손가락의 **새벽 기차**, 김현철의 **춘천 가는 기차** 등은 '기차'관련 대표적 노래들이다.

기차와 관련된 가장 이른 시기의 노래는 최남선이 1908년에 발표한 **경부철도노래**다. 전체 67절의 긴 노랫말이어서 34쪽의 책으로 신문관新文館이라는 출판사에서 발간되었다. 실제로 노래로 불렸는지 확실치 않지만, 짧은 유절 형식의 노랫말과 함께 악보도 수록되어 있다. 즉 악보가 존재하는 걸로 보아서 노래를 부를 것을 염두에 두고 창작한 것만은 분명하다. 노랫말에는 서울서 부산으로 가는 철길을 따라 오늘날 우리에게도 친숙한 역명과 지명이 수없이 등장하고 있어 정겹다.

경부철도노래가 일본에서 1906년에 발표한 **만한철도창가**滿韓鐵道唱歌에 자극받아 창작된 것으로 보이나 두 노래는 분명히 다른 결을 지닌다. **만한철도창가**가 만주와 우리나라에 대한 일본의 야욕을 드러낸 것과 달리, **경부철도노래**는 기울어져 가는 나라 상황에 분통을 터뜨리고 국권 회복의 의지를 담고 있다. "우렁차게 토하는 기적 소리에"로 시작한 노래가 후반부에 이르면 "슬프도다"라며 서글픈 현실 인식을 표출한다. 당시 철도가 근대화의 상징이면서 동시에 제국주의의 수탈을 의미한다는 점에서 양가감정을 불러온 것으로 보인다.

경부철도노래의 곡조를 1900년에 발표된 일본의 **철도창가**와 같은 것으로 오인하기도 한다. 하지만 **경부철도노래**의 원곡은 우리에게 **들놀이**라는 동요로 친숙한 **호밀밭 사이로** Coming Through the Rye 이다. **호밀밭 사이로**는 스코틀랜드에 전하는 곡조에 시인 로버트 번스 Robert Burns 가 노랫말을 붙인 것이다. 오노 우메와카 多梅稚 가 작곡한 일본의 **철도창가**는 "청산 속에 묻힌 옥도 갈아야만 광채 나네"로 시작하는 **학도가**의 곡조로 차용되어 우리나라에서 유행했다.

6월 28일은 '철도의 날'이다. 어쩌면 우리는 저마다 자신의 이름을 내건 기차역일지도 모른다. 각자의 역에 누군가 기차처럼 다가와서 머물다 떠난다. 다만 우리가 기차와 다른 점은 시간표가 없다는 것이다. 어떤 사람이 우리에게 다가왔다 떠날지, 오래 머물 것인지 스쳐 지나갈 것인지 알 수 없다. 한 치 앞도 못 보는 세상살이에서 새로운 기차를 발명할 수 있다면 그 이름은 '네게로 가는 기차'가 될 것이다.

개천절에 부른 노래들

하늘이 열린 날이란 뜻의 개천절開天節은 단군을 기리고자 제정한 국경일이다. 1909년에 나철羅喆은 구국을 위한 민족 종교 운동의 하나로 대종교를 중흥했고, 단군이 하늘로 올라간 날을 기념하는 '어천절御天節'과 함께 '개천절'을 대제大祭로 정했다. 상해임시정부도 음력 10월 3일을 개천절로 경축하였으며, 대한민국 정부를 수립한 1948년에도 개천절 경축 행사를 거행했다. '국경일에 관한 법률'에 따라 1949년부터는 양력 10월 3일에 개천절 행사를 열고 있다.

『동아일보』1949년 10월 23일 자에는 정부가 광복절, 삼일절 등과 함께 개천절 노래를 공모한다는 기사가 실려 있다. 입상작이 없어 전문가에게 작사를 위촉했고, 1950년 4월 29일에 정인보가 작사하고 김성태가 작곡한 **개천절 노래**를 제정해 오늘에 이르렀다. "우리가 물이라면 샘이 있고 우리가 나무라면 뿌리가 있다. 이 나라 한아바님은 단군이시니 이 나라 한아바님은 단군이시니"하는 **개천절 노래**는 우리의 근원이 오래되었음을 강조해 민족에 대한 자긍심을 일깨우려는 내용으로 이루어져 있다.

광복 이전에도 이미 단군이나 개천절 관련된 노래가 여럿 있었고, 이들 상당수는 독립운동 가요로도 불렸다. 이 가운데 "우리 시조 단군께서 태백산에 강림하샤 나라 집을 창립하여 우리 자손 주시었네"로 시작하는 **단**

군가와 "즐겁도다 상원갑자 시월 삼일에 태백산 위 단목 아래서 기다리니 거룩하고 인자하신 우리 한배님 천부삼인 가지시고 강림하셨네"의 **개천절**이 대표적이다. 각기 다른 외국곡에 노랫말을 붙인 것이다. 이 밖에도 작사자 미상인 **어천절가**와 **단군기념**, 최남선이 작사한 **개천가** 등이 일제강점기에 단군 신화를 노래에 담아 민족정신을 고취하려 시도였다.

조선 사람이 처음 생겨난 날인 개천절을 지키지 못하는 현실을 개탄하는 기사가 『동아일보』 1934년 5월 6일 자에 실리고, 단군의 존재를 부정하는 일부 학자를 비판하는 기사가 『조선일보』 1935년 10월 29일 자에 실리는 등 드물더라도 1935년까지는 개천절에 관한 언급이 있었다. 하지만 그 뒤부터 해방 전까지는 개천절 관련 기사를 찾아볼 수 없어 민족 정체성과 관련된 상징들이 점차 공적 담론에서 사라져간 것을 알 수 있다.

조선어학회 이사장 장지영張志暎은 1948년에 "샘 없는 물이 없고 뿌리 없는 나무가 없나니 조상 없는 후손이 어디 있으리오"라며 근원의 중요성을 역설한 바 있다. 2025년은 단기 4358년이다. 자연의 순리대로 살아가며 만물에 이로움을 주는 참된 사람이 되라는 의미의 '홍익인간弘益人間 이화세계理化世界'가 여전히 유효한, 아니 절실한 세상에 살고 있다.

나의 사랑 클레멘타인에서 심청이까지

옛날 노래책에서 뜻밖의 노래를 발견하곤 한다. 1929년에 발간한 『신식 유행 이팔청춘 창가집』은 외국 노래 번안곡에서 우리나라 잡가에 이르기까지 그즈음에 유행하던 노래를 모아놓은 책이다. 그중 판소리를 소재로 한 『심청가』가 흥미롭다. "옛 도화동 한 가정에 그의 식구 세 사람, 계집 아해 심청이요 그의 부친 심학규"로 시작하는 이 노래는 죽음을 무릅쓴 심청의 효성에 초점을 맞추고 있다. 심청이가 눈먼 아버지를 위해 공양미 삼백 석에 몸을 파는 대목까지만 다루고 있다. "내 사랑아 내 사랑아, 나의 사랑 심청이, 눈먼 아비 혼자 두고 영영 어데 갔느냐"라는 심봉사의 절규로 끝나면서 자식을 잃은 아버지의 애끓는 심정을 드러내고 있다.

이 노래가 특히 눈길을 끄는 이유는 제목 아래 '클레멘타인 곡과 동일'이라 적혀 있기 때문이다. 통상 **클레멘타인**이라 부르지만 **오 내 사랑, 클레멘타인** Oh My Darling, Clementine 이 원래 명칭이다. 유래와 관련해서 여러 이설이 있으나, **클레멘타인**은 미국의 서부 개척 시대인 19세기에 황금을 캐던 광부가 어린 딸을 잃은 실화를 소재로 한 것이라 한다. 혈육을 잃은 광부의 안타까운 심정을 그린 이 노래는 미국뿐 아니라 전 세계에 퍼져 나갔다. 우리나라에는 1919년 삼일운동 직후에 소개되었는데 "넓고 넓은 바닷가에 오막살이 집 한 채 고기 잡는 아버지와 철모르는 딸 있네. 내 사랑아 내 사랑아, 나의 사랑 클레멘타인 늙은 아비 혼자 두고 영영 어딜 갔느냐"라는 노랫말은 음악가 박태원 朴泰元 이 지은 것이다.

딸을 잃은 아버지 처지에서 전개되는 원곡과 달리, 1971년 양희은 데뷔 음반 「고운 노래 모음」에 수록된 **엄마! 엄마!**는 곡조는 같지만 노랫말은 죽음을 앞둔 자식의 독백으로 이루어져 있다. 애잔한 하모니카 선율에 이어 우수에 찬 양희은의 목소리가 청아하게 흘러나온다. "엄마 엄마 나 잠들면 앞산에 묻지 말고 뒷산에도 묻지 말고 양지바른 곳으로, 비가 오면 덮어주고 눈이 오면 쓸어 주. 정든 그 임 오시거든 사랑했다 전해 주"라며 엄마에게 유언처럼 슬프게 당부하는 말을 남긴다. 자식을 잃은 슬픔의 정서가 **클레멘타인**에서 시작하여 **심청가**와 **엄마! 엄마!**로 시대와 장소를 넘나들며 이어져 오니 그 고통의 울림이 잦아들지 않는다.

클레멘타인의 아버지, 심청의 아버지, 그리고 **엄마! 엄마!**의 그 어머니까지. 자식을 먼저 떠나보낸 이들의 마음은 시대를 건너고, 땅을 건너도 여전히 같다. 사랑하는 이를 부르며 남긴 그 노래들은 오늘도 어딘가에서 사랑하는 이를 잃은 이들에게 조용히 말을 건넨다. 2025년, 끝나지 않은 전쟁이 아이들의 노래를 집어삼킨다. 언젠가 전쟁의 포화 속에서 어느 아이가 "우리는 잘못한 게 없어요."라고 했던 그 말이, 지금도 여전히 가슴 아프게 와닿는다. 그래, 너희들은 잘못한 게 없단다. 모두 어른들의 잘못이란다. 이 땅에서 더 이상 누군가를 잃은 사람의 슬픈 노래가 흘러나오지 않기를 바라며, 전쟁으로 스러져 간 많은 이들의 명복을 기원한다.

광복 이후 첫 어린이날 노래

광복 이후 첫 번째 어린이날 기념식이 1946년 5월 5일에 있었다. 1946년 2월에 결성된 '어린이날 전국준비위원회'에서 어린이날 기념식을 거행하려 했으나 좌우의 이념 대립으로 각각 달리 진행되었다. 그 결과 어린이의 시가행진 계획은 물거품이 되었고, 우익 쪽에서는 운동회로 어린이날 기념식을 대신하였다. 어린이 잡지『주간 소학생』1946년 5월 20일 자에 시인 박세영은 파행적으로 운영된 반쪽짜리 어린이날 행사에 대한 안타까운 심정을「어린이 없는 어린이날」이란 제목의 글로 표현했다.

작사자와 작곡자를 명기하지 않았으나 전국준비위원회에서 마련한 **어린이날**이란 제목의 노래가『어린이신문』1946년 4월 27일 자에 게재되었다. 하지만 1947년에 다시 어린이날 노래를 공모한 것은 좌우 대립 때문이었을 것이다. 그렇다면『어린이신문』에 수록된 노래 **어린이날**이 광복 이후 가장 처음으로 발표된 어린이날 노래일까?

자료를 조사하다 나운영의 **어린이날 노래**가 이보다 앞선 걸 확인하였다. 이 노래의 원 악보는 나운영 자료를 보관하고 있는 아르코예술기록원에서 만날 수 있다. 나운영이 1946년에 창립한 '민족음악문화연구회'에서 발간한 악보집에는 **어린이날 노래**와 **우리나라** 두 곡의 악보가 실려 있는데, 노래책의 마지막 장 하단에 1946년 4월 16일 인쇄, 4월 21일 발행이라는 정보가 적혀 있다. 결국 지금까지의 자료에 따르면 이 노래가 광복 이후 가장 먼저 발표된 어린이날 노래가 되는 셈이다.

강아지와 **봄맞이 가자** 등의 동요로 유명한 김태오가 작사하고 수많은 클래식 창작곡과 찬송가, 동요를 창작한 나운영이 작곡한 **어린이날 노래**는 음악적으로는 4분의 2박자에 사장조, 32마디로 이루어져 있다. 그 노랫말은 "금수강산 삼천리 새파란 동산 씩씩하게 자라는 어린 동무야 / 에야데야 기뻐 뛰며 노래 부르자 오늘이 어린이날 우리 명절날 / 만세 만세 우리나라 만세 만세 우리 어린이 / 기운차게 뻗어가는 희망을 안고 발걸음을 맞추어 앞으로 가자"이다. 금수강산, 삼천리, 만세 등의 단어를 사용해 광복의 기쁨과 고국에 대한 애정을 표현했고, '기쁘게, 씩씩하게, 행진조로'라는 나타냄말로 밝고 희망적인 걸 강조하였다. 그러면서도 "에야데야"와 같은 민요의 조흥구를 사용한 것이 눈에 띈다.

해마다 어린이날이 되면, 어린 시절의 한때를 떠올린다. 비눗방울 놀이, 풍선껌 불기, 구슬치기, 고무줄놀이 등을 하며 아무 생각 없이 놀던 때가 문득 그리워진다. 아이들이 맘껏 뛰어놀고 꿈꾸며 재능을 펼칠 수 있는 세상이 좋은 세상이 아니겠는가! 어른들의 세계가 아이들의 맑은 시간을 가로막는 일이 없기를 바란다. 지금도 어디선가 너무 일찍 어른들의 세계를 마주하고 있는 아이들에게 조심스레 위로의 마음을 건넨다. 그리고 말한다. 지켜주지 못해, 미안하다고.

scan me!

어린이날 노래
김태오 작사, 나운영 작곡, 1946

웅대한 이상을 찾아서

어떤 사실은 아주 오랜 시간이 흐른 후 세상에 알려지기도 한다. 우연히 또는 운명처럼. **웅대한 이상**도 그랬다. 처음 접하는 노래라 제목만으로는 어떤 노래인지 짐작조차 할 수 없었다. 세월의 풍파를 묵묵히 견뎌낸 이 음반을 눈 맑고 귀 밝은 소장자가 처음 틀었을 때 저도 모르게 감탄이 새어 나왔으리라. **황성옛터**라는 제목으로 알려진 **황성의 적**跡 곡조가 흘러나올 거라고 누가 예상이나 했을까?

황성의 적과 곡조가 같은 **웅대한 이상**은 전수린이 노래한 **광야**曠野**의 비**悲와 함께 유성기 음반에 실려 있다. 1931년 11월부터 한 달 정도만 음반 광고를 한 것으로 보아 이 음반을 발매한 '디어레코드'는 설립하고 얼마 못 가 사라진 듯하다. 여기서 36종의 작품을 제작한 것으로 확인되는데, 현재 남아 전하는 음반은 겨우 몇 장뿐이다. 그중 **웅대한 이상**이 실린 음반은 대중음악사에서 매우 희귀한 걸로 기록할 만하다.

웅대한 이상을 부른 가수는 음반 표지에 한자로 '申佳羅悧娥 신가나리아'라고 적혀 있는데, 바로 신카나리아다. 1932년에 이애리수의 **황성의 적**이 빅타 음반 회사에서 발매되었고 같은 해에 윤백단의 **황성의 적**이 태평 음반 회사에서 발표되었으며, 1933년에는 같은 곡조를 사용한 이경설의 **고성의 밤**이 포리돌 음반 회사에서 나왔다. 또한 **황성의 적** 곡조를 사용한 임생원의 **회상**이 1932년 태평 음반 회사에서 발매되었다가 1935년 **야명조**로 제목만 바뀐 채 기린레코드사에서 발표되었다. 같은 곡조를 사용한 노래가 1930년대만 여러 번 세상에 나올 정도로 인기가 있었는데, 이 중 **웅대한 이상**이 시기적으로 가장 앞선다.

디어레코드는 '전기 취입'이라는 당시로서는 획기적인 녹음 방식을 도입하여 '품질 백 퍼센트'의 음반이라 광고하였지만, 지금 상태로는 **웅대한 이상**의 음질이 좋지 않아 노랫말을 정확하게 알아듣기 어렵다. 다만 "청춘은 꽃이다 인간 꽃이다 누구라 반기어 맞지 않으리"와 "보아라 들어라 유사 이래로 영웅과 태평은 이때였었다"라는 일부 노랫말을 통해 웅대한 이상을 품은 청춘을 예찬하는 노래라는 걸 짐작할 수 있다.

"젊은 날엔 젊음을 모르지만" 지나 보면 안다. 젊다는 것은 그 자체로 좋은 거라는 걸 말이다. BTS의 **For Youth**의 노랫말처럼, 달리고 넘어지고 일으켜 주고 쓰러지다가도 몇 번이든 일어나는 게 청춘 아니겠는가. 웅대한 이상을 품지 않아도 좋다. 그저 찬란히 지금 여기서 빛나시길! 그대여.

K뷰티의 첫걸음, 'ABC 화장품'을 아시나요

『조선일보』1921년 1월 23일 자에는 '부인 화장계의 패왕霸王'이라 자처한 '박가분'의 광고가 실려 있다. "박가분을 항상 바르시면 주근깨와 여드름이 없어지고 얼굴에 잡티가 모두 없어져서 매우 고와집니다"라는 광고 문구는 아름다워지고 싶은 인간의 본능을 보여준다. 이에 조응하면서 화장품 산업은 발전했다.

우리나라 화장품 회사 중 아모레퍼시픽은 1932년 창업자의 모친이 동백 머릿기름 판매를 시작한 데에서 연원을 찾을 수 있다고 한다. 이 회사의 전신인 태평양화학공업사는 1945년에 창립한 이후 수많은 제품을 개발해 판매했다. 1951년에는 'ABC 화장품' 브랜드의 하나인 'ABC 포마드'를 출시했다. 1964년 방문 판매 전용 브랜드인 '아모레'가 출시되기 전까지 ABC 화장품 광고가 신문에 자주 등장했으며, 광고용 노래도 제작됐다.

1959년 4월 세광음악출판사에서 간행한 노래책『대중가요』2집에 수록된 악보 **ABC 청춘신보**와 **ABC 행진**은 모두 이 화장품 광고 노래다. 우리나라 최초의 광고 노래로 1959년 진로소주의 **차차차 송**을 들기도 하나, ABC 화장품 광고 노래가 이보다 앞설 가능성이 있다. 반야월이 작사하고 조춘영이 작곡한 두 노래 모두 인기 가수 남인수와 장세정이 함께 불렀다. 음원은 아직 발견되지 않았지만, '신세기레코드'라는 표기가 있어 음반으로도 제작되었을 가능성이 크다.

두 노래 모두 4분의 4박자에 내림마장조로 이루어져 있다. **ABC 청춘신보**는 부점 리듬을 사용해 노래에 경쾌함을 더했고, **ABC 행진**은 "라라라"와 같은 조흥구로 흥겨움을 배가시켰다. 후렴은 단순하면서도 기억하기 쉬운 선율을 사용해 광고 노래가 지녀야 할 미덕을 갖췄다.

ABC 청춘신보는 여성들을 겨냥해 "ABC 오백반 크림 바르면 비단같이 분결같이 고와집니다"라거나 "ABC 백정제는 젊어만 진대요"라는 노랫말로 화장품의 효능을 부각하고 있다. **ABC 행진**은 "휘파람 날리면서 씽긋 웃는 핸섬보이"가 가장 애용하는 ABC 포마드가 값비싼 외국산을 물리치는 국산품이라는 걸 강조하는 노랫말로 이루어져 있다. 당시 ABC 화장품은 "외래품 선전에 속지 말고 손색없는 우리 상품 다 같이 애용합시다"라는 광고 문구를 내세웠는데, 노랫말에서도 이를 확인할 수 있다.

'K뷰티'라는 말이 일상이 된 가운데 화장품 수출액이 2010년 2조 원대에서 2024년 기준 14조 원대까지 늘어나면서 프랑스를 제치고 1위에 올랐다. 중국에 의존했던 과거와 달리 전 세계로 시장이 확대되었으니, 앞으로 K뷰티는 계속 성장할 전망이다. 그리고 그 긴 여정을 거슬러 올라가면, 어느 날의 'ABC 화장품 광고' 노래와 마주하게 된다.

9

어떤 노래는 우리를 비추는 거울이 되고,
어떤 멜로디는 우리에게 조용히 질문을 건넵니다.

음악이 던지는 물음표 앞에서,
잠시 멈추어 생각해 보는 건 어떨까요.

글루미 선데이 Gloomy Sunday 에서 엿본 어두운 세상

　남인수가 1939년에 노래한 **얼러 본 타관 여자**를 듣는다. 전주前奏에서 익숙한 선율이 감지된다. 그것은 바로 '죽음의 노래'라 불리며 전 세계를 뒤흔들었던 곡이다. 1933년 헝가리의 레죄 세레쉬 Rezső Seress가 전쟁으로 인한 절망의 심정을 담아서 작곡한 **글루미 선데이** 원제는 Szomorúvasárnap 말이다. 이후 라슬로 야브르 László Jávor가 연인의 죽음에 충격을 받아 스스로 생을 포기하려는 내용의 노랫말을 붙여서 1935년 팔 칼마르 Pál Kalmár가 헝가리어로 처음 노래하였다. 미국에까지 알려져 여러 가수가 노래를 불렀는데, 1941년에 발매된 빌리 홀리데이 Billie Holiday의 노래가 특히 유명하다.

　한 곡의 선율이 국경을 넘어 그 절망의 선율 위에 한국적 비애가 덧입혀진 채로 한국에 당도하였다. 이야기 음반 「서러운 일요일」에 삽입된 윤건영의 **서러운 일요일**' 1937이 **글루미 선데이**의 대표적인 번안곡이다. 음원은 없으나 '세레스'라 표기된 작곡자의 정보와 노랫말을 통해 이 노래의 원곡이 **글루미 선데이**라는 것을 알 수 있다. 주인공 희영이 죽은 연인 영순을 그리워하는 내용의 노랫말에는 "글루미 선데이"라는 표현이 매절 마지막에 반복적으로 등장해서 노래의 연원을 가늠하게 한다.

　또한 탁성록이 1936년에 발표한 **어두운 세상** 팽환주 작사은 제목이 암시하듯이, **글루미 선데이**와 선율이 동일하다. "꿈같이 그리던 그 얼굴 더듬고 봄 하루 외로이 지내는 내 설움. 언제나 또다시 네 이름 새겨서 다 묵은 추억에 이 밤을 새울까?"라는 노랫말은 떠나간 연인을 그리워하는 심정을 드러내고 있어서 **글루미 선데이**의 영향권에서 벗어나지 않는다. 10여 편의 대중가요를 작곡하기도 한 탁성록이 직접 노래한 것은 **어두운 세상**이 유일한 듯하다.

광복 이후 그는 또 다른 의미에서 어두운 세상에 스스로를 가두어 버렸다. 마약 중독자로서 피폐한 삶을 산 것은 차치하더라도, 제주도 4·3사건' 당시 진압대의 핵심 일원으로 선량한 사람들을 살해하는 데 앞장선 것은 도저히 간과할 수 없는 그의 크나큰 과오이다. '개관사정蓋棺事定'이라고 하듯이, 사람에 대한 평가는 그가 죽은 후에야 비로소 제대로 이루어진다. 시작만큼 끝이 중요하다고 하는 이유다. 역사는 되풀이되면서 우리에게 교훈을 주지만, 어리석게도 인간은 그것을 망각한 채 또다시 잘못을 범하곤 한다.

탁성록이 남긴 **어두운 세상**은 단지 한 곡의 번안가요가 아니다. 그것은 시대의 불안, 개인의 상실, 그리고 인간의 그림자를 아로새긴 하나의 기록이다. 그리고 그 자신이, 노래 제목처럼 점점 어두운 세상 속으로 걸어 들어갔다. 음악과 삶, 아름다움과 잔혹함이 엇갈린 한 인물의 궤적은 우리에게 묻는다. 노래는 위로가 되었을까, 혹은 거울이었을까. 역사는 되풀이되지만, 우리는 늘 잊고 또 되풀이한다. 그렇게, 지금도 어딘가에서는 여전히 **어두운 세상**이 흐르고 있다.

유쾌한 시골 영감의 서울 구경

"시골 영감 처음 타는 기차놀이라"로 시작하는 노래를 아는 사람이 적지 않을 것이다. 누군가는 서영춘의 노래로, 누군가는 양석천의 노래로 기억할지도 모른다. 어렸을 때 처음 이 노래를 듣고, 무슨 뜻인지도 모른 채 노래에 나오는 웃음소리를 따라 하며 깔깔거렸던 기억이 있다. 사실, 이 노래가 음반으로 처음 발매된 것은 1936년이다. 강홍식이 발표한 **유쾌한 시골 영감**이 **서울 구경**의 원조다. "시골 영감님께서 서울 구경을 떠나시었는데, 자못 유쾌한 장면이 많았겠다"라는 강홍식의 내레이션으로 시작하는 이 노래는 난생처음 기차를 탄 시골 영감이 서울에 도착할 때까지 좌충우돌하는 내용을 담고 있다.

그런데 **유쾌한 시골 영감**의 진짜 원곡은 따로 있다. 찰스 펜로즈Charles Penrose가 1922년에 발표한 **The Laughing Policeman** 웃는 경찰관이 **유쾌한 시골 영감**의 직계 조상이다. 우스꽝스러운 경찰관을 소재로 한 이 노래도 노래 중간의 웃음소리가 재미있는 노래다. 더 거슬러 올라가면 흑인 민요를 뜻하는 '쿤 송 Coon Song' 중 하나인 1890년대 조지 존슨George Johnson의 **The Laughing Song** 웃음의 노래도 만날 수 있다.

유쾌한 시골 영감을 들으며 웃다가도 문득 시골 영감에게 연민이 느껴지는 순간이 있다. 근대 문명 앞에서 우왕좌왕하는 그의 모습이 식민지 조선의 우리네 자화상처럼 다가오기 때문이다. 근대 문명에 적응하지 못한 채 표류하는 사람들의 모습을 시골 영감에게서 볼 수 있기 때문이다. 철도는 대륙을 향한 일제의 야욕과 우리 조선의 수탈을 상징하기도 했다. 철도를 놓기 위해 희생된 우리 민족을 생각하면 그 빠름에 마냥 좋아할 수만은 없다. 기차에 적응하는 것은 상대적으로 차갑고 냉정한 근대의 질서인 시간과 규범에 길들여지는 것을 의미했다. 결국 **유쾌한 시골 영감**은 당대인이 느낀 당혹감을 해학적으로 묘사한 노래라 할 수 있다.

6월 28일은 '철도의 날'이다. 우리나라 최초의 철도가 개통한 날인 1899년 9월 18일 대신, 철도국을 설립한 1894년 6월 28일로 철도의 날을 변경하여 2018년에 제정한 것은 일제 잔재 청산의 방편이었다. 2025년 현재, 철도가 개통된 지 126년이 되었다. 현재 우리는 그 시절 기차보다 훨씬 빠른 교통수단과 함께하고 있다. 점점 빨라지고 있는 시대에 살면서 오히려 느린 것을 추구하게 되는 것은 '빠름'이 모든 것의 정답이 될 수 없다는 것을 경험으로 알기 때문이다.

"우리는 어디에서 와서 어디로 가는가?" 모든 게 너무 빠르게 흘러가는 세상 속에서, 문득 낯설고 느릿했던 그 시골 영감을 떠올려 본다. 잠시 멈추었을 때 비로소 보이는 길이 있다고 했던가. 어쩌면 우리는 속도에 쫓기느라 놓쳐버린 것들 속에서, 진짜 목적지를 다시 찾아야 하는지도 모르겠다. 어디로 가는지도 모른 채 무작정 떠밀려 가지 않기 위해서, 내가 내 삶의 주체가 되기 위해서 말이다.

scan me!

유쾌한 시골 영감
범오 작사, 강홍식 노래, 1936
원곡은 The Laughing Policeman, 1922

시간이 흐를수록 빛나는 이름, 아리랑

호머 헐버트Homer B. Hulbert는 고종의 측근으로 우리나라의 독립을 위해 애쓴 인물이다. 1906년에 간행한 그의 책 『The Passing of Korea 대한제국 멸망사』의 '헌사'에서 그는 "잠이란 죽음의 가상假像이기는 하나 죽음 그 자체는 아니라는 것을 증명하게 될 대한제국의 국민에게 이 책을 드립니다"라며 당시 우리 민족에 대한 애정과 안타까움을 표현했다.

호머 헐버트 하면 '아리랑'이 떠오른다. 보통 아리랑이라고 하면 1926년에 나운규가 감독과 주연을 맡아 개봉한 영화 「아리랑」의 주제가를 이야기한다. 그러나 이 노래는 전통적으로 전해진 민요라기보다는 창작곡인 신민요에 가깝다. 잡지 『삼천리』 1937년 1월 호에서 나운규는 자기의 고향 함경북도 회령에 철도를 놓기 위해 남쪽에서 온 노동자들이 부른 아리랑의 구슬픈 소리에 빠져들었으나, 이후 그 선율을 찾을 수 없어 예전에 들었던 것을 바탕으로 새롭게 아리랑을 지었다고 했다.

나운규가 고향에서 들었다는 아리랑이 어떤 노래인지 알 수 없으나, 1886년 10월 17일에 호머 헐버트가 여동생에게 보낸 편지에서 그 실마리를 찾을 수 있다. 그는 아리랑의 8마디 악보를 그린 뒤, "동네 꼬마 녀석들이 아리랑을 어찌나 불러대는지 귀가 따가울 정도"라고 적었다. 이후 1896년 미국 잡지에 「한국의 성악Korean Vocal Music」을 소개하면서 다장조에

4분의 3박자, 16마디의 **아리랑** 악보를 제시했다. 그러면서 아리랑은 한국인의 주식인 쌀rice과 같은 노래이고, 서양의 어느 시인이나 작가에도 뒤지지 않을 정도로 한국인의 정서를 잘 담고 있는 노래라고 설명했다.

그가 채보한 아리랑 외에도 더 많은 자료를 찾을 수 있다. 황현의 『매천야록』에 언급된 아리랑, '조선의 유행요'란 제목으로 일본 신문에 소개된 아리랑, 홍석현이 간행한 일본어 사전에 실린 아리랑 등의 1894년 자료들, 1896년 미국에서 녹음된 아리랑, 1916년 고려인이 남긴 아리랑 등에서 근대의 여명이 밝아오던 19세기 후반에 이미 아리랑이 유행한 정황을 엿볼 수 있다. 우리 대중음악의 시작점에 아리랑이 있었다.

아리랑 연구는 양적으로 상당하나 그 어원과 유래는 여전히 안갯속이다. 다양한 아리랑이 전하고 있지만, 선율이나 노랫말 중 어느 하나로 그 원천을 확정할 수 없다. 확실하지 않은 것들을 하나하나 빼고 나면 남는 것은 '아리랑'이라는 말뿐인지도 모르겠다. 어쩌면 모든 것을 수용하고 흡수하여 변모를 거듭하는 것이 아리랑이 지닌 생명력의 근원이리라.

한민족의 정신적 동질감을 보여주는 우리의 노래 아리랑! 2012년, 아리랑이 유네스코 인류무형문화유산으로 등재되었다. 그로부터 어느덧 10여 년이 흘렀다. 세월이 흐를수록 아리랑은 더욱 깊어지고 넓어진다. 누구나 부를 수 있고, 언제든 마음속에서 울려 퍼지는 노래. 그래서 지금, 여기서 다시 '아리랑'을 부른다.

scan me!

아리랑
장유정과 하림 노래, 2020
헐버트 채보, 1896

드라마 「더 글로리」에 소환된 아가에게

    음악이 아니었다면 「더 글로리」에 처음부터 그렇게 빨리 빠져들지 않았을지도 모른다. 전주前奏부터 마음이 저절로 열리고 전율을 느끼게 하는 음악을 가끔 만나는데, 「더 글로리」 1화에 흘러나오는 **Until the End**가 그러하다. 아름다운 전주에 더해진 켈리 맥레이 Kelley McRae 의 따뜻한 목소리에 매료되어 드라마를 보기 시작했다.

    끔찍한 학교 폭력의 피해자인 문동은 송혜교 이 가해자들에게 복수하는 이 드라마는 2022년에 이어 2023년 3월에 파트 2까지 공개되었는데, 당시 전 세계 넷플릭스 TV쇼 부문 정상을 차지할 정도로 인기몰이를 하였다. 현대의 드라마 속 인물들의 성격은 복잡 미묘하여 선 또는 악의 어느 하나로 규정짓기 어렵다. 그에 반해 「더 글로리」는 우리 고전소설에서 흔히 볼 수 있는 권선징악의 문법처럼 인물들의 선악 구별이 명확한 편이다. 때때로 현실은 드라마보다 추악하여 가해자에 대한 처벌은 쉽지 않고 피해자는 고통 속에서 살아가곤 한다. 개연성이 다소 떨어지는 부분이 있어도 「더 글로리」에 빠져든 것은 대리만족을 통한 카타르시스 때문일 것이다.

    「더 글로리」에서 주목할 것은 상처받은 사람들의 소통과 연대일지 모르겠다. 상처받은 사람들은 정신분석학자 카를 융 Carl Gustav Jung 이 처음 사용한 '운디드 힐러wounded healer'에 해당한다. 문동은의 여러 조력자와 '칼춤 춰 줄 망나니'를 자처한 주여정이도현도 마찬가지다. 그들이 받은 상처는 동병상련에 놓인 사람들을 어루만져 줄 수 있는 원천이 된다.

하지만 '눈에는 눈 이에는 이'라는 식의 복수는 또 다른 복수를 낳기 마련이다. 마지막 화에 다소 뜬금없이 등장한 송골매의 **아가에게**는 이 드라마의 종착점이 복수만은 아니라는 것을 상징적으로 보여준다. "달빛처럼 고요한 그대는 누구인가 / 햇살처럼 화사한 그대는 누구인가 / 그 누구의 사랑으로 여기에 서 있는가"로 시작하는 **아가에게**는 순수한 사랑을 예찬한 노래다. 배우 임예진이 첫 조카를 보고 느낀 놀람과 감탄을 노랫말로 만들었고, 여기에 구창모가 곡을 붙여 1983년 송골매 3집 음반에 수록하였다. 이 노래는 **처음 본 순간**과 함께 3집 음반의 흥행을 이끈 대표곡이다.

송골매의 **아가에게**는 우리를 구원하는 것이 결국 복수가 아니라 순수한 사랑이라는 메시지를 전하는 듯하다. 아기를 향한 사랑은 조건과 대가 없는 사랑 그대로의 사랑이기 때문이다. 그래서 마지막 장면에서 구름이 햇살을 가리는 그 순간 문동은과 주여정이 나눈 짧은 고백은 평범한데도 울림이 깊었다. "사랑해요."

큐피드가 쏜 화살, 그 뒤에 남은 것

2023년, 세상은 케이팝 걸그룹 '피프티 피프티FIFTY FIFTY'의 **Cupid**큐피드에 매혹되었다. 2022년 11월 18일 **Higher**하이어로 데뷔한 4인조 걸그룹 '피프티 피프티'는 이듬해 2월 24일 발표한 **Cupid**큐피드로 빌보드 핫100 10위권에 진입하며 주목받았다.

이들이 해외에서 인기몰이를 성공한 데에는 글로벌 소셜미디어 '틱톡'이 크게 작용했다. 원곡을 최고 150%로 빠르게 재생하는 '스페드업Sped-up'이 틱톡에서 일종의 놀이 문화로 자리 잡았는데, **큐피드**도 그 덕을 톡톡히 본 것이다. 물론 노래 자체도 흥행 요소를 충분히 지니고 있다. 복고 감성이 충만한 이 노래는 편안하게 들을 수 있는 데다 아련한 추억을 불러일으키는 독특한 음색이 어우러져 더욱 매력적으로 와닿는다. 외국인들은 이 노래를 듣는 내내 저절로 미소가 흐를 정도로 유쾌한 감정을 느낀다고도 했는데, 이에는 동화처럼 펼쳐지는 뮤직비디오의 몽환적 분위기도 한몫했다.

'피프티 피프티'를 대형 기획사 소속 그룹이 아니라 중소 기획사 '어트랙트'에서 기획했음이 알려지면서 화제가 되었다. 막대한 자본과 인력을 동원할 수 있는 대형 기획사에서나 추진할 법한 해외 프로모션을 겨우 예닐곱 명이 직접 해외 현장을 누비며 이루어낸 쾌거였기 때문이다. 하지만 성공 이후, 피프티 피프티와 기획사 '어트랙트'간의 분쟁으로 진통을 겪어야 했다. 그 결과, 기존 멤버가 떠나고 새로운 멤버가 들어오는 등 많은 변화가 있었다. 이 과정에서 그간 가려졌던 계약 구조의 모순, 지분의 불투명성, 소통 부재 등의 문제가 드러나기 시작했다.

그들의 목소리는 여전히 플랫폼에서 재생되고 있지만 불안함도 존재한다. '손에 잡힐 듯 다가왔지만 결국 닿지 못한 사랑'을 노래한 **큐피드**가 남다르게 들리는 것은 그간 피프티 피프티의 상황과 묘하게 겹치기 때문이기도 하다. 말하자면 **큐피드**가 이들의 현실과 기묘하게 맞닿은 메타포가 되어버린 셈이다.

큐피드는 정말 바보였을까. 아니면 어쩌면, 처음부터 눈이 멀어 있었는지도 모른다. 그래도 이 노래는 여전히 유효하다. 사랑이 어긋나도, 팀이 흩어져도, 한때 누군가의 마음을 울렸던 노래는 그 자체로 기억될 가치가 있다. 어쩌면 **큐피드**는 케이팝 산업의 가능성과 한계를 동시에 품었던 곡이다. 그래서 더 오래, 더 깊이 생각할 필요가 있다. 큐피드가 쏜 화살이 남긴 것은 단지 한 곡의 인기가 아니라, 우리가 케이팝을 바라보는 방식에 관한 질문이었다.

그나저나 사랑의 신 '큐피드'는 "Cupid is so dumb"라는 노랫말처럼 바보인지도 모르겠다. 아니면 짓궂은 장난꾸러기이거나. 그렇지 않고서야 어찌 그리 사랑이 어긋나기만 하는가 말이다. 셰익스피어의 '한여름 밤의 꿈'에서는 '눈이 없고 날개 달린 형상이 쉴 새 없이 날아다니네'라며 큐피드를 눈이 먼 존재로 묘사했다. 하지만 어긋난 사랑의 아픔과 상처는 수많은 예술 작품으로 꽃을 피우기도 했다. 우리가 쏜 화살은 지금 어디쯤 날고 있을까. 언젠가 누군가의 마음에 당도하기나 할까. 그때가 너무 늦어버린 뒤는 아닐까. 보이지 않는 큐피드 화살을 생각하며, 오늘도 상상의 나래를 펼쳐본다.

공주의 부활, 퀸카

1990년대 우리나라를 강타한 신드롬이 있었으니, 바로 '공주병 신드롬'이다. 그 정점을 찍은 것이 김자옥이 1996년에 노래한 **공주는 외로워**다. 화려한 드레스를 입고 왕관을 쓴 김자옥은 시종일관 미소 띤 얼굴로 "거울 속에 보이는 아름다운 내 모습 나조차 눈을 뗄 수 없어"라고 능청을 피우다가, "예쁜 나는 공주라 외로워"라며 투정을 부리기도 한다. 드라마에서 비련의 여주인공을 도맡아 했던 그는 의외의 변신을 통해 자신의 우울함을 날려버린 것은 물론이고 대중에게 큰 재미를 선사했다. 가수 태진아가 제작한 음반은 당시 10만여 장이 팔릴 정도로 반향을 불러일으켰다.

'극도의 자기도취 상태'를 의미하는 '공주병'이란 용어는 1993년부터 대중매체에 나타나기 시작했다. 1990년대 초반 개성 강한 X세대가 등장하면서 '공주병'이나 '왕자병'처럼 자기애가 넘치는 상태를 뜻하는 신조어가 출현한 것이다. 이때만 해도 이 신조어는 대상을 희화화하여 풍자할 때 주로 사용하곤 했다.

30여 년 전 조롱과 풍자의 대상이었던 '공주병'이 오늘날에는 전혀 다른 의미로 다시 조명되고 있다. 사회 전반에 걸쳐 건강한 자기애와 자존감이 중시되면서, 이 표현 역시 긍정적인 맥락으로 재해석된 것이다. 걸그룹 '(여자)아이들'의 **퀸카** Queencard는 대표적인 사례다. "월화수목금토일 미모가 쉬지를 않네. 머리부터 발끝까지 눈부셔 빛이 나네"라는 가사처럼, 이 곡은 "거울과 사랑에 빠진" 자신을 '퀸카'라 부르며 당당한 자기 긍정을 선언한다. 뮤직비디오 속 주인공이 성형수술 직전, 있는 그대로의 자신을 받아들이기로 결심하고 수술실을 나서는 장면은 그 메시지를 상징적으로 드러낸다. 어떤 틀에도 갇히지 않고 자신을 표현하는 주체적이고도 독립적인 여성의 모습은 (여자)아이들을 비롯해 뉴진스, 아이브, 르세라핌 등 4세대 걸그룹의 음악에서도 계속 발견된다. 자기 자신을 있는 그대로 긍정하고 빛내는 태도는 지금 이 시대의 '공주상公主像'이라 해도 과언이 아니다.

예전 걸그룹에서 그러한 모습을 찾을 수 없는 것은 아니다. 원더걸스가 2008년에 발표한 **So Hot**에서 "난 너무 예쁘고 매력 있다"라고 한 것이나 2NE1이 2010년에 노래한 **I Don't Care**에서 변심한 남자에게 "당장 꺼져"라고 소리친 것이 그 예다. 하지만 대부분 귀엽거나 섹시한 이미지의 부각에 치중하느라 당당하고도 개성적인 인격체로서 여성을 드러내는 데는 소홀하기도 했다.

남녀 불문하고 자기만의 고유한 향기를 드러내는 것은 인간이 인간다울 수 있는 본연의 특성이다. 1세대 걸그룹 S.E.S.의 일원인 '바다'는 말한다. "우리만의 우주를 만들어 나가면 계속 우리 안에서 자기답게 빛날 수 있을 것 같아요"라고. 우리는 그렇게 나를 찾고 나다워지는 방법을 찾아가는 길 위에 있다.

'롤링스톤'에 새겨진 K팝의 시간들

 2023년, 미국의 공신력 있는 대중문화 잡지 『롤링스톤 RollingStone』에서 '한국 대중음악 역사상 가장 위대한 노래 100선'을 발표했다. 초창기부터 지금까지 나온 대중음악 중 100곡을 선정하였는데, 이에 대해 우리나라에서는 다양한 반응이 나왔다. 실상에 어느 정도 부합하는 선정이라는 긍정적 반응이 있는가 하면, 서양 주류 미디어의 권위와 명성에 의존할 필요가 있느냐는 부정적 반응도 있다.

 한국 대중음악 100여 년 역사에서 100곡을 선정하는 일이 어찌 쉽겠는가. 그래도 오랫동안 전 세계 대중음악을 다루어 온 『롤링스톤』에서 한국 대중음악 명곡을 선정했다는 것은 그 자체로 K팝의 높은 위상을 보여준다. 전적으로 동의하는 것은 아니지만, 그 순위는 해외에서 한국 대중음악을 바라보는 시각이 어떠한지 보여준다는 점에서 흥미롭다.

 먼저 'K팝'이란 개념에 대한 인식 차이를 주목할 필요가 있다. 논자에 따라 다르긴 하나, 좁은 의미의 K팝은 1992년 '서태지와 아이들'의 **난 알아요**를 필두로 한 아이돌 음악을 의미한다. 하지만 K팝을 한국 대중음악 전반을 지칭하는 넓은 의미로 볼 때도 있다. K팝이란 용어는 2000년 초반 국내 언론에 본격적으로 등장하는데, 이후 해외에서는 아이돌 음악뿐만 아니라 한국 대중음악 전반을 가리킬 때도 K팝을 사용한다. 김시스터즈를 K팝의 원조로 본다든지 성시경의 발라드를 K팝이라 지칭하는 것 등이 대표적 예다.

『롤링스톤』이 선정한 100곡에는 BTS, 블랙핑크 등의 아이돌 음악뿐 아니라 트로트, 발라드, 포크 등 다양한 장르가 포함되어 있다. 윤심덕의 **사死의 찬미**, 한명숙의 **노오란 샤쓰의 사나이**, 이미자의 **동백아가씨**, 양희은의 **아침이슬**, 유재하의 **사랑하기 때문에**, 전인권의 **그것만이 내 세상** 등 시대별로 유행한 대표적 노래를 망라했다.

이난영의 딸과 조카로 구성된 김시스터즈의 **찰리 브라운**이 이난영의 **목포의 눈물**과 함께 선정된 것은 특기할 만하다. SM엔터테인먼트에서 제작한 노래가 14곡이나 포함되었으며, 펄시스터즈, 김추자, 김정미 등 이른바 신중현 사단의 노래도 여럿 순위에 올랐다. 조용필의 **단발머리**를 "한국 팝의 혁명적 힘"이라고 평가하며 5위로 선정한 것도 눈길을 끈다. 조용필의 1집에서 9집까지 음악 감독으로 참여한 이태경이 밝혔듯이, 사운드를 실험한 이태경과 음악을 실험한 조용필의 협업이 이참에 또 빛을 발한 것으로 해석할 수 있다.

우리는 한국 대중음악 역사상 가장 위대한 노래 100곡을 어떻게 선정할까? 그것을 상상하는 것은 재미있으면서도 조심스러운 일이다. 그렇게 한국 대중음악은 계속 진화 중이다.

'인형'에서 '인간'되기

2023년에 개봉한 영화 「바비」는 바비 인형이 인간이 되어가는 과정을 그려 흥미롭다. 이른바 '인간 되기'란 결국 스스로에게 질문하고 답을 찾아가는 여정이다. 타인의 조종에 따르는 '인형 되기'와는 본질적으로 다르다. 외양적으로는 인간과 흡사하고 오히려 인간보다 더 깜찍하지만, 누구의 조종에 따르는 인형을 인격체라고 하지는 않는다. 자신의 의지대로 움직이지 않는다면 인간도 인형에 불과할 수 있다.

그런 점에서 2023년 5월부터 8월까지 방영한 「댄스가수 유랑단」은 주목할 필요가 있다. 데뷔 연차를 모두 합하면 129년이나 되는 김완선, 엄정화, 이효리, 보아, 화사가 만들어내는 이야기는 단순한 추억 팔이 이상의 의미를 지닌다. 춤추며 노래하는 그들에게서 오랜 연륜에서 우러난 여유와 삶의 지혜마저 엿볼 수 있기 때문이다.

맏언니 격인 김완선은 과거, 매니저였던 이모 한백희의 손에 의해 움직이던 인형에 가까웠다. 어느 날 실존에 눈을 뜨고서 이모 곁을 떠나기로 결심한 그녀는 영화 「쇼생크 탈출」을 여러 번 보며 자유의 의미를 깨달았다고 한다. 영화를 보며 울었던 순간은 그녀가 인형에서 인간으로 탈바꿈하는 중요한 전환점이었다고 본다. 「댄스가수 유랑단」에서 김완선은 견디기 힘들었던 과거 어느 때가 아니라 열정적으로 춤추고 노래하고 싶은 본연의 마음으로 돌아가는 것 같다며 행복해했다.

걸그룹 '핑클'로 연예계에 첫발을 디딘 이효리도 마찬가지다. 기획사의 요구대로 춤추고 노래하던 그녀는 유기견 '순심이'를 입양한 것을 계기로 하여 인형에서 인간으로 거듭났다. 소신 발언으로 유명한 그녀가 직접 작사·작곡하고 노래한 **미스코리아**는 인간 이효리가 추구하는 것이 무엇인지 잘 보여준다. "자고 나면 사라지는 그깟 봄 신기루에 매달려 더 이상 울고 싶진 않아"라며 '불안한 미래'와 '사람들의 시선'을 과감히 떨치고 마침내 "나는 미스코리아 I'm a miss Korea"라고 당당하게 외친다.

엄정화가 "앞으로 나아가기 위해 과거를 돌아보는 시간이 때로 필요하다"라고 말한 것이나 김완선이 "과거의 자신과 화해하는 시간이며, 자신을 스스로 위로하는 시간이다"라고 한 것은 「댄스가수 유랑단」의 취지를 대변해 준다. 전국을 유랑하며 무대를 꾸미는 그들에게서 추억을 떠올리는 대중은 그들의 건재함을 확인하는 순간 서로 소통하고 공감하고 연대하며 친구가 되는 기쁨을 맛본다.

언젠가 방송에서 이효리도 언급한 적 있는 "생각하는 대로 살지 않으면 사는 대로 생각하게 된다"라는 폴 발레리의 명언처럼, 주체적 사고는 인형이 아닌 인간으로 살아가기 위한 핵심이다. 고단하지 않은 삶은 없다. 그렇기에 인형처럼 살지 않기 위해서는, 질문을 멈춰선 안 된다. 끊임없이 묻는 존재만이 인형이 아닌 인간이다. 그러므로 묻노니, "우리는 어디서 왔고, 우리는 무엇이며, 우리는 어디로 가는가."

AI 기술이 낳은 '디지털 부활'

2023년 11월, '비틀스Beatles'가 신곡 **나우 앤 덴**Now And Then으로 영국 공식 차트 1위에 올랐다. 1963년 5월, **프롬 미 투 유**From Me to You로 처음 1위에 오른 지 60년 만의 귀환이었다.

나우 앤 덴은 1980년 사망한 존 레넌이 그보다 몇 년 전, 피아노 반주에 맞춰 녹음한 미완성곡이었다. 그의 아내 오노 요코는 이 곡이 담긴 데모 테이프를 비틀스 멤버들에게 건넸지만, 1995년에는 기술적 한계로 음원을 완성하지 못했다. 그러던 중, 2021년 피터 잭슨 감독이 다큐멘터리 「비틀스: 겟 백」을 제작하면서 AI 기술을 활용해 존의 목소리를 깨끗하게 분리해낼 수 있었다. 그 결과, 30대 존 레넌의 목소리, 생전 조지 해리슨의 기타 연주, 그리고 80대에 접어든 폴 매카트니와 링고 스타의 현재 연주가 하나로 어우러졌다. 시공간을 초월한 이 조합은 팬들에게 뜨거운 반응을 불러일으켰다.

우리나라에서도 인공지능 기술을 활용하여 작고한 가수의 목소리와 모습을 재현하는 사례가 종종 나온다. 이미 사망한 김광석이 김범수의 **보고 싶다**를 부른다든지 김현식이 사후에 박진영의 **너의 뒤에서**를 부르는 모습을 볼 수 있는 것이 그러한 예다. 인공지능 기술에 페이스 에디팅과 홀로그램 기술을 융합하여 혼성 그룹 '거북이' 리더 임성훈의 목소리와 모습을 복원하기도 했다.

대중의 반응은 엇갈린다. 그 가수의 지인과 팬들은 목소리를 다시 들을 수 있다는 데에 감동한다. 아쉬움으로 가수를 그리워하던 사람들에게는 그와 재회할 수 있는 행복한 시간이 된다. 한편에서는 인공지능 기술을 사용한 '디지털 부활'을 경계하기도 한다. 영국의 음악 평론가 사이먼 레이놀즈는 휘트니 휴스턴이나 마리아 칼라스 등의 홀로그램 투어에 대해 "죽은 뒤에도 시장 지배력을 이어가고 신인 예술가들의 기회를 억누르는 불공정 경쟁"이라며 '유령 노예 ghost slavery'에 빗대어 비판한다. 또한 고인이 된 스타가 이러한 무대에 동의했을지, 그의 유산을 마지막 한 방울까지 쥐어 짜내려는 상업적 책략이 아닌지 의심스럽다고 했다. 결국 디지털 부활은 누구에겐 추억을 불러왔지만, 누구에겐 우려로 다가온 것이다.

디지털 부활은 인공지능이 낳은 아름다운 기적일까? 아니면 저주일까? 우리 염려와 상관없이 이 분야는 계속 발전할 것이다. 그러므로 더 늦기 전에 이와 관련한 법과 윤리를 이야기해야 한다. "때때로 돌아와 있어 주고 Now And Then"싶은지 "그대로 두라 Let it Be"할지 고인은 말이 없으니.

겨울 넘어 봄으로 가려면

영화 「서울의 봄」2023년 11월 22일이 개봉 20일 만에 관객 700만 명을 돌파했다. 1979년 12월 12일에 벌어진 군사 반란을 소재로 한 이 영화는 탄탄한 구성에 영화적 상상력을 더해 관람하는 내내 한순간도 화면에서 눈을 뗄 수 없게 했다. 불과 9시간 동안 벌어진 이야기지만 그 긴박했던 상황을 입체감 있게 잘 그려냈다.

신군부가 정권을 잡은 이후 민주화에 대한 열망은 그 어느 때보다 강렬했다. 특히 1980년 5월 18일 광주에서 벌어진 일은 지금까지도 어떤 이들에겐 여전히 상처로 남아 있다. 사람이 죽고 사는 일에 어찌 위아래, 좌우가 있을 수 있겠는가. 민주화를 위해 희생한 분들을 기리는 대중음악이 여럿 나온 것도 이러한 맥락에서 이해할 수 있다.

1984년에 첫선을 보인 김원중의 **바위섬**은 아름다운 선율과 서정적인 노랫말로 많은 사랑을 받았는데, 실은 민주화 운동 당시 고립된 광주를 떠올리며 창작한 노래다. 또한 1989년 이선희의 5집 음반에 수록된 **오월의 햇살**과 **한바탕 웃음으로**도 민주화와 관련이 있는 노래다. 당시 기사에 따르면 **오월의 햇살**이 광주 민주화 운동을 다룬 것이고, **한바탕 웃음으로**는 민주화 과정에서 희생된 젊은이들을 위한 것이라고 한다.

나훈아가 1987년에 광주 젊은이들의 죽음이 안타까워 만든 **엄니**는 2020년에야 비로소 음반 「아홉 이야기」에 정식으로 실렸다. 2023년 5·18 43주기 기념식에 헌정하기도 한 이 노래는 "인자 그만 울지 마시오"라며 살아 있는 어머니를 달래는 죽은 아들 목소리로 이루어져 슬픔을 더한다. 박성식과 장기호로 구성된 '빛과 소금'이 1996년에 발매한 음반 표지에는 당시 광주의 지도가 삽화로 그려져 있어 광주 민주화 운동을 다룬 것임을 짐작하게 한다. **감출 수 없는 진실**, **슬픈 노래** 등을 수록한 이 음반에 대해 '빛과 소금'은 "굴절된 현대사 속에서 제 역할을 다하지 못한 한 인간의 반성을 담았다"라고 했다.

조용필의 **허공**을 작사·작곡한 정풍송에 따르면, 이 노래 역시 민주화에 대한 갈망을 담은 곡이라고 한다. 군사 반란으로 민주화의 길이 요원해진 상황에서 느낀 허망하고 참담한 심정을 "가슴 태우며 기다리기엔 너무나도 멀어진 민주"라 표현했으나, 사전 검열에 통과할 리 없어 '민주'를 '그대'로 바꾸었다는 것이다.

역사는 인간에게 교훈을 주지만 탐욕에 눈먼 인간은 잘못을 되풀이하곤 한다. 겨울 지나 봄이 오듯, 거저 오는 봄은 없다. 민주화를 위해 산화한 분들을 기리며 옷깃을 여미고 고개를 숙인다.

떡국 먹고 한 살 먹고

설날에는 떡국을 먹는다. 설날에 떡국을 먹고 나면 나이 한 살 더 먹은 걸 인정할 수밖에 없다. 떡국을 안 먹어서 나이를 먹지 않을 수 있다면 좋으련만 가는 세월을 그 누가 막을쏘냐. 예나 지금이나 나이 먹는 것이 반길 일은 아니어서 조선의 실학자 이덕무는 한시 **첨세병**添歲餠에서 떡국을 일러 "해마다 나이를 더하는 게 미우니, 서글퍼라 나는 이제 먹고 싶지 않은걸"이라 했다.

이봉조가 노래한 **떡국** 역시 떡국을 먹으며 나이 한 살 더 먹게 된 처지를 자각해서 쓴 것이다. "어렸을 땐 때때옷에 떡국 맛이 그렇게도 맛이 있고 좋았지만 나이 들어 떡국 맛은 그렇지 않네. 한 살 먹는 서러움에 생각에선가. 씹을수록 먹을수록 눈물만 나는데 뒤적이는 떡국 물에 가슴만 아파라. 아 떡국떡국 또 한 그릇 먹어야 하나"라는 1절에서는 흘러가는 세월을 한탄하다가, "쫄깃쫄깃 그 맛에 나도 모르게 철없이 해 가는 줄 몰랐네. 씹을수록 먹을수록 입맛은 돋는데"라는 2절에 이르면 그래도 맛있는 떡국에 푹 빠진 장면을 연출하고 있다.

1971년에 발표된 **떡국**은 제1회 문화공보부 주최 '무궁화상'에서 제작 대상을 포함해 4개 부문을 수상한 「이봉조 작곡집」에 수록되어 있다. 드라마 작가로도 유명한 유호가 작사하고 이봉조가 작곡은 물론이고 노래까지 해서 눈길을 끈다. 이봉조가 직접 노래한 경우가 드물기 때문이다. 중년에 접어든 유호와 이봉조는 **떡국**을 통해 늙어가는 것에 대한 서러움을 표현했는지도 모른다. 그렇다고 마냥 서글픈 감정만 드러낸 건 아니어서 노래 첫머리에 "와와와와와"라는 여성 코러스가 반복되며 흥겨움을 자아내고 있다. 거기에 살짝 불안한 음정과 허스키한 저음의 이봉조 목소리가 구수함을 더한다.

대중적 인기는 그다지 많지 않았으나 이봉조는 이 노래에 남다른 애정을 보인 듯하다. 1972년 오아시스레코드에서 발매된 현미의 음반에 이어 1973년 「이봉조 작편곡집」 음반에 이 노래를 다시 수록했기 때문이다. 1973년 노래는 이봉조가 현미, 정훈희와 함께 부른 것이어서 이색적이다. 이봉조가 먼저 노래 몇 소절을 부르다가 "씹을수록 먹을수록"부터는 정훈희와 현미가 함께 노래하고 "떡국떡국 또 한 그릇"의 마지막 부분은 현미의 독창으로 끝난다. "한 살 먹는 서러움에"가 "내일모레 시집가는"으로 노랫말이 수정되었고, 피아노, 드럼, 브라스로 화려하고도 풍성한 사운드의 편곡으로 바뀌었다.

젊은 날엔 젊음을 모르듯이, 나이를 인식한다는 것은 나이가 들었다는 걸 반증한다. 어차피 떡국을 먹어도, 안 먹어도 먹는 것이 나이라면, 언제든 설날 떡국 한 그릇 맛있게 먹고 태연히 한 살 먹기로 한다. 맛있게 떡국 먹고 멋있게 오늘을 살아가기로 한다. 떡국은 맛있게, 삶은 멋있게.

떡국
이봉조 작사 작곡 노래, 1971

내일은 늦으리

2024년 1월 넷플릭스에 공개된 「팝 역사상 가장 위대한 밤」이라는 기록 영화는 기근으로 어려움을 겪던 에티오피아를 돕기 위해 만든 **위 아 더 월드** We Are the World라는 노래의 제작 과정을 담았다. 마이클 잭슨과 라이어널 리치가 공동 작사·작곡한 이 노래는 1985년 발표 당시, 당대 내로라하는 팝 스타들이 대거 참여해 큰 화제가 되었다. 영화에는 서로 경쟁하면서도 화합을 이뤄 함께 녹음하는 그들의 모습이 생생하게 담겨 있다. 이 영화를 보며 그때 감동이 떠올라 추억에 젖기도 하고, 음악사에 큰 획을 그은 노래 탄생 배경에 새삼 경탄하기도 한다.

우리나라에서도 당대 인기 가수들이 힘을 모아, 특별한 의미를 담은 공동 작업을 펼친 적이 있다. 1992년부터 1996년까지 매년 개최한 환경보호 콘서트 '내일은 늦으리'가 그것이다. 1992년 조선일보사가 주도한 '쓰레기 줄이기 운동'에서 촉발된 이 콘서트는 넥스트, 서태지와아이들, 윤종신, H.O.T. 등 당대 톱스타들이 참가하여 대중의 큰 호응을 얻었다. 제1회 콘서트는 무료로 배포한 입장권이 20분 만에 동이 날 정도였다. 태양, 산, 호수를 각각 상징하는 빨간 원, 녹색 선, 파란 타원으로 구성된 마크는 제1회 「내일은 늦으리」 음반의 표지로도 활용되었다.

환경보호라는 취지가 돋보인 이 콘서트는 당대 최고 인기 가수들이 의기투합하였다는 점에서 의미 있다. 해마다 이 콘서트에 참여한 가수들은 발라드, 록, 댄스음악 등 다양하게 창작한 노래를 공연에서 선보이고 음반에도 수록하였다. 가사를 곱씹으며 들으면 오늘날 상황을 예견한 듯한 노래가 꽤 있다. 신승훈의 **잃어버린 하늘**에서 "파란 하늘은 왜 어두운 회색빛으로 어두운 밤하늘엔 별빛이 왜 보이지 않나"라며 환경 훼손의 심각성을 경고한 것이나, 도입부의 한숨 소리와 무반주가 인상적인 015B의 **철이를 위한 영가**에서 "결국 남겨진 건 희뿌연 하늘과 수북이 쌓인 쓰레기 무덤"이라며 암울한 미래상을 그린 것이 그러하다.

특히 많은 이가 기억하는 노래는 신해철이 작사하고 작곡한 '내일은 늦으리'의 주제 합창곡 **더 늦기 전에**다. 5분 40초 동안 펼쳐지는 장중한 록 발라드인데, 콘서트에 참가한 톱스타들이 함께 녹음하여 의미를 더했다. 콘서트의 대단원을 장식한 이 노래를 연주하고 함께 부르는 모습은, 지금 다시 보아도 가슴이 뭉클하다.

2025년 봄, 우리는 여전히 이상 기후와 황사 속에서 일상을 살아간다. 그로부터 20여 년이 흘렀건만, 자연은 여전히 병들어가고 있다. '내일은 늦으리'라는 경고는 이제 과거의 구호가 아니라, 오늘을 사는 우리 모두의 과제가 된 셈이다. 우리가 사는 이 땅은 후손에게서 잠시 빌려온 것임을 새삼 떠올린다. 그러니 "그 언젠가 아이들이 자라서 밤하늘을 바라볼 때에 하늘 가득 반짝이는 별들을 두 눈 속에 담게 해주오."

'더 늦기 전에' 말이다.

어디에도 있고 어디에도 없는 인공지능 가수

25여 년 전, 현실에는 존재하지 않지만 디지털 기술로 구현된 첫 '사이버 가수'가 세상에 등장했다. 1998년에 등장한 사이버 가수 '아담'은 **세상엔 없는 사랑**이 수록된 1집 음반으로 20만 장 이상의 판매고를 올리며 대중의 이목을 끌었다. 이후 '류시아', '사이다' 등의 사이버 가수가 잇달아 등장했지만, 부자연스러운 표정과 어색한 동작은 기술적 한계로 지적받았고, 이내 사람들의 기억 속에서 희미해졌다. 그 시절의 시도는 어쩌면 너무 앞섰던 것인지도 모른다.

2019년, 코로나 대유행은 결과적으로 비대면 세상 또는 가상 세계를 시기적으로 앞당겼다. 인공지능 가수들이 다양한 형태로 출현하여 활발한 활동을 하는 것도 그 예다. 이들은 디지털 세계에 익숙한, 이른바 'Z세대'에게 큰 호응을 얻고 있다. 인공지능과 가상 기술은 놀라울 만큼 정교해졌고, '가수'의 정의도 다시 쓰고 있다. 그렇게 인공지능 가수들은 더는 낯설지 않은 존재가 되었다.

'확장 가상 세계'라는 메타버스Metaverse를 기반으로 활동하는 인공지능 가수는 겉모습과 활동 방향을 기준으로 하여 몇 개의 유형으로 나눌 수 있다. 캐릭터를 내세워 활동하는 '이세계 아이돌', '아뽀키APOKI', '사공이호'가 가상 캐릭터 가수라면, '이터니티', '한유아', '루이', '오로지ROZY', '슈퍼카인드', '메이브MAVE:', '플레이브PLAVE' 등은 실제 존재하지는 않더라도 인간의 모습을 한 가상 인간 가수들이다. 또한 실제 가수 네 명과 가상 세계의 아바타가 공존하는 '에스파aespa'는 가상 부캐릭터 가수의 유형에 속한다.

인공지능 가수들은 실제 인간의 목소리나 기계로 합성한 목소리를 다양한 방식으로 사용하면서 팬들과 소통하고 있다. 토끼 캐릭터를 활용한 아뽀키는 2025년 현재 유튜브 구독자 33만 명을 넘을 정도로 인기를 얻었고, 가상 인간 가수인 '세진'과 네 명의 실제 인간이 함께 활동하는 소년 그룹 '슈퍼카인드'는 데뷔곡 **Watch out**이 조회 수 182만 회를 기록하면서 관심을 받았다. 2025년, '플레이브'가 발매한 세 번째 미니 앨범은 발매 첫 주에 100만 장이 넘는 판매량을 기록하기도 했다.

가상의 목소리는 실제 인간의 음성을 딥러닝으로 학습해 합성되거나, 아예 처음부터 AI로 창조된 목소리를 사용하는 경우도 있다. 이러한 변화는 단지 기술의 진보로만 설명하기 어렵다. 인공지능 가수들은 사람처럼 사랑받고, 때로는 감정을 위로하며, 때로는 인간보다 더 철저하게 팬의 기대에 응한다. 실제 아이돌 연습생들이 무대에 서기까지 견뎌야 할 시간과 노동, 상업성과 사생활의 침해는 AI에게 해당되지 않는다.

인공지능 가수가 인기를 얻고 있는 시대, 과연 우리의 미래는 어떻게 될까? 한편에서는 아이돌을 꿈꾸는 젊은이들의 도전이 계속되는 가운데, 상상할 수 없는 과학 기술을 기반으로 한 인공지능 가수의 출현은 지속할 것으로 보인다. 그렇다면 실제 인간 가수와 인공지능 가수들은 어떻게 공존할까? 인공지능의 발달에 경탄하면서도 인간의 전유물이라 여겼던 예술마저도 우리의 손에서 벗어난 상황에 조금은 불안해지기도 한다. 우리는 현실과 가상의 경계가 무너진 세상 어디쯤에 있을까. 어쩌면 인간이 더 이상 필요하지 않은 노래의 세계. 우리는 지금 그 문턱에 서 있는지도 모른다. 감정과 정서가 인간만의 영역이 아니라면, 그래서 인공지능 가수의 노래에 마음이 흔들린다면, 그다음은 무엇일까?

영화 「그녀Her」2014에서 인공지능 운영체제 '사만다'는, 자신이 주인공이 모르는 수많은 세상에서 사랑하고 있다며 그 사랑 안에서 나는 더 나은 존재가 되어가고 있다고 한다. 이는 우리가 품고 있는 사랑, 감정, 예술이라는 감각이 꼭 인간만의 것이 아닐 수도 있다는 가능성을 조용히 제시한다. 인간의 목소리로 시작된 노래가 어느새 비인간적 존재에게로 옮겨가는 이 순간, 우리는 묻는다.
"이 노래를 부른 가수는, 어디에 있는가?"

부조리한 뜬세상에서 죽음을 기억하다

부세浮世, 덧없는 세상이다. 세상의 인연이 부질없이 느껴질 때가 있다. 몇 년을 쌓아 올린 신뢰가 한순간에 무너지고, 진심은 외면당하며 진실은 조롱의 대상이 되기도 한다. 어디 인간관계뿐이랴. 인생 자체가 본디 한바탕 꿈처럼 허무한 것이 아닌가.

채규엽과 김선초는 허무한 세상을 뜻하는 **뜬세상**이라는 노래를 1932년 3월에 콜롬비아 음반 회사에서 발매하였다. 그보다 한 달 먼저 가수 이명진이 **부세**라는 제목으로 이 노래를 시에론 음반 회사에서 발표하기도 했다. **뜬세상**은 3절 구성의 **부세**에 4절을 새로 추가하고, 1절과 2절을 5절과 6절에서 반복한 구성으로, **부세**를 확장한 곡이라 할 수 있다.

뜬세상을 작사하고 노래한 채규엽은 일본 주오음악학교中央音樂學校를 졸업한 성악가인데, 대중가요 가수로는 1935년 레코드 가수 인기투표에서 1위를 차지할 정도로 명성을 떨쳤다. 1930년에 '채동원'이라는 예명으로 **아리랑** 음반을 발표하면서 본격적인 가수 활동을 시작한 그는 같은 해에 발표한 **유랑인의 노래**에서 작사와 작곡에 노래까지 하였으니, 우리나라 최초의 '싱어송라이터'라 할 수 있다.

당시 근화여학교현 덕성여대 음악 교사로 재직하면서 대중음악의 중요성을 인식하여 그 세계에 과감하게 뛰어든 채규엽은 탄탄한 음악적 기본기를 바탕으로 초기 대중음악사에서 의미 있는 노래를 많이 발표했다. 하지만 일제가 1933년부터 실시한 음반 검열이 그의 발목을 잡은 것으로 보인다. 그가 노래한 **아리랑**, **서울 노래**, **종로 네거리**, **조선의 노래** 등이 **뜬세상**과 더불어 모두 금지곡 처분을 받았기 때문이다.

부세를 부른 가수 이명진은 **아리랑**과 **부세**, 단 두 곡만을 남긴 인물로 정체가 분명치 않다. 다만 노래에서 음성의 유사성을 고려할 때, 이명진이 채규엽과 동일 인물이 아닐까 싶다. 다만 이미 채동원이란 예명을 썼던 채규엽이 성마저 다른 '이명진'이란 예명을 왜 사용했을까 싶기도 하다. 어쩌면 같은 노래를 다른 음반회사에서 발매하면서 그리 한 것으로 추정하는데, 그런데도 '이명진'이란 예명은 당시의 관행 등을 고려할 때 어딘가 어울리지 않는다. 확실한 자료가 나오기 전까지 이명진이 채규엽이라 단정할 수 없어 일단 이 정도로 정리한다.

뜬세상은 세태 비판적인 노랫말로 이루어져 있는데, 특히 3절과 4절이 심상치 않다. "저녁밥을 먹고서 시가를 돌자 죽은 개소리는 컹컹 짖는다. 요릿집 문 앞에 굶어 죽은 놈 / 은행 문 앞에는 빚 졸리는 놈"의 3절과 "오막살이 초가에 모기 쫓는 소리 / 분벽사창 양옥에 피아노 소리 문명의 소리는 개미 콧소리 / 동정심이라고는 모기 뒷다리"의 4절이 부조리한 현실을 적나라하게 폭로하고 있어 일제의 신경을 자극한 듯하다.

현실 비판적인 노래도 부르고 인기 가수로 명성을 구가하던 채규엽은 1930년대 중반 이후, 문란한 사생활로 사회적인 물의를 일으켜 여러 차례 구속되기도 했다. 부귀영화를 누리다가 한순간에 나락으로 떨어졌으니 얼마나 허무한가. 그를 보노라니 인생사 덧없다는 생각이 새삼 든다. 그런데도 삶의 의미를 찾아가는 것이 우리네 삶이니, 허무의 역설이다. 비록 쉽지 않지만, 초심을 잃지 않고 묵묵히 자기 길을 가다 보면 그 길 끝에서 어쩌면 찬란한 무지개를 만날지도 모를 일이다.

하지만 때로 그 무지개는 잡히지 않는 환영에 불과하기도 하다. 어쩌면 길 끝에서 우리를 기다리는 건 무지개가 아니라 '죽음'일지도 모른다. 그렇더라도 절망할 필요는 없다. 결국 우리는 모두 죽음으로 향하는 길 위에 있기 때문이다. 붙잡을 수 없는 환영을 좇기보다는, 그 여정에서 기쁨과 만족과 행복을 누리는 연습이 더 중요하다. 죽음을 인식하는 일은 삶을 더 소중히 여기고 더 잘 살아내려는 태도로 이어질 수 있다. 그러니 모멘토 모리 Memento Mori, 죽음을 기억하되, 그것이 곧 삶의 찬란함을 일깨우는 일임을 잊지 말자.

scan me!

뜬세상
채규엽·김선초 노래, 1932

나훈아의 마지막 콘서트, '고마웠습니다'

떠날 때를 알고 떠나는 자의 뒷모습은 아름답다 했던가. 하지만 그때를 알아채기란 쉽지 않다. 이르지도 늦지도 않은, 그런 적당한 때를 어찌 알겠는가.

2024년 2월, 나훈아가 가요계 은퇴의 뜻을 밝혔을 때만 해도 설마 했다. 같은 해 10월 12일 대전을 시작으로 한 '라스트 콘서트'의 하반기 일정을 공개하고 나서야 비로소 그의 은퇴가 현실로 다가왔다. 마이크를 내려놓는다는 것이 이렇게 용기가 필요한 일일 줄 몰랐다는 그는, '박수 칠 때 떠나라'는 말이 지닌 깊은 의미를 따른다고 했다. 순식간에 전 좌석이 매진된 그의 공연 예매에 실패하자 개인적으로 아쉬움이 더욱 컸다. 2018년에 단 한 번 그의 공연을 본 것이 그나마 위안이라고 할까.

그런데 언론에서 나훈아가 1966년에 **천리길**로 가요계에 등장했다고 반복해서 잘못 서술하고 있는 것은 그가 은퇴하는 지금에라도 바로잡을 필요가 있다. 오아시스레코드사의 자료에 따르면 그는 1968년에 **내 사랑**으로 데뷔하였다. **천리길**은 **내 사랑**보다 몇 달 뒤에 발표된 후로 큰 인기를 얻으면서 그의 첫 번째 히트곡이 되었을 뿐이다. 대중음악의 역사가 단순히 기억의 기록을 넘어 후세에 전해야 할 자산이라는 걸 염두에 둔다면 정확한 정보의 중요성은 간과할 수 없다.

50여 년 동안 그가 한국 대중음악사에 남긴 발자취는 대단하다. 깊은 감성에서 비롯한 독특한 음색과 카리스마로 그는 트로트 역사에 큰 획을 그으며 가황(歌皇)이란 칭호를 얻었다. 서정적인 감성으로 사랑 노래의 진수를 보여준 **사랑**이나 **영영**, 독특한 미감을 전해주는 **잡초, 무시로, 갈무리** 등은 직접 작사 작곡했다는 점에서 그의 수준 높은 창작 능력을 보여준다.

　머나먼 고향이나 **고향역**처럼 고향을 소재로 한 노래가 지금까지도 인기를 얻고 있고, **사내, 남자의 인생, 사나이 눈물**과 같은 노래는 남성성을 부각하여 한 시대를 풍미하였다. 최근까지도 그는 **테스형**과 같은 신곡을 발표하며 왕성한 창작열을 보여주고 있기에 은퇴가 아쉽기만 하다. 다만 그 후에도 그의 음악적 열정과 영감은 후배 가수들에게 이어질 것이고 노래는 때때로 우리를 위로해 줄 테니, 그의 뒷모습에 깊은 감사와 존경의 마음을 담아 박수를 보낸다.

　그리고 이제는 내가 떠날 때다. 이 책의 마지막 글이다. 언제나 그렇듯이 한편 한편 정성을 기울이고 최선을 다해 글을 쓰려고 했다. 새로운 자료를 발굴해서 소개하고 노래가 지닌 깊은 의미와 가치를 드러내고자 했다. 또한 노래가 우리에게 전하는 위로와 희망의 전언에 주목하려 했다. 그 진심이 얼마나 전해졌을지는 알 수 없으나 그래도 더러 그 누군가에게는 닿았기를 조심스럽게 바라본다. 그리고 또 바란다. 떠나는 나의 뒷모습이 조금은 아름답기를. 노래처럼, 그렇게 스며들었다 사라지기를. 그러므로 나훈아의 라스트 콘서트 제목처럼, '고마웠습니다.'

우리는 늘 어떤 노래와 함께였다

초판 1쇄 인쇄 | 2025년 07월 09일
초판 1쇄 발행 | 2025년 07월 16일

지은이 | 장유정
발행인 | 윤지숙
발행처 | 종이와나무
책임편집 | 한주연
디자인 | 양은경
출판신고 | 제2015-000158호
주소 | 경기도 파주시 회동길 445-1 경인빌딩 A동 302호
전화 | 031-955-9202   팩스 | 031-955-9310
홈페이지 | http://www.kyunginp.co.kr
이메일 | anpranpr@naver.com

ISBN 979-11-88293-31-5 03670
값 19,800원

ⓒ 장유정, 2025

* 이 책은 저작권법에 의해 보호받는 저작물이므로 내용의 일부를 인용하거나 발췌하는 것을 금합니다.
* 파본 및 훼손된 책은 구입하신 서점에서 교환해 드립니다.